GUIDE DE RESTAURATION À L'USAGE DES CHINEURS ET DES COLLECTIONNEURS

GUIDE DE RESTAURATION
À L'USAGE DES CHINEURS ET DES COLLECTIONNEURS

A. JACKSON et D. DAY

Dessain et Tolra

**GUIDE
DE RESTAURATION
À L'USAGE
DES CHINEURS ET DES
COLLECTIONNEURS**
est une création exclusive de Inklink pour HarperCollins Publishers

Conçu, corrigé et créé par
Albert Jackson, David Day
et Simon Jennings

Texte
Albert Jackson
David Day

Direction artistique
Simon Jennings

Relecture
Peter Leek

Illustration
Robin Harris

Photographie en studio
Ben Jennings

Index et correction
Mary Morton

Pour HarperCollins
Direction éditoriale :
Cathy Gosling

Texte mis en page
par Inklink, Londres

Jaquette
Conception : Simon Jennings
Photographies : Ben Jennings
Illustrations : Robin Harris

Photogravure
Colourscan, Singapore

Édition française

Traduction
Delphine Nègre

**Réalisation
et mise en page**
Jean-Claude Marguerite

Suivi éditorial
Youna Bresolin
et Corinne Booth

Correction
Monique Bagaïni

Coordiniation technique
Claire Svirmickas

Couverture
Véronique Laporte

Direction éditoriale
Catherine Franck

Titre original : Care & repair of antiques & collectables
Dépôt légal : mars 1998
Imprimé et relié en Espagne par Graficas Estella
ISBN : 2-04-021845-9

Consultants
Les auteurs remercient les consultants suivants pour leur aide et leur contribution :

ŒUVRES SUR PAPIER

Anthony Cross
Warwick Leadlay Gallery,
Greenwich, Londres
Elizabeth Howard
Relieur
Sydenham, Londres

CÉRAMIQUE

Carmen Villacampa
Restaurateur de céramiques
Badgers End, Dorset

TEXTILES

Alexandra Seth-Smith
Restaurateur de textiles
Blackheath, Londres

PLASTIQUE

John Morgan
Auteur de
Conservation of Plastics
publié par Conservation Unit of the Museums and Galleries Commission and the Plastics Historical Society

CONSULTANTS TECHNIQUES SUR LES MATÉRIAUX DE CONSERVATION
John Lawson
Picreator Enterprises Ltd.,
Hendon, Londres

Informations supplémentaires fournies par :

A. Bell & Co. Ltd.,
Kingsthorpe,
Northampton
Ciba Polymers,
Duxford,
Cambridge
Cray Pharmaceuticals,
Eltham,
Londres
ICI Acrylics,
Darwen,
Lancashire
La Ronka,
Hockley,
Birmingham
Percy Reboul,
Plastics Historical Society,
Londres
Sapphire Products Ltd.,
Nechells, Birmingham
H.S. Walsh and Sons,
Beckenham, Kent

Photographies supplémentaires :

©**EWA** (Elizabeth Whiting & Associates), pages 45, 81, 90, 128, 129. **Paul Chave**, pages 80 en bas à droite, 108. ©**John Morgan**, page 136. **Neil Waving**, pages 88, 91 en bas à droite, 109. **Shona Wood** page 91 en haut. © Inklink (**Ben Jennings** Photography) Couverture et ouvertures de chapitres pages 18–19, 34–5, 52–3, 66–7, 82–3, 92–3, 110–11, 130–131.

Les auteurs et éditeurs expriment leur reconnaissance à toutes les personnes qui ont généreusement prêté leurs objets anciens pour qu'ils soient photographiés :

Stephen et Jane Bull
Glen Chapman
Unique Collections,
Greenwich, Londres
Jim and Pat Clark
Jacqueline Day
Julian and Ellen Day
Robin and Shirley Harris
Pauline Jackson
Rose Jennings
Christine and Maurice Johnson
John Morgan
Alexandra Seth-Smith
Warwick Leadlay Gallery
Greenwich, Londres

Les auteurs et éditeurs souhaitent également remercier les sociétés qui ont prêté leurs produits et matériels et fourni des échantillons pour les photographies :

Vernis à cuire Chintex
Chintex International
Wraxall, Bristol, Avon

Produit antirouille Renaissance
Cire microcristalline Renaissance
Savon liquide Vulpex
Picreator Enterprises Ltd.
Hendon, Londres

Aérographe Badger
Richard Kohnstam Ltd.
Hemel Hempstead,
Hertfordshire

SOMMAIRE

ACQUÉRIR DES OBJETS DE COLLECTION 10

ŒUVRES SUR PAPIER 18

MÉTAUX 34

MATÉRIAUX SEMI-PRÉCIEUX 52

CÉRAMIQUE 66

SOMMAIRE

Introduction

Il est difficile, voire parfois impossible, de déterminer ce qui fait qu'un objet est précieux, et donc recherché. Toutes sortes de raisons subjectives nous amènent à acquérir un objet, et ce qu'un collectionneur juge comme un excellent investissement peut être considéré par un autre comme un gaspillage d'argent. La rareté et l'état de l'objet constituent des critères fiables, de même que la présence d'un nom connu sur le fond d'une pièce de porcelaine ou en bas d'un tableau – à condition qu'il soit authentique... Toutefois, il suffit de fouiner dans quelques brocantes et magasins d'antiquités pour se rendre compte que nombre de ce que l'on considérait, traditionnellement, comme les objets de collection n'y figurent plus.

De mieux en mieux informé, le public consent en effet de plus en plus difficilement à se séparer d'un lot d'objets anciens sans l'avis d'un professionnel, voire d'un expert, de peur de laisser filer un "trésor". Ainsi, malgré le nombre croissant de manifestations du type vide-grenier, de moins en moins d'articles pénètrent le marché, et les prix s'envolent littéralement. Les belles pièces s'arrachent dès leur apparition, leur caractère unique faisant monter les prix encore plus haut. Cette raréfaction des antiquités a inévitablement entraîné l'ouverture du commerce à des objets de moindre valeur, des articles qui, encore récemment, auraient été rejetés par les collectionneurs les plus exigeants. Alors qu'autrefois un objet devait accuser au moins cent ans d'âge pour figurer parmi les objets anciens, désormais les antiquaires n'hésitent pas à vendre des articles datant des années quarante ou cinquante, voire des années soixante, parfois à des prix exorbitants.

Cette tendance est loin d'être négative. Elle permet, par la plus grande disponibilité de ce que l'on pourrait appeler des « objets antiques récents », d'élargir l'éventail des collectionneurs et des restaurateurs amateurs. Bien que les antiquités les plus rares et les plus précieuses en aient été délibérément exclues, cet ouvrage présente une gamme immense d'objets de collection, du XIXe siècle aux années soixante. Et, afin d'en faciliter la lecture, nous avons choisi de consacrer chaque chapitre à un matériau particulier, tels le bois, le métal ou le verre, plutôt qu'à des objets spécifiques, comme les pendules anciennes ou les tableaux. Il vous sera ainsi possible de consulter les techniques appropriées et de les utiliser pour restaurer des pièces similaires de n'importe quelle époque.

D'aucuns estiment que les amateurs ne sont pas à même de restaurer les objets anciens, car ils risquent de leur causer des dommages irréparables. Pour ce qui est des pièces de grande valeur ou fragiles, nous partageons cet avis et recommandons de faire appel à des professionnels. En revanche, nous pensons qu'un grand nombre d'amateurs, particulièrement doués de leurs mains, manquent souvent des conseils et des indications nécessaires à la réparation satisfaisante des objets de collection. Cet ouvrage a pour but de leur fournir ces informations, fournies par des experts-collectionneurs, des restaurateurs et des conservateurs chevronnés.

Albert Jackson. David J. Day

ACQUÉRIR DES OBJETS DE COLLECTION

Pour certains collectionneurs, la joie procurée par la découverte d'un véritable « bijou » est presque aussi importante que la possession même de l'objet – l'acquisition d'une pièce recherchée pendant des années parvient à apaiser le sentiment de culpabilité vis-à-vis du prix payé… Afin de maintenir ce niveau de plaisir et d'excitation, une collection doit être enrichie, et la recherche de sources fiables est cruciale au processus de son élaboration.

Le thème d'une collection est un choix tout personnel : nul ne peut vous le dicter. Mais, plutôt que de concurrencer des collectionneurs assidus et très spécialisés, pourquoi ne pas se mettre en quête d'articles plus courants, qui auront, en outre, l'avantage d'être bon marché ? Cela ne signifie pas qu'il vous faut obligatoirement opter pour des sources obscures ou renoncer aux antiquités les plus prisées, mais sachez que, pour celles-ci, il vous sera nécessaire d'entreprendre de longues recherches. À chacun, donc, de s'en remettre à ses préférences et à son tempérament. Mieux vaut se déterminer selon ses propres inclinations que de se fier à des catalogues ou à des noms de fabricants.

Quel que soit le thème de leur passion, la plupart des collectionneurs trouvent leurs investigations passionnantes et hautement gratifiantes. Les livres et les magazines constituent de précieuses sources de références, mais rien ne vaut l'expérience de première main, acquise en scrutant les vitrines et en arpentant les marchés et les brocantes, où l'on peut tout à loisir manipuler et examiner les objets désirés. En peu de temps, vous serez apte à juger de leur disponibilité et de leur capacité à être restaurés ou non.

Antiquaires

Dans la mesure du possible, les collectionneurs préfèrent acheter des objets en parfait état, à condition que le prix soit raisonnable. Toutefois, la capacité de nettoyer et de restaurer des œuvres anciennes endommagées représente un avantage notable, puisque le moindre défaut réduit considérablement le coût d'acquisition de ces dernières.

Les antiquaires ne sont pas tous détenteurs de pièces abîmées, mais la fréquentation d'une variété d'établissements, des boutiques de renom aux bazars de rue, élargira votre choix et vous permettra de comparer les prix entre les pièces abîmées et celles en parfait état.

Il est important de connaître les antiquaires spécialisés dans les objets qui vous intéressent. Peut-être n'y ferez-vous pas d'affaire, mais vous paierez vos acquisitions à un prix raisonnable, c'est-à-dire déterminé selon le marché. En outre, ces antiquaires possèdent une grande connaissance de leur sujet, et ils seront certainement ravis de la partager avec vous. Bien sûr, il sera peut-être opportun de leur acheter un objet de temps en temps !

Les marchands de gravures et les petites galeries d'art constituent une bonne source d'articles à restaurer. Les gravures de qualité sont généralement encadrées ou exposées dans la boutique, mais la majorité des marchands possèdent également des cartons remplis de vieilles gravures et autres œuvres d'art abîmées, qu'ils seront prêts à vendre à bas prix plutôt que les faire restaurer à leurs frais.

Le prix des livres varie considérablement d'un marchand à l'autre. Les sujets étant trop nombreux pour être tous répertoriés, il n'est pas rare de faire des affaires dans ce domaine. Les livres d'occasion peuvent rester en rayon des mois entiers, voire des années, et le libraire sera peut-être ravi de négocier avec vous.

Les magasins de bric-à-brac peuvent également se révéler dignes d'intérêt. Armez-vous de patience, car vous devrez être prêt à brasser un grand nombre d'objets de second rang avant de dénicher l'article tant convoité. Nombre de ces magasins sont spécialisés dans les vide-greniers et réservent pour la vente aux enchères la plupart des pièces de qualité.

N'hésitez pas à rendre régulièrement visite à vos antiquaires préférés. Vous y verrez bien sûr le même fond une fois sur l'autre, mais vous serez récompensé en découvrant leurs dernières acquisitions, que vous pourrez vous approprier avant tout le monde. De plus, les antiquaires reconnaissent vite leurs clients réguliers et sont souvent prêts à leur réserver des articles intéressants. En fréquentant ainsi plusieurs boutiques, vous serez au cœur du marché des antiquités ; vous pourrez bientôt déceler ses évolutions et tirer profit de vos connaissances pour réaliser de bonnes affaires.

La plupart des antiquaires sont prêts à marchander. D'ailleurs, certains, à cet effet, gonflent légèrement leurs prix. Il n'est pas rare d'obtenir une réduction de 5 à 10 %, mais cela dépend évidemment du prix payé par l'antiquaire pour l'article en question. S'il vous affirme qu'il ne peut pas le vendre plus bas, acceptez : après tout, les antiquaires doivent eux aussi gagner leur vie. Vous n'obtiendrez généralement pas de réduction sur les transactions effectuées par carte de crédit (à l'exception peut-être des articles très chers), car tout commerçant doit payer pour ce service. Presque tous les antiquaires acceptent les chèques, mais le paiement en espèces est préférable, notamment pour les articles les moins chers ou ceux que vous souhaitez acheter à prix réduit.

Puces et brocantes

Les brocantes se tiennent généralement une fois par semaine, en plein air ou dans des halls d'exposition, mais il existe aussi des marchés permanents ou semi-permanents installés dans des hangars ou de grands entrepôts. Les meilleures brocantes sont souvent animées par des antiquaires qui tiennent boutique pendant la semaine, et qui apportent un stock différent dans les brocantes, où les frais réduits rendent les prix intéressants.

Les brocantes et autres marchés aux puces sont un lieu idéal pour fouiner, comparer les prix et examiner les articles à votre gré, sans exhortation à l'achat. Et, quel que soit l'objet recherché, vous êtes sûr de trouver un stand en possédant quelques-uns. Les brocantes se révèlent particulièrement intéressantes pour les bijoux insolites et bon marché, en raison de leur facilité de transport. Certains brocanteurs sont spécialisés dans les pierres et métaux précieux, mais la plupart proposent des bijoux en corail, ambre, ivoire et autres matériaux semi-précieux. On peut également trouver des pièces réalisées dans les premières matières plastiques.

Ventes privées

Les petites annonces et les ventes d'occasion chez les particuliers représentent une autre source d'objets anciens. Dans ces circonstances, il est plus prudent de posséder déjà un peu d'expérience pour être sûr de soi. Un particulier peut, en effet, avoir une idée hautement exagérée de la valeur d'un article, pour avoir vu un objet similaire à la télévision. Toutefois, l'étalage de vos connaissances ne sera pas toujours apprécié, et mieux vaudra alors refuser poliment d'acheter et s'en tenir là.

Les ventes privées collectives permettent parfois de dénicher un trésor. Pour une somme relativement modique, les particuliers peuvent louer un emplacement et exposer toute sorte de choses. Mais n'essayez pas de leur faire reprendre un objet qui ne se serait pas révélé à la hauteur de vos espérances, car peu de particuliers proposent les services des marchands professionnels.

Ventes aux encheres

Ne négligez pas les ventes aux enchères de votre région. Généralement signalées dans les journaux, les plus importantes figurent dans les magazines spécialisés.

Si vous n'avez pas l'expérience de ces ventes, assistez d'abord à l'une d'entre elles sans intention d'achat, juste pour voir l'atmosphère s'échauffer quand deux ou trois collectionneurs convoitent une pièce rare... La plupart des ventes publiques rassemblent toutes sortes d'articles, allant des meubles aux tableaux. Les objets y sont souvent vendus par lots, souvent fort intéressants : un coffret de porcelaines ou une collection de livres ou de disques entreront en votre possession pour une fraction du prix que vous auriez payé si vous aviez dû acheter ces objets séparément.

Les ventes aux enchères sont l'endroit rêvé pour se procurer des articles de qualité à un prix raisonnable, et pour réaliser des affaires exceptionnelles, notamment si vous êtes prêt à les restaurer vous-même, les enchérisseurs professionnels devant compter le coût de la restauration en plus de l'achat.

Essayez de passer à la salle des ventes les jours de visite, en général la veille de la vente. Si vous attendez le jour de l'adjudication, vous n'aurez sûrement pas le temps d'inspecter attentivement les articles, et, comme la plupart des lots sont vendus tels quels, c'est à vous d'en détecter les défauts. Munissez-vous d'une petite lampe électrique et d'une loupe, ainsi que d'un carnet pour noter tout ce que vous voulez vérifier avant la vente.

N'oubliez pas de vous procurer le catalogue, qui donne le détail de la vente et le prix escompté pour chaque lot. Vérifiez s'il s'agit de prix estimés ou de prix de réserve, car cela peut influencer votre façon d'enchérir. Si un article n'atteint pas son prix de réserve, il sera retiré de la vente ; en revanche, les lots vendus ensemble atteignent souvent des prix inférieurs à leur valeur estimée.

Consultez soigneusement le catalogue des ventes pour savoir ce qu'il en est des frais supplémentaires. Autrefois, on ne payait que la charge du vendeur, mais aujourd'hui il est courant de payer en sus les frais légaux, soit 10 % du prix adjugé. Diverses taxes sont également à considérer pour calculer le prix effectif de votre acquisition. Ces surcoûts sont à prendre en compte afin de déterminer le prix que vous souhaitez mettre pour une pièce.

Les descriptions de catalogue sont brèves et renseignent peu sur l'âge et la provenance. Il s'agit souvent d'un simple commentaire, sans réelle garantie d'authenticité. Il faut être un tant soit peu connaisseur pour ne pas se retrouver avec une pile d'objets de pacotille sur les bras. Si vous avez fait les recherches adéquates, vous aurez un certain avantage sur les collectionneurs moins compétents et ne proposerez vos enchères qu'à bon escient.

Le jour de la vente, marquez sur le catalogue le prix maximum que vous souhaitez mettre pour un article, et tenez-vous-y : si les enchères montent, vous pourriez être incité à continuer, tellement il est tentant de se laisser aller à la fièvre du moment. Et ne soyez pas trop déçu si vous n'êtes pas parvenu à acquérir la pièce que vous convoitiez : cela arrive fréquemment. Ce n'est pas parce qu'un autre collectionneur est prêt à payer plus cher que vous que la pièce en vaut la peine. Cet acquéreur n'a peut-être pas détecté les défauts que vous aviez pu remarquer la veille.

Les enchères se déroulent très simplement. Le commissaire-priseur mène le jeu, suggère le montant de la mise à prix, puis fait monter les enchères. Il vous suffit juste de lui indiquer votre accord pour payer le prix demandé en levant votre catalogue ou en hochant la tête. Ne vous laissez pas dissuader par le risque d'acquérir quelque chose que vous ne vouliez pas, à la suite d'un geste involontaire de votre part. Cela n'arrive jamais, sinon au cinéma ! En fait, si vous n'êtes pas entré dans les enchères dès le début, il vous faudra sûrement attirer l'attention du commissaire-priseur en agitant votre catalogue ou en criant votre offre, car il sera certainement concentré sur ceux qui semblent décidés à se surenchérir les uns les autres. Si vous êtes l'heureux acquéreur, il vous faudra sûrement donner votre nom, à moins qu'il ne vous ait été assigné un numéro d'identification. Le catalogue vous donnera toutes les informations nécessaires vis-à-vis des modalités de paiement et du retrait de vos lots.

Héritages

Si vous avez la chance d'avoir acquis des antiquités ou des œuvres d'art à l'occasion d'un héritage, il est plus prudent les faire expertiser avant d'essayer de les restaurer vous-même.

Détecter les défauts

Si vous montrez un véritable intérêt pour une pièce, le marchand vous indiquera ses défauts et établira son prix en conséquence. Toutefois, tous les marchands ne sont pas aussi scrupuleux ; quant aux commissaires-priseurs, ils déclinent toute responsabilité en ce qui concerne l'état des articles. Quoi qu'il en soit, vous avez intérêt à exercer votre œil, non seulement pour déceler les défauts, mais aussi pour déterminer si vous êtes capable d'effectuer vous-même la restauration.

Savoir ce qu'on cherche est la clé de toute quête, mais seule l'expérience peut vous apprendre s'il vaut mieux investir dans une restauration professionnelle plutôt qu'entreprendre vous-même la tâche. Cet ouvrage vous fournira tous les conseils à ce sujet, mais, en cas de doute, consultez un expert. En revanche, vous pouvez estimer que les antiquités sont, par définition, âgées et qu'il est normal qu'elles présentent des imperfections. C'est peut-être la vue la plus sage, à condition, cependant, de prendre toutes les précautions nécessaires pour que leur détérioration ne s'aggrave pas.

La liste ci-dessous recense les défauts susceptibles de figurer sur un objet particulier, en fonction du matériau dans lequel il est fait et du soin avec lequel il a été manipulé et entretenu dans le passé. Cette liste n'est évidemment pas exhaustive, mais elle vous aidera à détecter les défauts les plus évidents et vous évitera ainsi de sérieuses déconvenues.

Livres et journaux

Quand vous achetez des livres, choisissez toujours les exemplaires les plus propres et les reliures les mieux conservées. Dans la mesure du possible, procurez-vous des livres couverts de leur jaquette originale.

Évitez d'acheter des livres dont le dos est tordu et la couverture lâche, à moins qu'ils ne vaillent la peine d'être restaurés par un relieur professionnel. Sachez, toutefois, qu'il est possible de rafraîchir soi-même une couverture sale ou passée, sauf si elle est sévèrement tachée ou déformée.

S'il vaut mieux renoncer aux livres ou aux journaux fortement tachés, il est néanmoins possible d'éliminer les taches légères. Quant aux pages déchirées, elles peuvent être réparées de multiples façons.

Feuilletez le livre pour vérifier que toutes les illustrations et photographies sont en place. Si des planches individuelles sont détachées, vous pourrez les recoller sans trop de difficulté.

En même temps, essayez de repérer tout signe de dommages dus aux insectes. Les vers de bois, par exemple, se logent aussi bien dans les étagères que dans les livres. Les dommages causés sont alors impossibles à rectifier.

Gravures et dessins

La restauration des peintures à l'huile et autres œuvres en couleur devra être confiée à un professionnel. Il est en effet très facile d'endommager ou de détruire une œuvre précieuse quand on n'a pas l'expérience requise pour identifier le médium et pour décider de la marche à suivre. Mieux vaut concentrer ses efforts sur les gravures en noir et blanc bon marché, les dessins réalisés au crayon ou à l'encre de Chine.

Ne vous laissez pas rebuter par les gravures souillées ou tachées. Si nécessaire, elles pourront être lavées à l'eau ou dans une solution d'eau de Javel. De même, les œuvres d'art froissées ou déchirées pourront être réparées, mais leur aspect ne sera jamais le même qu'avant. Leur prix devra donc être très raisonnable.

Métal

Les objets d'art en métal sont souvent vendus sales ou rouillés. Cela peut être dû au fait que l'antiquaire n'a pas eu le temps de les polir, mais, le plus souvent, les antiquaires chevronnés savent que certains collectionneurs préfèrent que ces objets conservent leur patine. Il est néanmoins très facile de polir les métaux ternis si vous les préférez ainsi.

L'acier et le fer constituent les seules exceptions, car ils rouillent du fait de l'humidité. Il est possible de nettoyer et de stabiliser le métal rouillé, mais, si les dégâts sont importants, ils ne pourront être que déguisés par bouchage et peinture, ce qui peut fortement diminuer la valeur de la pièce.

Examinez soigneusement le métal plaqué afin de détecter les marques d'usure. Le placage des arêtes vives est souvent usé, révélant le métal de base. S'il est toujours envisageable de faire plaquer les pièces à nouveau, cela nuira à leur valeur. Pour les objets chromés, vérifiez s'ils présentent des boursouflures dues à l'action du métal de base qui, en rouillant, repousse le placage.

Les bosses ne sont pas difficiles à éliminer sur les métaux mous, mais refusez toute pièce en métal plié, car les dégâts sont permanents.

Les objets cassés sont difficiles à estimer. Tout dépend alors de votre capacité à travailler les métaux. En fonction du type de métal et de la façon dont a été fait cet objet, il peut être possible de souder ou de river des pièces détachées ou cassées. Si certaines cassures peuvent être réparées avec de la colle ou des fixations discrètes, toute intervention de soudure importante ou délicate devra être confiée à un expert.

Bijoux et matériaux semi-précieux

On n'insistera jamais assez sur la nécessité de faire estimer les bijoux anciens par un expert avant de décider de les réparer soi-même.

Vérifiez qu'il n'y a pas de pierres branlantes ou manquantes ; examinez les épingles, les fermoirs et autres fermetures pour être sûr qu'ils sont solides et en bon état de fonctionnement. Il est possible de réparer les fermetures endommagées avec une paire de pinces.

Avant d'acheter un collier, vérifiez que celui-ci est enfilé sur du fil solide, peu susceptible de casser, à moins, bien entendu, que vous n'envisagiez de le réenfiler vous-même. Si vous achetez des perles en vrac, veillez à ce qu'elles soient de même taille, forme et couleur, et qu'il y en ait assez pour former un collier de la longueur de votre choix.

Examinez les articles en corail, ambre, jais et autres matériaux semi-précieux afin de détecter toute trace de restauration ancienne ou d'éventuelles éraflures.

L'os et l'ivoire ornaient fréquemment les manches de couverts, les sets de manucure et les trousses de couture. Si ce type de manche se détache, on peut le nettoyer et le recoller.

Céramiques

La porcelaine et la faïence étant très fragiles, examinez ces pièces attentivement pour déceler d'éventuels éclats et fêlures. Les fines craquelures sont souvent difficiles à détecter, sauf si elles sont sales. En regardant une porcelaine à la lumière, vous aurez plus de chance de les remarquer. En maintenant la pièce dans votre paume et en la tapant de l'ongle, le tintement produit garantit son bon état.

Il est relativement facile de réparer les fêlures et les ébréchures ; la reconstitution d'une pièce brisée n'est pas non plus trop difficile une fois la

technique maîtrisée. Par contre, pour remplacer des morceaux manquants, comme les anses de tasse ou les mains de figurine, il faut être très adroit et doué de talent artistique.

Les vernis craquelés, à condition qu'ils ne soient pas encrassés, sont généralement acceptés par la plupart des collectionneurs. Avec du temps, il est possible d'éliminer la plupart des taches et saletés incrustées.

Essayez de déceler les anciennes réparations : restaurée, une pièce devrait coûter moins cher qu'en parfait état; mais, surtout, si vous lavez cet objet à l'eau chaude, il risque de se désintégrer. Vous détecterez à coup sûr les interventions réalisées à l'aide de rivets, lesquels sont particulièrement difficiles à ôter pour remettre en état la pièce concernée.

Les décorations superficielles peuvent être usées par endroit, souvent parce que les assiettes, tasses ou soucoupes ont été empilées sans soin ou passées au lave-vaisselle. Il n'est jamais facile de retoucher les décorations. À vous de décider si vous vous en accommoderez ou si vous préférez vous exercer sur des articles moins précieux, jusqu'à ce que vous ayez maîtrisé la technique.

VERRERIE

Il est pratiquement impossible d'effectuer des interventions invisibles sur le verre cassé. On obtiendra, au mieux, une réparation solide et durable, mais visible, et l'objet ne pourra plus être utilisé.

Examinez les carafes en verre pour détecter les taches de vin et les dépôts calcaires, particulièrement difficiles à éliminer. De même, assurez-vous que le bouchon est assorti au style et à la décoration de la carafe.

Le verre teinté des vitraux figure parmi les objets d'art très spécialisés. À l'exception des panneaux peints à la main, les vitraux sont peu recherchés. Ils forment toutefois de jolis panneaux, posés à leur emplacement d'origine ou simplement suspendus devant des vitres transparentes. Essayez de détecter d'éventuelles cassures ou déformations du plomb, ainsi que tout morceau de verre craquelé ou manquant. Ils sont toujours réparables, mais seulement par un restaurateur professionnel. En revanche, il est très facile de reboucher les interstices des carreaux branlants et de nettoyer le verre et la plombure.

Vous rencontrerez souvent des miroirs tachetés de petites marques brunes. Ces défauts résultent de l'humidité logée dans le support argenté. Il faut faire réargenter ces miroirs par un spécialiste – intervention qui dépréciera cependant les miroirs les plus anciens…

BOIS

Pour les objets en bois, les dégâts apparaissent plus souvent au niveau de la finition superficielle que dans le bois même. Les taches en surface et les dépôts calcaires sont très disgracieux mais rarement impossibles à éliminer. Dans certains cas, toutefois, il sera nécessaire de décaper et redécorer la pièce en entier.

Les bosses, les fêlures et les marques de brûlures exigent un travail plus conséquent, car il faut traiter le bois. Mais, à moins que les dégâts soient importants, il vous sera possible d'effectuer une réparation satisfaisante.

Les pièces plaquées sont particulièrement vulnérables. Examinez la surface d'un bois plaqué pour vérifier qu'il n'y a pas de boursouflures; de même, inspectez méticuleusement les bords d'un panneau plaqué, pour voir si le placage est ébréché ou s'il se soulève par endroits. Regardez également s'il y a des morceaux de marqueterie détachés ou manquants.

Essayez de déceler le moindre signe de vermoulure récente, que relève une masse de petits trous propres et de poussière pâle. Rien ne vous empêche d'acheter une pièce vermoulue, pourvu qu'elle soit solide, mais il vous faudra impérativement la traiter avant que l'infestation ne se propage à vos autres articles en bois.

Textiles

Les textiles anciens sont très prisés des collectionneurs, et doivent être soigneusement préservés. En la matière, il est préférable d'intervenir aussi peu que possible, sauf pour empêcher toute détérioration ultérieure. Dans le cas de vêtements que vous souhaiteriez porter, tâchez de repérer les signes de détérioration, en particulier dans les endroits les plus exposés à l'usure : cols, poignets et coudes. À moins que vous n'achetiez ces vêtements pour une collection de costumes historiques, orientez votre recherche vers des articles en meilleur état. Vérifiez, enfin, que toutes les fermetures et fixations sont présentes et solidement attachées.

La restauration des textiles anciens exige des techniques légèrement différentes de celles utilisées pour réparer les textiles modernes. Il est essentiel de ne pas ajouter de pression supplémentaire aux tissus affaiblis. Si les trous et les déchirures peuvent être raccommodés sans problème, n'entreprenez pas de remettre en état des textiles très fragiles ou particulièrement grands.

Dans certains cas, il sera possible de laver ou de nettoyer à sec les textiles salis. Certaines vieilles taches, notamment celles de transpiration, sont irréversibles.

Il est généralement préférable de rejeter les textiles abîmés par les mites. À moins que le marchand ne puisse garantir que le textile a été traité professionnellement, ne prenez pas le risque de contaminer toute votre collection : cette acquisition n'en vaut pas la peine.

Tapis

Les tapis étant utilisés en couvre-sol, les traces d'usure sont normales. Hormis quelques réparations mineures sur les lisières et les franges, il n'y a pas grand-chose qu'un amateur puisse faire pour restaurer un tapis usé. Aussi, si vous détectez des trous, des fentes ou des franges manquantes, mettez-vous d'accord sur un prix qui tienne compte du coût d'une restauration professionnelle. Un tapis resté longtemps roulé présente des fibres endommagées le long des pliures.

Plastiques

Les plastiques anciens n'ont pas tous les mêmes caractéristiques. Certains sont fragiles et plus prompts à se craqueler ou à se briser. D'autres se tordent sans casser, mais peuvent présenter des marques d'usure. De même, certains plastiques sont plus susceptibles que d'autres de se décolorer, ou de se râper. Une identification soigneuse est indispensable, et vous avez tout intérêt à étudier le tableau de la page 137 pour être en mesure de déceler les défauts de tels objets.

ENNEMIS POTENTIELS

Hormis le feu, le plus grand risque encouru par le papier est l'humidité. L'eau ne provoque pas uniquement des dégâts matériels, sous forme de gondolage et de boursouflures, elle peut aussi favoriser l'apparition de moisissures et de taches, ou piqûres. Elle attire également les insectes qui se nourrissent des colles organiques et du papier. En général, le papier s'accommode très bien d'un environnement sec, mais relativement frais : trop de chaleur le fragilise.

Le papier craint également la poussière et la pollution. La poussière fine est absorbée par le papier, et les particules les plus grosses agissent à la façon d'un abrasif. Plus dangereux encore sont les polluants invisibles : les émissions industrielles et la pollution automobile attaquent et décolorent le papier.

Une exposition prolongée aux ultraviolets est aussi très néfaste. La lumière du jour, principale source de radiation d'ultraviolets, fait passer les pigments de couleur et peut entraîner la désintégration du papier.

Une manipulation peu soigneuse et un rangement inapproprié sont peut-être les principaux facteurs de détérioration matérielle, en particulier dans le cas d'articles considérés comme sans valeur jusqu'à ce que quelqu'un se mette à les collectionner.

Bien qu'il soit possible de mettre un frein à la détérioration des œuvres ayant souffert, la meilleure chose à faire est de les protéger des mauvaises conditions.

ŒUVRES SUR PAPIER

Pour les œuvres sur papier, les considérations qui déterminent la valeur d'une pièce, et donc sa vocation à être entrée dans votre collection, n'ont pas grand-chose à voir avec le matériau lui-même. En effet, deux pièces de papier similaires peuvent avoir un prix très différent, selon ce qui leur a été appliqué et par qui. Tel dessin ou gravure peut avoir une véritable valeur artistique, alors qu'une autre œuvre sur papier devra sa survie à un attachement sentimental ou tout simplement au plaisir que vous prendrez à la regarder. Les illustrations et les photographies sont fréquemment prisées pour les informations qu'elles contiennent ou pour leur association avec une personnalité. Il apparaît clairement, même si la conservation a pour conséquence de préserver le papier même, que le véritable objectif est d'assurer la survie de ce qui est représenté dessus.

Ces considérations influenceront votre approche de la conservation. Vous devrez, par exemple, décider si la lisibilité et l'accès à l'information sont plus importants que les considérations esthétiques. La plupart des gens préfèrent vivre avec un dessin taché plutôt que de risquer de le perdre.

Dans ce domaine, il y a trois règles d'or : soyez clair quant à vos objectifs; soyez sûr de bien connaître le médium en question; enfin, procédez avec précaution.

En cas de doute, demandez conseil à un expert avant d'entreprendre vous-même tous travaux de restauration.

NETTOYER LES ŒUVRES GRAPHIQUES

Les œuvres graphiques anciennes, comme tous les objets d'art, évoluent avec le temps. La légère décoloration du papier, les taches et la détérioration des couleurs constituent de précieux indices sur la provenance du dessin, mais surtout elles lui confèrent un certain caractère. Ce qui importe surtout ici, au restaurateur que vous êtes, c'est de savoir si vous pouvez ou non améliorer son état ou son aspect. Il est essentiel de bien réfléchir et de se demander si le nettoyage d'un dessin le mettra en valeur ou si, au contraire, il lui fera perdre de son charme.

Votre capacité à entreprendre ce travail vous-même dépendra aussi de la valeur du dessin et du médium utilisé. Les œuvres précieuses abîmées comme les plus fragiles, réalisées à la craie, au pastel ou au fusain, doivent toujours être confiées à un expert. Pour les gravures en noir et blanc, vous n'avez pas grand-chose à craindre, à condition d'être sûr qu'il ne s'agit pas de reproductions photographiques. Pour toute œuvre d'art colorée, demandez toujours l'avis d'un expert. Ne gommez pas le crayon et ne lavez jamais les dessins à l'encre à moins d'avoir la certitude qu'il s'agit d'encre indélébile. Enfin, ne tentez pas de restaurer une œuvre réalisée sur papier très fin ou délicat.

Nettoyer à sec

La première chose à faire est d'essayer de gommer les imperfections, au cas où elles seraient simplement superficielles. Un traitement global à la gomme en poudre (voir ci-contre) augmentera le contraste d'une gravure ou d'un dessin à l'encre, mais s'il reste des marques ou des taches récalcitrantes, essayez de les ôter avec une gomme douce (voir page 29). Vous pouvez aussi éliminer les toutes petites taches avec la pointe d'un couteau, mais veillez à ne pas percer le papier. L'usage d'une gomme douce ou en poudre est sans risque pour la plupart des œuvres d'art, à l'exception des dessins au crayon.

Utilisation de gomme en poudre

La gomme en poudre est idéale pour nettoyer les œuvres. Son action étant très douce, elle peut être utilisée sans risque sur les gravures coloriées à la main et les aquarelles, à condition de ne pas frotter trop fort. N'utilisez jamais de gomme en poudre sur des dessins au crayon. Disponible chez les fournisseurs de matériel de reliure, elle se présente sous forme d'un sachet à tissage lâche, que l'on presse pour répartir la poudre sur le papier.

Pour éviter d'incruster des résidus dans le papier, brossez d'abord la surface de l'œuvre au pinceau doux. En tenant fermement le papier sur une table non glissante, saupoudrez la poudre sur la surface et frottez délicatement le sachet sur les parties tachées avec un mouvement circulaire. Prenez soin de ne pas déchirer ou froisser le papier près des bords.

Nettoyer par immersion

Si les méthodes à sec échouent, vous pouvez essayer de laver le dessin à l'eau froide. Même s'il n'enlève pas les taches les plus tenaces, le lavage permet de supprimer les impuretés naturelles acides, qui finissent par détruire le papier ancien.

Le processus est généralement inoffensif pour les gravures en noir et blanc, mais n'immergez jamais des dessins colorés ou faits avec des encres solubles. Cela s'applique aussi pour toute œuvre signée à l'encre, mais vous remarquerez que les signatures au crayon résistent à l'eau.

L'eau distillée, ou même l'eau du robinet devrait venir à bout des principales taches, ou du moins les réduire à un degré acceptable. L'ajout d'un peu de sel à l'eau peut aider à éliminer les taches de sang ou de vin, à condition de ne pas oublier de rincer soigneusement le dessin à l'eau fraîche. N'utilisez pas d'eau chaude, car elle fixerait la tache définitivement.

À moins que vous ne soyez très expérimenté, n'essayez pas d'immerger de grandes gravures : elles deviendraient lourdes et difficiles à manipuler. Il en va de même pour les œuvres très endommagées, qui ont tendance à se désintégrer dans l'eau. Le lavage d'un papier fin ou délicat devrait également être confié à un expert.

Piqûres

Les petites marques brunes, ou « piqûres », sont des spores qui se développent sur le papier humide. Si nécessaire, on peut les éliminer en immergeant la gravure dans une solution légèrement javellisée.

S'équiper

L'improvisation convient jusqu'à un certain stade, mais il sera beaucoup plus facile – et efficace – de laver et sécher vos dessins avec quelques produits spécialisés. Ceux-ci s'achètent chez les fournisseurs de matériel de reliure et de conservation, dont la plupart proposent un service de vente par correspondance.

Les supports d'archive souples, en polyester non tissé, permettent de manipuler sans risque le papier mouillé et facilitent le séchage à l'air par circulation naturelle. Pour cela, il vous faudra également une grille de séchage, confectionnée en agrafant de la toile en fibre de verre sur un châssis de bois. À défaut, utilisez un treillis en plastique très fin, disponible dans les jardineries.

Vous pouvez laver le papier dans toute bassine ou bac en plastique, mais l'achat d'une cuvette de photographe est très recommandé. Elle doit être suffisamment large pour contenir vos gravures à plat sous l'eau.

Taches d'eau
Les immersions accidentelles attirent la poussière dans les fibres du papier. Les gravures ainsi abîmées pourront être lavées à l'eau distillée froide.

1 Immersion de la gravure
Coupez un morceau de support souple de même dimension que le fond de la cuvette, en veillant à ce qu'il dépasse suffisamment de la gravure sur chaque côté. Remplissez la cuvette d'eau froide et immergez progressivement la gravure et son support en les faisant glisser dans l'eau.

2 Rinçage régulier
Au bout de 20 minutes, retirez délicatement la gravure et son support, remplissez de nouveau la cuvette d'eau froide et replongez la gravure. Répétez quatre ou cinq fois, à 20 minutes d'intervalle.

3 Séchage de la gravure
Au bout du cinquième rinçage (ou plus tôt si le résultat vous satisfait), sortez la gravure de l'eau et posez-la sur la grille, toujours sur son support. À ce stade, il importe peu que la gravure sèche bien à plat, car il faudra probablement apprêter le papier plus tard (voir page 22). Si vous préférez, attendez que la gravure soit presque sèche et repassez-la entre deux feuilles de papier buvard propre.

Blanchir les gravures

Si après un lavage à l'eau votre gravure présente encore une tache disgracieuse, immergez-la dans une faible solution d'eau de Javel. Toutefois, le blanchiment des œuvres d'art est un sujet controversé. Certains experts soutiennent que cette opération n'est pas réalisable par les restaurateurs amateurs, d'autres qu'elle est à proscrire absolument en raison des effets possibles, à long terme, sur les fibres du papier. Pour ne courir aucun risque, ne blanchissez que les gravures en noir et blanc sans valeur ; confiez les autres à un professionnel.

Veillez à ce que le papier soit bien imprégné d'eau froide avant de le déposer dans le bain de blanchiment. Préparez une solution d'eau de Javel et d'eau dans la cuvette servant à nettoyer vos œuvres. Les professionnels mélangent 4 cuill. à café de chloramine T dans 0,50 litre d'eau distillée froide. Ce produit s'achète uniquement chez les fournisseurs spécialisés. À défaut, utilisez un « liquide de stérilisation » ménager : agent de blanchiment antiseptique utilisé pour stériliser les biberons. Mélangez dans 4 volumes d'eau.

1 Blanchiment de la gravure
Avec des gants de protection, déposez la gravure et son support dans le bain de blanchiment. Surveillez la gravure et, dès que la tache disparaît, sortez délicatement la gravure, jetez la solution javellisée et remplissez la cuvette d'eau fraîche.

2 Rinçage de la gravure
Laissez tremper la gravure 20 minutes avant de renouveler l'eau. Répétez cinq fois, comme pour le lavage des œuvres d'art, et laissez sécher naturellement, sur une grille.

APPRETER LE PAPIER

Un papier qui vient d'être blanchi et immergé dans l'eau est relativement fragile ; il sera nécessaire de l'apprêter. Confectionnez un apprêt en mélangeant 10 g de gélatine ordinaire dans 0,50 litre d'eau.

Application de l'apprêt
Posez la gravure lavée et séchée à l'envers sur une feuille de papier propre. Enduisez-la généreusement et uniformément d'apprêt à l'aide d'une brosse large et douce. Ôtez tout excès au buvard et laissez sécher la gravure sur la grille.

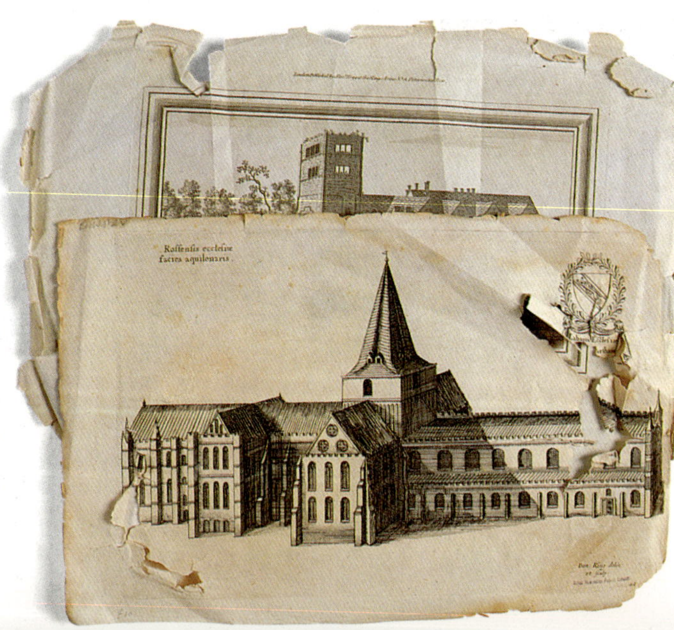

Gravures endommagées
Les gravures déchirées se réparent avec de la colle de pâte ou du ruban adhésif spécial. Les plus abîmées pourront être doublées (voir page 24).

RÉPARER LES ŒUVRES GRAPHIQUES

Avec les matériaux de conservation modernes, et à condition que les dégâts soient légers, il est relativement aisé de réparer des œuvres froissées ou déchirées. Assurez-vous que l'image ne sera pas abîmée ou obscurcie par le procédé.

Aplanir les dessins et gravures froissés

Une fois qu'un papier a été plié, il peut être difficile, voire impossible, d'y remédier. Cependant, on peut minimiser l'effet en humidifiant et en mettant sous presse un dessin au crayon ou une gravure en noir et blanc. Ne le faites pas sur des œuvres colorées ou des gravures à l'encre, à moins que vous soyez certain que le médium n'est pas soluble. De même, évitez d'humidifier les dessins ayant été collés sur un support en carton.

Humidification et mise en presse

Étalez l'œuvre froissée à l'envers sur une feuille de papier buvard humide, et humidifiez-en le dos avec un pulvérisateur rempli d'eau distillée. Humidifiez une seconde feuille de buvard et déposez-la sur l'image. Placez les trois épaisseurs entre deux planchettes rigides, et posez des livres lourds dessus, ou bien mettez-les sous presse, jusqu'à ce que le papier soit sec.

Élimination d'une marque ou d'une éraflure

Un bord tranchant ou pointu peut laisser une marque visible sur du papier. Si l'image est elle-même éraflée, demandez conseil à un expert. Mais, si la marque a été faite sur la marge ou la bordure, passez de l'eau chaude dessus avec un pinceau. Laissez l'eau s'imprégner quelques minutes afin que les fibres gonflent, puis posez du papier buvard dessus et frottez-le avec un plioir en os ou un fer à polir (voir page 31).

Réparer les œuvres déchirées

Les méthodes de réparation des œuvres déchirées sont toujours les mêmes pour toutes les œuvres graphiques dessinées ou gravées. Cependant, la colle recommandée étant à base d'eau, les seules restrictions s'appliquent aux œuvres réalisées avec des matériaux solubles. Quoi qu'il en soit, tant que les dégâts ne touchent pas l'image, toute réparation soigneuse devrait rester inoffensive.

De même, si les films adhésifs et papiers de soie neutres constituent d'excellents renforts au dos d'une œuvre, il est déconseillé de les appliquer sur l'image même, bien que ces matériaux soient pratiquement invisibles une fois bien frottés.

Réparation d'une déchirure simple

Très souvent, une déchirure faite dans du papier épais présente des bords irréguliers, faciles à recoller avec de la colle de pâte. Employez une colle pour reliure ou achetez de la colle à papier peint neutre. Ces deux types de colle sont réversibles et garantis contre les taches et la moisissure.

Avec un pinceau pointu, appliquez un peu de colle sur l'un des bords déchirés, puis rapprochez-les bien. Essuyez l'excédent de colle avec un mouchoir en papier, couvrez la réparation d'un papier siliconé et frottez-le avec un plioir en os.

Consolidation d'une réparation

Un collage est généralement assez solide pour se passer de renfort. Toutefois, si les deux bords se chevauchent à peine ou si le papier a été coupé net, appliquez un ruban adhésif spécial sur le dos de l'œuvre. Le film adhésif neutre est fait de colle acrylique réversible qui, contrairement aux colles utilisées dans les rubans adhésifs ordinaires, n'abîme pas et ne tache pas le papier. Une fois poli avec un plioir en os, ce type de ruban adhésif est quasi invisible. Il existe du ruban légèrement jaune, assorti aux teintes du papier.

Doubler une gravure très endommagée
Un simple recollage des bords déchirés ne suffit pas toujours à réparer une gravure ayant été déchirée en deux. Une approche plus professionnelle consiste à doubler la gravure avec du papier japon. Il n'est pas facile d'obtenir un résultat parfait, mais, étant donné le peu de valeur de la gravure déchirée, vous ne risquez pas grand-chose. C'est pourquoi il est néanmoins conseillé de faire estimer l'œuvre avant de la réparer.

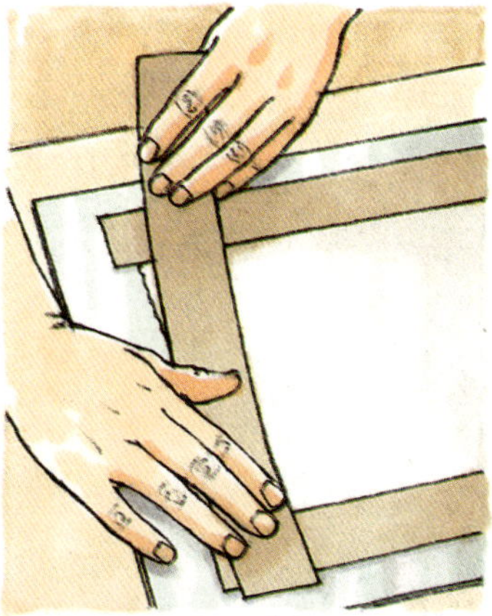

1 Préparation du papier
Déchirez ou coupez du papier japon en dépassant la gravure de 5 cm sur ses quatre côtés. Étalez le papier sur une plaque de verre et humidifiez-le avec un pulvérisateur. Fixez le papier humide sur le verre avec du kraft gommé et laissez-le sécher.

2 Encollage de la gravure
Enduisez de colle de pâte le dos de chaque moitié de gravure et posez-les sur le papier japon, en raccordant soigneusement les bords déchirés. Étendez une feuille de papier siliconé sur la gravure et frottez-la délicatement avec un tampon de chiffon doux. Détachez le papier siliconé et laissez sécher la gravure.

3 Rognage de la gravure
Une fois la gravure et le papier japon secs, rognez le pourtour de la gravure doublée à l'aide d'un cutter et libérez-la du verre.

Monter et ranger les œuvres graphiques

Exposez et rangez votre collection dans les pièces où il est facile de maintenir une atmosphère relativement sèche, propre et stable. Ne suspendez jamais les œuvres encadrées à la lumière directe du soleil ou au-dessus d'une source de chaleur (radiateur ou cheminée).

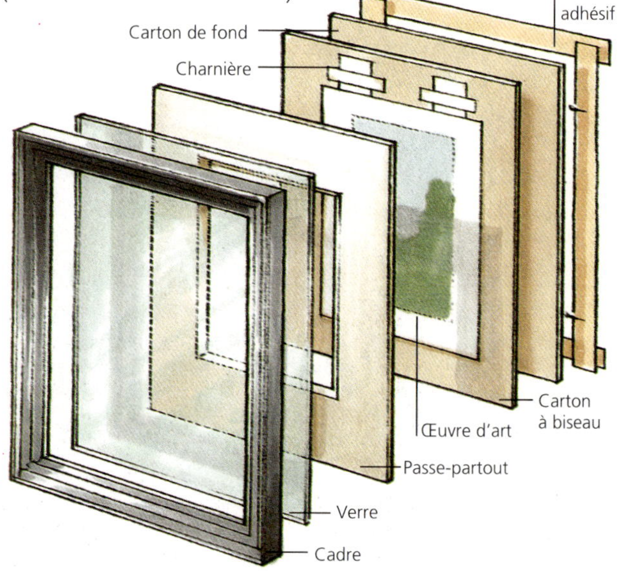

Encadrer les œuvres
Les cadres tout prêts sont rarement adaptés au montage des gravures, des dessins ou des aquarelles anciennes, car ils ne garantissent pas la neutralité des matériaux. De même, les sous-verre, comprenant une plaque de verre fixée à un support rigide, ne protègent guère de la poussière et de la pollution atmosphérique.

Que vous fassiez vous-même vos cadres ou que vous les commandiez à un encadreur professionnel, vérifiez toujours que les cartons et papiers utilisés sont non acides. De tels matériaux sont disponibles chez la plupart des fournisseurs pour artistes ou restaurateurs.

Le style de cadre est une question de goût personnel. En cas d'hésitation, choisissez une moulure simple et fine pour le cadre et un carton à biseau blanc cassé ou crème qui ne déparera pas avec le dessin.

Toutes les œuvres sur papier doivent être montées sous verre (on peut choisir un verre antireflet, mais ce n'est pas indispensable). Certains collectionneurs préfèrent utiliser des feuilles de polycarbonate ou d'acrylique transparentes. Ces matériaux sont moins fragiles que le verre et peuvent être traités pour protéger vos dessins des ultraviolets. Toutefois, ils se chargent parfois en électricité statique et sont déconseillés pour les dessins à la craie, au pastel ou au fusain.

Un carton fin double-face, enduit de vernis acrylique, soutient l'œuvre par-derrière et la protège.

Découper les cartons
La plupart des gravures, dessins et aquarelles sont insérés entre deux supports en carton, dont l'un est évidé de façon à entourer l'œuvre (et à maintenir un espace entre elle et le verre). En mesurant le passe-partout, comptez une généreuse bordure tout autour de l'image. Traditionnellement, une bordure inférieure plus large équilibre le support. Le passe-partout, généralement doté de bords biseautés, doit laisser suffisamment de place à l'image pour « respirer », et ne doit jamais cacher l'estampille (la marque laissée sur le papier au cours de l'impression) ou la signature de l'artiste.

Monter l'œuvre
Le dessin ne doit jamais être collé au carton à biseau. Suspendez-le à des charnières en papier japon fixées avec de la colle de pâte (voir page 23). Collez une autre bande de papier en travers de chaque charnière pour les renforcer.

Insérer le carton de fond
Une fois que le cadre est assemblé, avec le verre et l'œuvre montée, fixez le carton de fond dans la feuillure du cadre à l'aide de semences antirouille ou de « pointes » métalliques. Enfin, scellez le pourtour du support avec du papier kraft gommé afin de protéger le dessin de la poussière et des insectes.

Ranger les œuvres dans des cartons ou boîtes
Si vous êtes un collectionneur de gravures ou de dessins, il sera vite impossible d'exposer toute votre collection dans des cadres suspendus au mur. Dans ce cas, conservez vos œuvres dans des boîtes peu profondes, en carton neutre. Ces boîtes de rangement, disponibles en toute sorte de tailles, ont des coins renforcés de métal et un rabat avant qui tombe pour faciliter l'accès au contenu une fois que le couvercle est ôté. Confectionnez une chemise en papier pour chaque œuvre, ou intercalez-les avec du papier de soie non acide.

CONSERVER LES PHOTOGRAPHIES ANCIENNES

Comme les autres œuvres sur papier, les photographies ont besoin d'être protégées de la lumière, de la poussière et de tout dégât matériel. La composition chimique de l'émulsion photographique les rend particulièrement sensibles à la pollution et aux écarts de température et d'humidité.

Conservez-les dans un environnement frais, sans poussière ni humidité. Essayez de les éloigner de murs extérieurs ou de surfaces peintes ou vernies, qui pourraient dégager des émanations nocives. Ne les entreposez jamais dans une cave ou un grenier.

Ranger en lieu sûr
Le traditionnel album de photos reste l'une des meilleures façons de conserver les clichés. Il vous permet de visualiser facilement votre collection sans avoir à toucher les photographies, et les empêche de passer à la lumière du jour. Il est possible d'acheter des albums entièrement réalisés avec des matériaux neutres. On peut aussi se procurer des coins de polyester transparent, chimiquement stables et garantis contre la détérioration à long terme de l'émulsion.

Ranger les photographies individuelles
Un album n'est pas adapté au rangement d'une importante collection, ni à la consultation des notes écrites au dos.

Vous pouvez envelopper une ou deux photographies dans du papier de soie non acide et les glisser dans une enveloppe solide, mais assurez-vous que celle-ci n'est pas faite avec des bords collés, qui pourraient réagir avec l'émulsion photographique.

Rangez les collections importantes dans des boîtes d'archives en carton, chaque photographie étant enveloppée d'un étui de papier alcalin non acide, ou, mieux encore, d'un étui de polyester transparent qui vous permettra de manipuler le cliché sans en toucher la surface. Tous ces matériaux s'achètent par correspondance chez les fournisseurs pour conservateurs.

Exposer les photographies

On peut exposer les photographies anciennes dans des cadres suspendus au mur, de la même manière que les autres œuvres sur papier (voir page 24). Toutefois, soyez particulièrement méticuleux dans le choix des cartons de support. La plupart des cartons dits « non acides » sont imprégnés d'une substance alcaline contre la contamination acide. Ces cartons sont tout à fait appropriés à la conservation des œuvres, mais, au contact d'une photographie, à long terme ils pourraient devenir nocifs. Choisissez de préférence des matériaux non imprégnés.

Reproduire les photographies anciennes

Une façon d'éviter de nuire à une photographie rare ou fragile consiste à en faire une copie ; l'original sera alors rangé et la reproduction exposée sans risque. Même les photographies très froissées, tachées ou passées peuvent être améliorées et rehaussées sans avoir à retoucher l'original. De nombreux photographes professionnels sont spécialisés dans ce service.

Réparer les photographies déchirées

On peut réparer une photo déchirée de façon satisfaisante avec de la colle de pâte (voir page 23). S'il ne répare pas l'émulsion craquelée ou écaillée, le recollage empêche toutefois la propagation des dégâts. Collez les bords déchirés, comme indiqué page 23. Si nécessaire, renforcez le dos de la photographie en collant une étroite bande de papier japon sur la réparation ; ou bien utilisez un film adhésif neutre.

RESTAURER LES PHOTOGRAPHIES

Si vous avez des photographies rares ou précieuses à restaurer, confiez-les à un expert capable d'identifier avec certitude la base exacte et le processus chimique utilisés pour chaque épreuve. Toutefois, vous pouvez nettoyer et réparer vous-même vos photos de famille, peut-être sans valeur pour le moment mais dignes d'être préservées pour les générations futures.

Nettoyage des épreuves

Le nettoyage à l'eau d'une vieille photo pourrait faire gonfler l'émulsion. Cependant, vous pouvez ôter les traces de doigt, les moisissures et certaines marques d'encre à l'aide d'un nettoyant liquide disponible chez les fournisseurs spécialisés. Vaporisez le liquide sur un chiffon propre non pelucheux et passez-le doucement sur la photo par mouvements circulaires. Le liquide devrait sécher instantanément, sans laisser de résidu.

Restaurer les livres

Essentiellement composés de papier, les livres souffrent de l'exposition à l'humidité, de la poussière et des insectes, ainsi que des manipulations peu soigneuses. Mais, parce que le papier est relié entre des cartons recouverts de toile ou de cuir, les techniques de restauration déjà mentionnées pour les œuvres graphiques peuvent être adaptées à la construction particulière des livres.

Comment sont faits les livres

Les livres sont imprimés sur de grandes feuilles de papier pliées et tranchées pour en faire des cahiers, eux-mêmes cousus ensemble pour former la base du livre. Le dos – le bord cousu des cahiers réunis – est renforcé par une bande de tissu lâche, ou mousseline, et parfois de bandes transversales de ruban de toile. Des tranchefiles décoratives sont parfois collées sur le haut et le bas du dos.

La mousseline et le ruban de toile forment des charnières entre l'ensemble des cahiers et la couverture, qui est réalisée en couvrant du carton gris épais de toile ou de peau. Des feuilles épaisses, collées à l'intérieur de la couverture, cachent les raccords et forment des pages de garde au début et à la fin du livre.

De nombreux livres sont enveloppés d'une jaquette en papier décorative, qu'il est fortement conseillé de conserver, quel que soit son état. Ces jaquettes sont en effet très prisées des collectionneurs (voir page 32).

Comment restaurer soi-même les livres

La restauration d'un livre empiète largement le domaine de la reliure, une activité très délicate exigeant des connaissances et une pratique particulières. Les livres anciens en très mauvais état seront donc confiés à un professionnel, notamment les ouvrages à reliure de cuir fragile ou décorée. Toutefois, l'amateur est tout à fait à même de nettoyer et d'effectuer quelques réparations mineures sur des livres d'occasion ordinaires, à condition de se munir des outils et matériaux nécessaires. Procurez-vous le matériel adéquat chez les fournisseurs pour relieurs et restaurateurs.

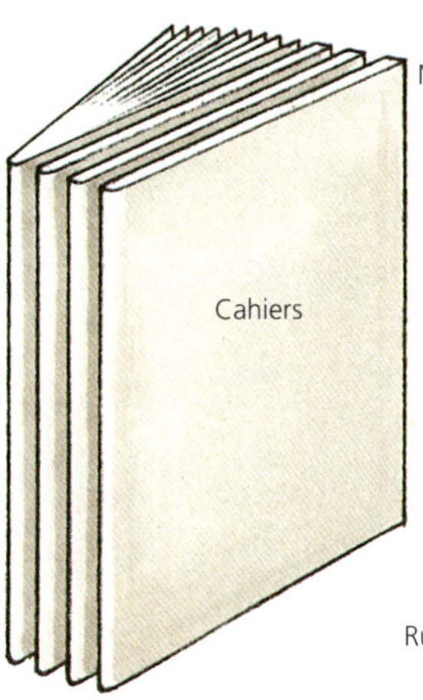

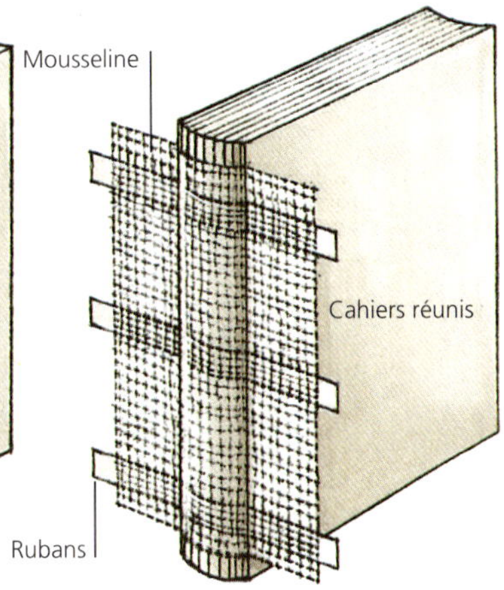

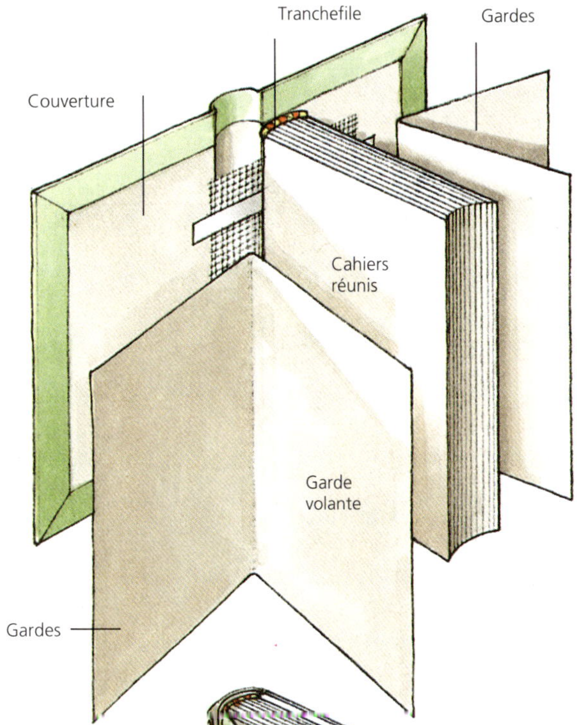

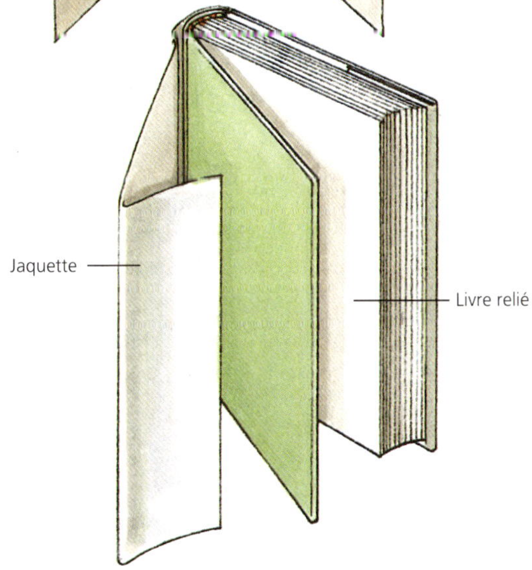

Nettoyer les livres

Il est important de dépoussiérer régulièrement vos livres. Non seulement cela réduit le risque de voir la poussière s'incruster entre les pages, mais cela vous donne aussi l'occasion d'inspecter votre collection pour détecter tout signe de moisissure ou d'insectes. Pour éviter ce genre d'infestation, nettoyez soigneusement vos acquisitions récentes avant de les disposer en rayonnage. Retirez provisoirement les jaquettes pour cette opération.

Nettoyer les couvertures en toile

Si le dépoussiérage élimine la poussière superficielle, il sera totalement inefficace pour les couvertures sales dépourvues de leur jaquette. Le nettoyage de la couverture ne lui rendra pas son état d'origine mais contribuera toutefois à raviver la couleur du tissu. N'utilisez pas d'eau (qui pourrait endommager le gaufrage métallique), mais un nettoyant spécial pour livres entoilés.

1 Application du nettoyant
Déposez un peu de nettoyant sur un tampon de coton et frottez-le sur la couverture, sans oublier le dos, à l'aide de mouvements circulaires. Changez le coton quand il devient sale.

2 Lustrage de la couverture
Laissez la couverture sécher quelques minutes, puis lustrez-la avec une brosse douce et propre. La couverture devrait retrouver une jolie couleur uniforme.

Dépoussiérage d'un livre
En tenant bien le livre entre le pouce et l'index, passez une brosse d'artiste souple sur la tranche supérieure, depuis le dos vers l'extérieur. Portez un masque de gaze pour les livres les plus poussiéreux.

Traiter la moisissure

Si vous remarquez de la moisissure sur la couverture d'un de vos livres, vérifiez votre collection et mettez de côté tous les ouvrages affectés. Laissez-les sécher complètement, en les faisant tenir debout, les feuilles ouvertes en éventail, dans un endroit sec et bien aéré. Examinez vos rayons pour localiser et traiter la source d'humidité à l'origine de la contamination.

Une fois qu'un livre est parfaitement sec, sortez-le dehors pour le brosser. Il n'y a pas grand-chose à faire pour réparer les couvertures gondolées ou tachées, mais si l'humidité a terni la couverture tout en la laissant relativement propre, vous pourrez la raviver avec de la cire microcristalline. Ce procédé permettra également de faire retrouver sa couleur à un dos passé.

Application de la cire microcristalline
Imbibez un tampon de coton de cire puis, après avoir tamponné le coton sur du papier pour ôter l'excédent de cire, frottez-le sur la couverture, en faisant des mouvements circulaires pour bien étaler la cire. Veillez à ne pas mettre de cire sur les pages. Quelques minutes plus tard, lustrez la couverture avec une brosse douce et propre ou un chiffon non pelucheux.

Nettoyer les pages de garde

Les pages de garde ou les pages de titre d'un livre sont souvent marquées du nom de l'ancien propriétaire, de dédicaces, ou parfois de la signature de l'auteur ou de l'illustrateur. Certains préfèrent gommer ces marques si les noms ne sont pas connus, mais il est toujours dommage d'effacer ainsi le passé d'un livre. Il convient plutôt d'éliminer les griffonnages disgracieux et les taches qui souillent l'aspect du livre.

Utilisation de gomme en poudre

Le traitement à la gomme en poudre (voir page 20) est la méthode la plus sûre pour nettoyer des pages de garde salies, imprimées et glacées, à condition de ne pas frotter trop fort. Attention, toutefois, si vous souhaitez conserver des annotations au crayon. Ouvrez le livre sur un autre livre pour éviter d'abîmer la reliure, et frottez doucement du centre vers l'extérieur pour ne pas froisser ou déchirer le papier. Éliminez soigneusement les résidus avant de refermer le livre.

Livres tachés et piqués

Les livres exposés à l'humidité ou à une inondation sont souvent marqués de taches d'eau ou de petites mouchetures brunes, ou « piqûres ». Celles-ci s'éliminent à l'eau ou à l'eau de Javel (voir pages 21-22), mais ces méthodes ne sont pas praticables sur un livre relié. Il est donc préférable de ne pas acheter de livres tachés ou piqués, à moins que vous ne voyiez pas d'inconvénient à les avoir dans cet état.

Effacer les soulignages

Bien qu'envisageable, il peut être difficile de gommer les annotations ou les soulignages au crayon sur les pages d'un livre, car les marques profondes restent. N'achetez pas de livres soulignés à l'encre ou au feutre, car ces traces ne s'enlèvent pas sans abîmer le papier.

Gommage

Essayez d'abord une gomme douce en plastique blanc. Elles existent en bloc ou en recharge pour stylo rétractable – idéal pour plus de précision. Vous pouvez aussi employer une gomme en pâte dite « mie de pain », malléable dans toute sorte de formes. Ouvrez le livre sur un autre et frottez par petits coups de la reliure vers le bord extérieur de chaque page (ne faites pas de mouvements circulaires ou de va-et-vient, pour ne pas froisser le papier) en travaillant précautionneusement afin de ne pas effacer les caractères. On peut éliminer certaines taches en les tapotant avec de la gomme en pâte assouplie, sans avoir à frotter la surface.

Nettoyer les planches

La gomme en poudre éliminera la saleté et les traces sur la surface des planches d'illustration (évitez d'utiliser des gommes qui laissent des traînées sur le papier glacé). Faites très attention, ces planches ne sont parfois que très délicatement collées sur le papier.

Réparer des livres endommagés

Ne vous laissez pas rebuter par l'achat d'un livre juste parce que sa reliure est cassée ou que ses pages de garde sont manquantes. Ce type de réparation est fait très facilement par un relieur, en général pour un prix tout à fait abordable. La réparation des pages cornées ou déchirées, ou le remplacement d'un frontispice sont des tâches à la portée de l'amateur. Il suffit seulement de soin et de patience, et l'on pourra s'entraîner sur des livres de moindre valeur avant de s'attaquer à un ouvrage plus précieux.

C'est à vous de voir s'il convient de nettoyer le papier avant de le réparer. Il n'est pas souhaitable de laisser de la saleté sous une bande de papier ou ruban adhésif, mais il y a toujours le risque d'aggraver les choses en frottant le papier avec de la gomme en poudre ou ordinaire. La marche à suivre sera dictée par l'état de chaque livre. D'une façon générale, on préfère nettoyer la couverture en dernier.

Certaines des techniques suggérées pour la réparation des livres peuvent s'appliquer aux magazines, aux bandes dessinées et autres publications endommagées.

Aplanir les pages cornées

Certains lecteurs ont l'habitude de replier un coin de feuille en guise de marque-page. Les pages cornées des livres imprimés sur papier fin peuvent être aussi le résultat d'une mauvaise manipulation ou d'un rangement inadéquat.

Utilisation d'un plioir
Aplanissez toutes les pages cornées avec la pointe d'un plioir en os. Placez un morceau de carton sous la page endommagée et posez une bande de papier fin dessus, puis aplanissez les coins l'un après l'autre en frottant le plioir sur la pliure. Celle-ci restera visible, mais la page ne sera plus cornée.

Insérer une planche

Tout libraire scrupuleux aura fait la liste des planches manquantes. Dans le cas contraire, avant d'acheter un livre, consultez la liste des illustrations dans le sommaire ou sur la page de titre.

Les planches détachées ne posent aucun problème. On peut les réinsérer facilement, à condition de le faire aussi vite que possible, avant que les bords ne s'effrangent et se salissent. Si vous n'êtes pas sûr de l'endroit où insérer une planche, regardez si son emplacement prévu est imprimé dans la marge.

Les planches individuelles, y compris le frontispice, sont généralement collées hors texte (le long d'un bord) et ont simplement besoin d'être recollées. Dans le cas des livres modernes, les paires de planches ont tendance à envelopper les cahiers cousus, ce qui vous oblige à recoller les deux planches dans le livre pour obtenir une réparation efficace. Utilisez une colle vinylique réversible neutre.

1 Application de la colle
Posez la planche à l'envers sur une feuille de papier blanc. Masquez le dos de la planche avec une autre feuille de papier, en laissant une étroite bande exposée le long du bord intérieur de la planche. Enduisez ce bord exposé de colle, du masque vers l'extérieur.

2 Insertion de la planche
En maintenant le livre ouvert, alignez le coin de la planche à l'aide du pouce et d'un doigt, tout en soulevant le bord encollé. Collez le bord en le lissant avec la main, puis posez une bande de papier siliconé dans la charnière et fermez le livre. Laissez le papier siliconé en place jusqu'à ce que la colle ait pris, puis ôtez-le.

Réparer les pages déchirées

Les méthodes de réparation des livres varient selon que la réparation a besoin d'être renforcée et que vous êtes prêt à vous procurer un équipement spécialisé.

Il suffit parfois d'une colle à base d'eau, peu coûteuse et facile à utiliser, pour obtenir une réparation satisfaisante.

L'emploi de film adhésif neutre donne une réparation plus solide et pratiquement invisible, même sur les pages imprimées.

Le papier thermocollant est un bon substitut du film adhésif. Il peut être coupé dans toutes sortes de formes pour couvrir les déchirures irrégulières. Toutefois, il vous faudra un fer à polir électrique pour faire prendre la colle.

Coller du papier déchiré

Un bord déchiré peut se réparer simplement à la colle (voir page 23). Placez la page réparée entre deux feuilles de papier siliconé, fermez le livre et laissez la colle sécher.

Une réparation bien faite n'a généralement pas besoin d'être renforcée, mais si le livre est utilisé souvent, ou si la réparation est vulnérable, il vaut mieux couvrir la réparation – au moins sur un côté – de film adhésif (voir page 23) ou de papier japon.

Utilisation de film adhésif

Lavez-vous les mains avant de manipuler le film adhésif. Choisissez-en un de même couleur que la page. Déchirez-le en une étroite bande aux bords irréguliers. Appliquez la bande sur la page, posez un morceau de papier dessus et frottez-le avec un plioir en os pour chasser l'air. Placez un morceau de carton sous la réparation, puis ébarbez l'excédent de film avec une règle en acier et un cutter, en suivant le bord de la page.

Consolidation au papier thermocollant

Le papier japon enduit de colle acrylique à chaud sur un côté produit une réparation quasiment invisible. La colle est doublée d'une feuille de protection qui ne doit être enlevée qu'au dernier moment. Déchirez le papier selon la forme du dégât et placez un morceau de feuille de protection dessus. Frottez le papier avec le bout large d'un fer à polir chaud. Si vous voulez effectuer la réparation sans coller les bords en premier, commencez par poser une feuille de papier sur la page abîmée, puis aplanissez les fibres le long des bords déchirés à l'aide d'un plioir. Appliquez le papier des deux côtés de la page.

Consolider les plis fragiles ou déchirés

Les livres illustrés sont parfois dotés de cartes ou de plans dépliants, dont la réparation requiert un certain soin, surtout si leur papier d'impression s'est usé avec le temps.

Renforcez un pli fragilisé en appliquant du film adhésif (voir ci-contre) ou une bande de papier thermocollant (voir ci-dessus) au dos de l'illustration.

Si un plan s'est déchiré en plusieurs morceaux, doublez-le de papier japon (voir page 24), mais seulement si vous êtes sûr que la surface imprimée ne sera pas en contact avec de l'eau.

Vous pouvez également procéder avec du papier thermocollant, bien qu'il soit nécessaire d'utiliser une presse chauffante pour les grandes surfaces.

Détachage d'un plan collé

Les plans ou cartes dépliants sont toujours collés hors texte dans les livres anciens. Si vous voulez doubler un plan déchiré, il faut retirer tous les morceaux qui restent collés, de façon à effectuer une réparation efficace. En appuyant la paume de la main sur la page adjacente, détachez le bord collé d'un mouvement vif. Une fois le plan réparé, recollez-le comme s'il s'agissait d'une planche à insérer (voir page ci-contre).

Réparer une charnière cassée

La jointure entre la couverture et le livre forme un point faible. Les pages de garde sont souvent les premières à montrer des signes d'usure, le long de la charnière. Si la mousseline et les rubans de renfort sont encore intacts, vous pouvez réparer la jointure en recollant les bords à l'endroit où la page de garde s'est déchirée. N'attendez pas pour effectuer ce genre de réparation, difficile lorsque toute la jointure est cassée.

1 Application de la colle
Détachez avec soin les bords déchirés, de façon à ôter la poussière qui se serait logée dans la fissure. Avec un petit pinceau pointu, appliquez de la colle neutre sur la fissure en veillant à ce que le papier soit enduit de façon homogène.

2 Raccord de la fissure
Avec la lame d'un couteau sans dents, soulevez et poussez la charnière fissurée en place, en alignant parfaitement les bords déchirés. Enveloppez votre doigt d'un chiffon non pelucheux tout juste humide et appuyez sur les bords collés, tout en ôtant l'excédent de colle.

3 Mise sous presse
Pliez une bande de papier siliconé et placez-la sur la jointure. Fermez le livre et frottez la jointure avec le doigt. Mettez le livre entre deux planchettes rigides, en les alignant avec la jointure pour éviter d'écraser le dos. Posez un poids dessus et laissez-le toute la nuit.

Protéger les jaquettes

Les jaquettes sont particulièrement vulnérables, et c'est probablement pour cela que de nombreux livres d'occasion en sont dépourvus. Si vous avez la chance d'acheter un livre avec une jaquette intacte, protégez-la avec un film transparent ; cela la mettra à l'abri de la poussière et de toute détérioration.

Pour les livres rares, vous pouvez acheter des protections spéciales, mais une solution moins coûteuse consiste à utiliser du papier transparent de fleuriste, par exemple. Avant de couvrir la jaquette, lissez les éventuelles pliures et alignez les bords déchirés. L'étui de papier pourra protéger une jaquette légèrement endommagée, mais, si celle-ci est très déchirée, réparez-la préalablement au papier thermocollant (voir page 31) ou au film adhésif (voir page 23).

1 Confection de l'étui
Coupez le papier pour former un étui de 25 mm de moins que la largeur totale de la jaquette ouverte. Glissez la jaquette dans cet étui de façon que le bord inférieur touche le fond et centrez-la bien.

2 Repliage de l'étui sur la jaquette
Posez le papier transparent, puis la jaquette, face imprimée vers vous. Alignez une règle rigide le long du bord supérieur de la jaquette et, en tenant fermement la règle, repliez le papier sur la jaquette. Retirez la règle et marquez la pliure.

3 Couverture du livre
Pour vous assurer que la jaquette ainsi renforcée convient, commencez par envelopper le dos du livre, puis posez le livre à plat sur la table, dos face à vous. Ouvrez le livre et repliez un rabat de la jaquette. Fermez le livre, retournez-le et repliez l'autre rabat.

Magazines et journaux

Dépourvus de reliure protectrice, les revues, journaux et magazines de bandes dessinées sont extrêmement vulnérables aux dégâts matériels. Vous pouvez les nettoyer et réparer les pages déchirées ou froissées en appliquant les méthodes décrites pour les livres reliés. Ce qui distingue les journaux des livres brochés est le fait que les cahiers sont maintenus ensemble par des agrafes métalliques ; en conséquence, s'ils ont été rangés dans un endroit humide, les agrafes auront sûrement rouillé et taché le papier. Si celui-ci devient fragile, il ne vous reste qu'à ôter les agrafes et à coudre le journal avec du fil de reliure.

Couture à trois trous
Il n'y a pas grand-chose à faire contre les taches de rouille ; mais si le papier s'est déchiré autour des agrafes, fermez le trou et renforcez-le avec une bande de film adhésif avant de coudre.

1 Piqûre centrale
Faites un petit trou au centre de la charnière, puis deux autres à distance égale du centre. Commencez par insérer une aiguille dans le trou central, depuis l'intérieur du magazine.

2 Piqûres latérales
Repassez l'aiguille dans le trou supérieur et, en sautant le trou central, piquez-la dans le trou inférieur.

3 Nouage
À présent, repassez l'aiguille dans le trou central et coupez le fil de façon à laisser deux longues queues à l'intérieur du magazine. Nouez-les ensemble en prenant la longueur de fil située le long de la charnière centrale. Coupez les bouts.

Rangement des magazines et bandes dessinées
Conservez chaque magazine dans un étui transparent en polyester ou polyéthylène. Rangez votre collection ainsi protégée dans des boîtes en carton non acide.

L'OR ET L'ARGENT

Bien que très polyvalents, l'or et l'argent sont généralement associés à la bijouterie fine. La qualité et la couleur de ces métaux – qu'ils soient employés individuellement ou ensemble, ou combinés à d'autres matériaux précieux ou semi-précieux – donnent toute leur valeur aux objets qu'ils composent. L'or, très malléable, est, selon sa pureté, plus ou moins facilement endommagé. Plus dur, l'argent reste relativement mou par rapport à la plupart des métaux. Les articles en or ou en argent massif sont très chers en raison de leur teneur en métal. Pour en réduire le coût et le poids, on fabrique certaines pièces en métal creux. Plus économique encore, l'autre solution consiste à plaquer des métaux de moindre valeur. Le plaqué or ou argent, fondu sur une base métallique et roulé en une fine feuille, se reconnaît généralement par son absence de poinçon et son poids relativement léger. La galvanoplastie (voir page 38), qui consiste à appliquer chimiquement une fine couche de métal précieux, s'est développée au milieu du XIXe siècle et supplante largement le plaqué.

ÉTALON-OR ET POINÇONS

Pour son usage commercial, l'or est allié à d'autres métaux, comme l'argent ou le cuivre, afin d'augmenter sa résistance ou modifier sa couleur. La qualité de l'or est déterminée par le nombre de carats, ou la proportion (en poids) d'or pur dans un alliage. L'or pur fait 24 carats. Les étalons actuels sont de 22, 18, 14 et 9 carats, mais, jadis, on produisait aussi de l'or à 15 ou 12 carats. En France, les pièces doivent porter le poinçon du fabricant (ou poinçon d'importateur pour les articles étrangers) et le poinçon de garantie d'État ou de garantie publique.

MÉTAUX

Les propriétés pratiques et esthétiques des métaux sont très appréciées, mais, quand un léger nettoyage ne suffit plus, le métal devient un matériau fort peu sympathique que seuls les spécialistes peuvent traiter. Cependant, les objets métalliques sans grande valeur peuvent être parfaitement restaurés par tout amateur adroit.

Les métaux et leurs composés sont extraits de minerais ou de minéraux métallifères. Ils sont ensuite traités en métal simple ou combinés à d'autres métaux pour former toute une gamme d'alliages aux propriétés distinctes.

L'identification précise des métaux est souvent difficile, mais ils se différencient par leur couleur, leur poids et leur dureté. L'objet lui-même est également un indice, car les caractéristiques et la valeur des divers matériaux les réservent à des usages particuliers.

La couleur procure généralement l'indice le plus fiable, bien que celle-ci varie selon que la surface est polie, ternie ou rouillée.

BIJOUX EN OR ET EN ARGENT

Faites nettoyer et entretenir vos bijoux en métal précieux par un bijoutier professionnel. L'or ne se ternit pas, les pièces simples auront seulement besoin d'être lustrées avec un chiffon doux ou une peau de chamois. Retirez la ternissure légère de l'argent avec un chiffon spécial pour argenterie.

La saleté issue du savon ou du maquillage peut gâcher l'aspect d'une pièce très ciselée ou sertie de pierres précieuses. Celle-ci devra donc être nettoyée en conséquence.

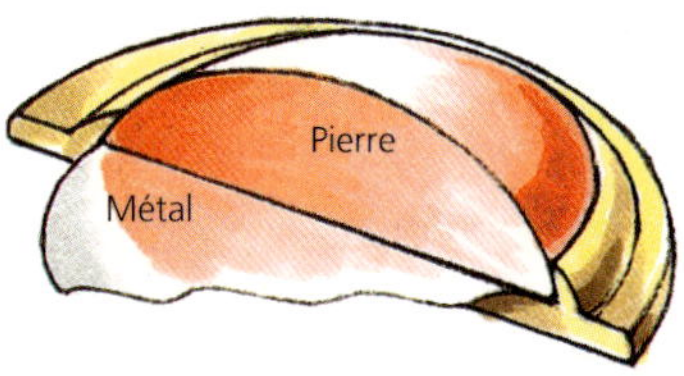

Serti clos

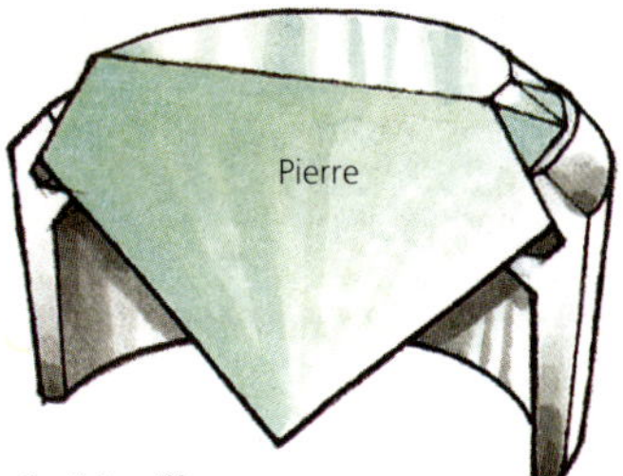

Serti à griffes

Examen du sertissage
Les pierres précieuses peuvent être fixées dans des sertis clos ou à griffes. Dans un serti clos, la pierre est enchâssée dans un creux formé par la monture. Parfois, une feuille métallique est placée sous la pierre pour en raviver la couleur et l'éclat. Ce type de monture, ainsi que les émaux, ne doivent pas être mis au contact de l'eau. Un serti à griffes donne accès au dessous de la pierre, ce qui facilite son nettoyage. À condition que la pierre ne soit pas poreuse, lavez-la juste à l'eau savonneuse tiède. Pendant le nettoyage, retirez vos bagues ou portez des gants de caoutchouc afin de les protéger.

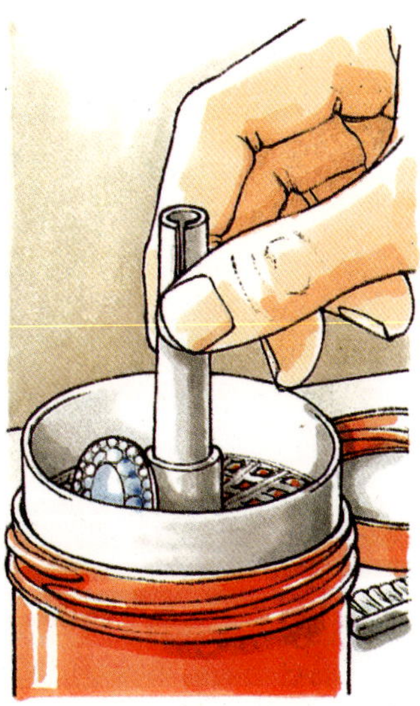

Nettoyage par immersion
Utilisez un bain de bijoutier pour nettoyer les bijoux de petite taille ou ciselés ne craignant pas l'humidité. Les bains s'achètent chez les bijoutiers. Employez un bain séparé pour chaque métal. En suivant les instructions du fabricant, immergez un article à la fois dans le bain, pendant la durée requise (généralement pas plus de une minute). Retirez la pièce du bain et brossez doucement la surface avec la petite brosse douce fournie. Rincez bien à l'eau claire, puis séchez avec un chiffon en coton doux ou une peau de chamois.

Nettoyage des sertis à griffes
Nettoyez les gros bijoux à chaton à griffes avec une solution faible de liquide à vaisselle. Pour des bijoux de plus grande valeur, utilisez du savon liquide neutre et de l'eau chaude (1 volume de savon pour 10 volumes d'eau), plus quelques gouttes d'ammoniaque. Faites-le dans un bol en plastique et non dans l'évier même, car vous risqueriez de perdre des pièces dans la bonde. Retirez la saleté avec une vieille brosse à dents, puis rincez à l'eau tiède et séchez en tamponnant avec un chiffon en coton ou du papier absorbant.

Nettoyage des sertis clos
Les infiltrations d'eau pouvant endommager la monture, utilisez de l'alcool à brûler ou de l'alcool isopropylique au lieu d'eau savonneuse, afin de déloger la graisse et la saleté. Appliquez l'alcool soigneusement avec un Coton-Tige et essuyez régulièrement les résidus avec un Coton-Tige propre. Si le bijou est peu sale, utilisez un nettoyant liquide appliqué sur du coton. Une fois sec, lustrez-le soigneusement avec une peau de chamois.

Chaînes
Le port régulier d'une chaîne en or ou en argent la maintiendra brillante, mais il n'est pas inutile de la nettoyer de temps en temps. Lavez les chaînes en métal massif dans un bain spécial, à l'eau et au savon liquide, ou dans une faible solution de liquide à vaisselle. Ne plongez pas une chaîne creuse dans un liquide : si elle est en métal plaqué, l'humidité pourrait la faire rouiller. Épinglez chaque extrémité sur une planchette recouverte de tissu de coton. Nettoyez la chaîne ainsi déployée avec une brosse imprégnée de nettoyant à bijoux ou d'une solution savonneuse. Si besoin est, retournez la chaîne. Supprimez l'humidité et la saleté avec du papier absorbant, puis lustrez avec un chiffon doux.

Réparations simples

Dans la plupart des cas, la réparation de bijoux en métal précieux devra être confiée à un bijoutier. Toutefois, quelques réparations de base, ne requérant que des outils simples, peuvent être entreprises par l'amateur sur les articles de peu de valeur. (Voir aussi pages 54-57.)

Ranger les bijoux
Gardez les bijoux en or ou en argent régulièrement portés dans un coffret compartimenté, des écrins individuels tapissés de velours, ou des poches de tissu vendues chez les bijoutiers et fournisseurs spécialisés. Cette précaution évite que le métal mou ne s'abîme ou ne s'érafle, et empêche les colliers et les bracelets de s'emmêler. Pour un rangement à long terme, enveloppez chaque pièce d'un papier non acide. Pour faciliter leur manipulation, roulez les chaînes dans du papier. Conservez vos bijoux à l'abri d'une chaleur excessive.

Maillons de chaîne
Les anneaux de liaison servent à former une boucle fermée au bout d'une chaîne, et à attacher un fermoir à l'autre bout. Les anneaux de liaison et les anneaux à ressort peuvent souffrir de l'usure ou de la pression exercée sur eux. S'ils sont trop abîmés, remplacez-les par des neufs.

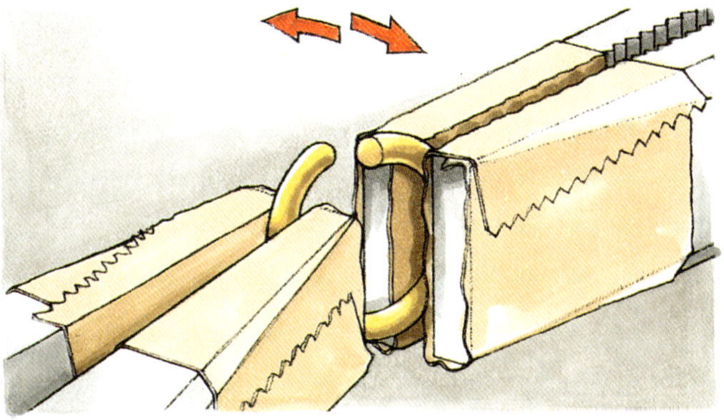

Insérer un anneau
Ouvrez toujours un anneau de liaison en écartant les deux bouts latéralement, avec deux paires de petites pinces. Enveloppez les dents des pinces de ruban adhésif afin qu'elles ne marquent pas le métal. Ouvrez l'anneau juste ce qu'il faut pour l'insérer, puis refermez en rapprochant les deux bouts.

Remplacer un anneau à ressort
Les anneaux à ressort s'insèrent de la même manière que les anneaux de liaison. Ils existent en plusieurs tailles et sont dotés d'un anneau de fixation, ouvert ou fermé.

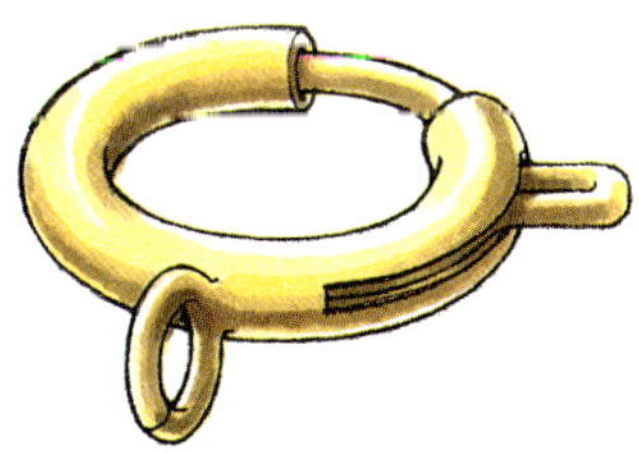

Bagues trop larges
Les bagues trop larges se perdent facilement. Si vous ne souhaitez pas faire réduire l'anneau par un bijoutier, diminuez le diamètre interne en ajustant un clip spécial.

Achetez un clip de même largeur que l'anneau et ajustez-le, simplement.

ARGENTERIE

L'argent est un métal très utilisé, en particulier pour les ustensiles ménagers. Depuis des générations, les orfèvres produisent de superbes pièces qui, par leur valeur et leur qualité artisanale, sont devenues très recherchées des collectionneurs. Il est encore possible de trouver des articles en argent, comme des boîtes à allumettes, des tasses et des pots, n'ayant pas été reconnus comme tels. Car, quand il n'est pas poli, l'argent se ternit en présence d'une atmosphère sulfureuse, devenant d'abord jaune, puis bleu foncé ou noir. Pour vous assurer qu'une pièce est en argent, examinez le poinçon du fabricant estampillé sur le métal.

L'argent anglais est le plus facile à identifier, grâce à un système de standardisation de qualité introduit au XIIIe siècle, et qui se compose d'une série de poinçons de garantie, de qualité, de date et de fabricant. L'Europe continentale et l'Amérique du Nord n'adoptèrent pas les mêmes mesures de contrôle du commerce de l'argent, mais utilisèrent néanmoins des poinçons de ville et de fabricant. Quoi qu'il en soit, les poinçons trouvés sur les pièces d'argenterie ne sont pas toujours clairs ou authentiques, et une analyse soigneuse, avec livres de référence à l'appui, est conseillée.

Plaqué « Sheffield »

Inventé en 1742, le plaqué « Sheffield » est un fin matériau laminé, consistant en argent fondu sur l'une ou les deux faces d'une base en cuivre. Les bords à nu étaient souvent enveloppés d'argent ou couverts de fils d'argent, rendant l'identification parfois difficile. Travaillé comme l'argent massif, il s'utilisait dans un grand nombre d'objets d'argenterie plats ou creux. Bien que généralement non estampillé, le plaqué « Sheffield » du XIXe siècle peut présenter des poinçons simulant ceux de l'argent.

Plaqué argent (galvanoplastie)

La galvanoplastie, apparue en 1820, permettait de produire de l'argenterie peu coûteuse en déposant électrolytiquement une fine couche d'argent sur des pièces de métal préformées. Le nickel plaqué d'argent (EPNS) s'utilise souvent dans la coutellerie et autres articles de table ; l'alliage de nickel, cuivre et zinc, quant à lui, s'appelle argentan ou maillechort. Le métal anglais (EPBM) est un alliage d'étain et d'antimoine.

Vermeil

L'argent plaqué d'une fine couche d'or prend le nom de vermeil. Utilisé pour plaquer la vaisselle, les bijoux et les objets décoratifs, il se traite comme le plaqué argent.

Nettoyer l'argenterie

Polissez l'argent le moins possible, car un nettoyage excessif peut lui être plus néfaste qu'une absence totale d'entretien. La vaisselle en argent, les pièces longues et étroites comme les bougeoirs, peuvent être tordues ou cassées par une manipulation trop brusque. Un polissage excessif des pièces en plaqué argent risque d'user la surface, révélant le métal de base.

Manipulation de l'argenterie

Pour les plats et les plateaux, couvrez la table d'un tissu pour y poser la pièce. En polissant de la vaisselle argentée, soutenez-la bien. N'appuyez pas sur les pièces légères et ne les tenez pas par leurs anses ou becs. Tenez plutôt l'objet contre vous, en le soutenant d'une main par en dessous. Portez un tablier et, pour éviter les traces de doigts, enfilez des gants de coton. On trouve des gants spécialement traités pour le nettoyage de l'argent.

Lavage de l'argenterie

Une argenterie régulièrement utilisée n'a besoin que d'un lavage occasionnel pour maintenir son éclat. L'argent terni doit être lavé avant d'être poli, afin d'éliminer poussière et particules susceptibles d'en rayer la surface. Si possible, retirez les boutons non argentés des théières et cafetières avant de les nettoyer. Avec un chiffon doux, lavez un objet à la fois, dans une cuvette remplie d'une solution d'eau tiède et de savon liquide (voir page 36), ou de liquide à vaisselle doux. Délogez la saleté des rainures à l'aide d'une brosse douce. Rincez à l'eau tiède et séchez immédiatement avec un chiffon doux – ou un sèche-cheveux pour les pièces ciselées. Lustrez le métal avec un chiffon à argenterie.

Élimination de la ternissure

Il existe plusieurs produits pour polir l'argenterie : les mousses, les crèmes, les liquides à polir et les chiffons imprégnés. Choisissez un produit garantissant une protection de longue durée, afin d'éviter l'usure de la couche d'argent.
Appliquez le produit avec un chiffon doux, en suivant les instructions du fabricant. Travaillez par mouvements circulaires, en retournant le chiffon quand il devient sale ; puis astiquez avec un chiffon propre. Nettoyez les pièces décoratives avec une brosse douce, des Cotons-Tiges ou un tampon d'ouate. Après le nettoyage, lavez le métal poli pour ôter les traces de nettoyant, puis séchez soigneusement en astiquant une dernière fois avec un chiffon doux. Faites très attention avec le plaqué argent, ou optez pour un bain chimique (voir ci-dessous).

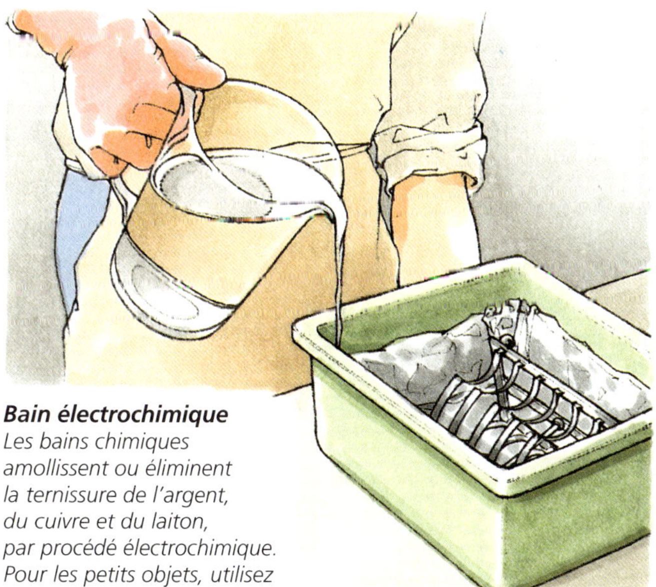

Bain électrochimique

Les bains chimiques amollissent ou éliminent la ternissure de l'argent, du cuivre et du laiton, par procédé électrochimique. Pour les petits objets, utilisez un bain du commerce, en les trempant ou les tamponnant.
Pour réaliser un bain destiné à nettoyer les objets de grande taille, tapissez une cuvette en plastique d'environ 1 m de papier aluminium, ou bien utilisez une vieille casserole en aluminium. Attachez une ficelle à l'objet et placez-le dans la cuvette pour qu'il soit en contact avec l'aluminium. Avec des gants de protection, préparez une solution de 1 tasse de bicarbonate de soude pour 2 litres d'eau très chaude, de façon à couvrir complètement l'objet, puis versez-la délicatement dans la cuvette. La réaction chimique fera bouillonner la solution et éliminera la ternissure.
Soulevez fréquemment l'objet, grâce à la ficelle, et vérifiez l'état du processus. Quand il est propre, retirez-le du bain, lavez-le et séchez-le immédiatement avant de le polir. Pour un objet très terni, il peut être nécessaire de recommencer.
Une autre solution consiste à utiliser une plaque nettoyante du commerce, qui provoque la même réaction chimique, mais avec du sel de cuisine. Il existe aussi un produit détachant sous forme d'un sachet contenant tous les ingrédients nécessaires ; il vous suffit de rajouter de l'eau.
N'utilisez pas de bain pour nettoyer les articles composés de plusieurs matériaux – notamment ceux dont la base est lestée, comme les bougeoirs – et ne traitez pas successivement plusieurs pièces en métaux différents dans le même bain. Décapez la vieille laque avant de nettoyer (voir page 41), et n'utilisez pas de bain pour les objets patinés artificiellement.

Nettoyage du nielle

Le nielle est un type d'argenterie décorée d'incrustations en émail noir. Il requiert un soin et un nettoyage particuliers, car l'émail ne doit surtout pas être éliminé. N'utilisez jamais de bain, mais nettoyez légèrement la surface avec un produit pour argenterie de longue durée, afin de révéler le motif.

Rangement de l'argenterie

Enveloppez les pièces dans du papier de soie non acide afin de les protéger de l'usure et de la pollution atmosphérique. Pour éviter la condensation, placez-les dans des sacs en polyéthylène aérés et rangez-les à l'abri de la chaleur. On trouve dans le commerce des sacs de tissu imprégnés d'un produit spécial pour l'argenterie.

CUIVRE ET LAITON

Les casseroles, bouilloires et moules à gâteaux en cuivre bien astiqués représentent, pour chacun de nous, la chaleur et la convivialité des cuisines d'autrefois. Pourtant, le cuivre peut contaminer les aliments qui réagissent à son contact, et l'on peut s'étonner d'avoir pu l'utiliser à des fins culinaires. C'est pour cela que les ustensiles en cuivre sont souvent étamés. Toutefois, le cuivre absorbe et maintient bien la chaleur, et reste très prisé des grands chefs.

À la différence du cuivre, qui est un métal pur de couleur rosâtre, le laiton est un alliage de cuivre et de zinc, dont la teinte jaune vif se confond parfois avec l'or. Il existe une multitude de laitons différents, certains contenant une plus forte proportion de zinc et d'autres métaux, comme l'étain, le plomb et le nickel. Le laiton est facile à travailler et possède une résistance considérable. On l'emploie dans l'équipement ménager, comme les lampes, les vases, les seaux à charbon et autres ornements, mais également dans la quincaillerie (poignées de porte, plaques de propreté, charnières et serrures).

Nettoyer le cuivre et le laiton

Le contact avec l'air ternit le cuivre et le laiton. Le vieux cuivre poli prend une jolie patine d'un rouge chaud qu'il vaut mieux ne pas trop nettoyer. Le cuivre non entretenu, en revanche, présente une ternissure brun mat et, s'il est exposé à l'humidité, il peut se couvrir d'une couche de vert-de-gris. Une telle corrosion est parfois recherchée pour les cuivres d'extérieur, car l'oxyde devient stable et l'aspect vieilli s'avère très décoratif. Le laiton devient mat et brun-vert. On lui donne généralement une finition polie et très brillante, mais il est plus beau quand il a pris une teinte jaune doré.

Laver les métaux

Avant de polir les objets de cuivre ou de laiton, lavez-les dans une solution d'eau chaude et de savon liquide (voir page 36) ou de liquide à vaisselle doux. Nettoyez les moulures à la brosse douce. Rincez abondamment à l'eau claire et séchez avec un chiffon doux.

Polissage
Après avoir enfilé des gants de protection, polissez légèrement le cuivre ou le laiton avec un chiffon imprégné spécial. Employez toujours un chiffon différent pour chaque métal. Traitez la ternissure sévère avec un nettoyant du commerce pour cuivre et laiton, en l'appliquant avec un chiffon doux et en procédant par mouvements circulaires. Astiquez ensuite la surface avec un chiffon propre.

Traiter la corrosion

Atténuez la ternissure récalcitrante avec un bain chimique (voir page 39). Pour les taches individuelles, mélangez du sel de cuisine et du vinaigre blanc, et appliquez-la sur la tache à l'aide d'un pinceau. Évitez les coulures, qui laissent des traces rosâtres. Rincez au bout de 10 minutes, et répétez si nécessaire. Enfin, lavez et séchez l'objet, puis polissez-le pour lui redonner sa couleur.

Cirer le cuivre et le laiton

Il existe une méthode simple et efficace pour réduire la ternissure et les séances de polissage. Elle consiste à appliquer périodiquement une fine couche de cire microcristalline à l'aide d'un chiffon doux.

Vernir le métal

Pour s'épargner la peine d'un nettoyage régulier, on peut enduire le cuivre, le laiton et l'argenterie d'un vernis transparent pour métaux. Celui-ci s'applique au pinceau ou au spray. Le vernis préserve l'éclat des métaux pendant plusieurs années, dans des conditions normales. Travaillez dans un local chaud et bien aéré, à l'abri de la poussière.

1 Préparation de la surface
Polissez le métal, sans utiliser un produit de longue durée qui nuirait à l'adhérence du vernis. Lavez la pièce et séchez-la bien. Avec des gants de coton, frottez la surface d'alcool à brûler pour éliminer les traces de doigts.

2 Application du vernis
Avec un pinceau doux et fin, appliquez le vernis rapidement et uniformément. (Deux fines couches sont préférables à une épaisse.) Tournez la pièce au fur et à mesure, en travaillant de manière systématique pour couvrir toute la surface. Laissez sécher pendant toute la nuit avant d'appliquer la seconde couche.

Application au spray
Le vernis peut être dilué et appliqué au spray sur les pièces ciselées. Il existe également des aérosols spéciaux pour le cuivre et le laiton. Rapides d'utilisation, ne laissant pas de marques de pinceau, ils produisent une couche assez épaisse. Suivez les instructions du fabricant.

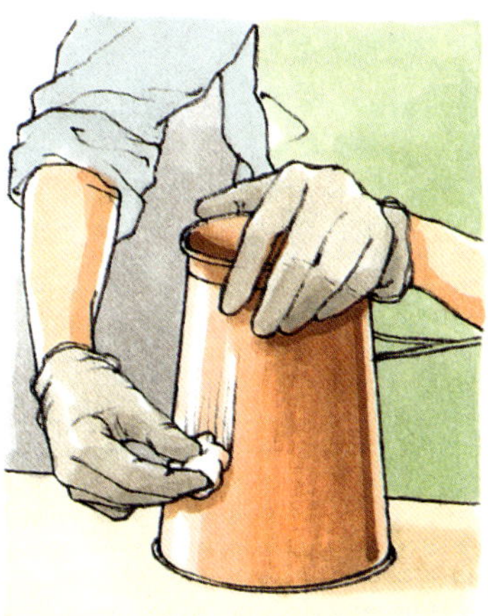

Élimination du vieux vernis
Avant tout polissage, éliminez le vilain aspect donné par le vernis usé ou disparu. S'il s'agit de gomme-laque, retirez-la à l'alcool à brûler, ou à l'acétone pour les laques cellulosiques. Si cela échoue, et pour les autres types de vernis, utilisez un décapant à peinture. Pour un objet fait de plusieurs matériaux, veillez à appliquer les solvants appropriés au type de surface. Ne nettoyez qu'une petite surface à la fois.

OR MOULU

Certaines pièces dorées, notamment les candélabres, les boîtiers d'horloge et les garnitures de meubles, sont faites en laiton ou en bronze doré, communément appelé « or moulu ». Le véritable or moulu consiste en une base métallique couverte d'une fine couche d'or, mais certaines pièces ne sont que du laiton laqué ou du zinc doré (voir page 44).
L'or moulu ne se prête pas au polissage, qui attaquerait facilement la dorure. L'usure des arêtes vives est acceptable et ne devrait pas être retouchée. L'or moulu fin ou corrodé devra être confié à un restaurateur

Nettoyage de l'or moulu
Nettoyez l'or moulu avec grand soin. Là où c'est possible, retirez les montures et les fixations, en notant leur emplacement. Si la dorure est en bon état, il sera possible de nettoyer la surface. Pour un objet légèrement sale, dépoussiérez, nettoyez et protégez la surface avec une application de cire microcristalline. Pour un objet très sale, essayez d'éliminer délicatement les dépôts d'encaustique avec un Coton-Tige imprégné de white-spirit. Poursuivez avec une solution chaude de savon liquide neutre (1 volume de savon pour 10 volumes d'eau), additionnée de quelques gouttes d'ammoniaque. Appliquez la solution avec des tampons de coton bien serrés, puis essuyez avec du coton imbibé d'eau claire. Séchez complètement et lustrez avec un chiffon doux. Appliquez une couche protectrice de cire microcristalline.

Réparer une anse branlante

Les anses des anciens ustensiles en cuivre et en laiton sont souvent fixées avec des rivets. L'usure leur donne parfois du jeu. Si un rivet manque, remplacez-le par un neuf identique ; ils existent en cuivre, laiton, aluminium et acier doux. Les rivets à tête bombée sont les plus courants, mais on en trouve parfois à tête fraisée ou plate. De tels rivets s'achètent chez les marchands d'outils ou chez les fournisseurs spécialisés ; peut-être en trouverez-vous en petite quantité chez un forgeron.

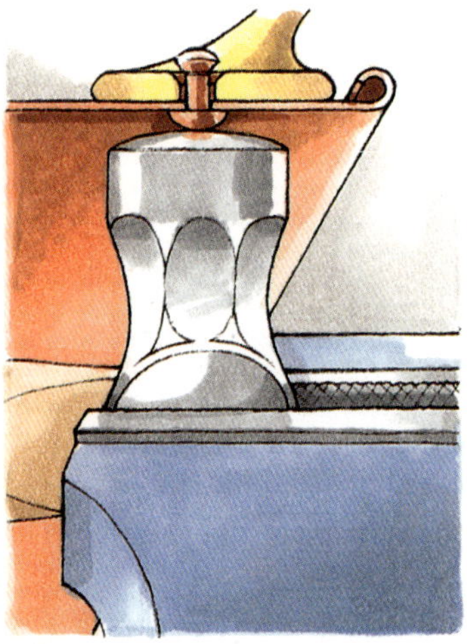

Serrage des rivets
Pour les rivets en place et peu abîmés, fixez l'anse en les resserrant dans leurs trous. En fonction de la forme de l'objet, soutenez chaque rivet sur l'intérieur avec un pieu métallique ou un marteau maintenu dans un étau. Assurez-vous que l'anse est bien serrée contre la paroi. Avec un marteau à panne ronde, frappez le rivet pour le comprimer dans le trou ; puis, si besoin, utilisez l'extrémité ronde pour reformer la tête en la martelant de manière circulaire.

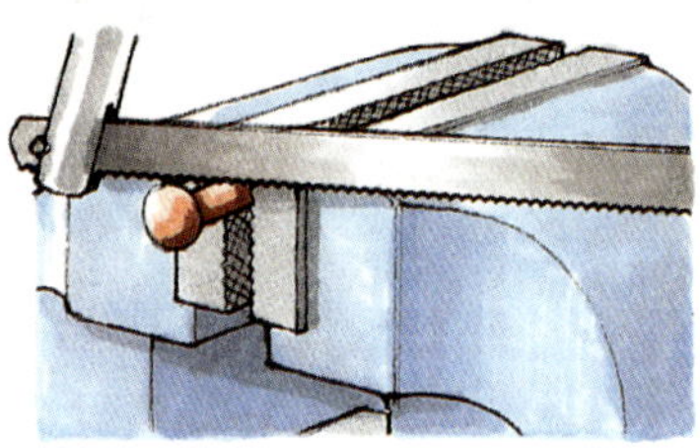

1 Remplacement des rivets
Sciez un rivet à tête ronde de sorte qu'une fois et demie le diamètre de la queue dépasse du trou. Serrez la partie à enlever dans un étau et utilisez une petite scie à métaux. Pour former un rivet à tête ronde, il vous faudra un chasse-rivet, une bouterolle, une contre-bouterolle et un marteau à panne ronde.

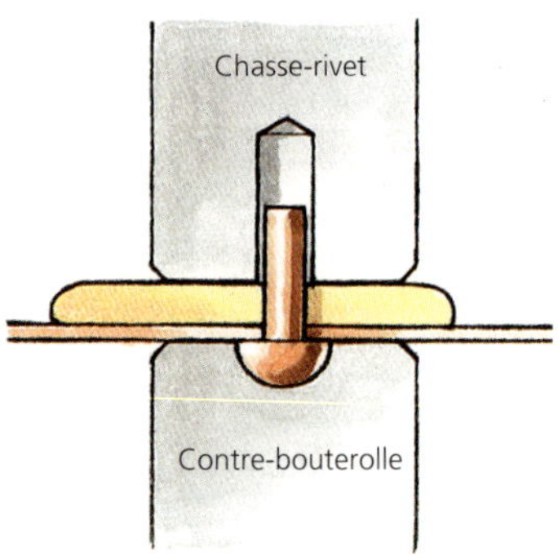

2 Fixation du rivet
Engagez le rivet dans le trou par l'intérieur. Soutenez la tête du rivet dans la contre-bouterolle immobilisée dans un étau. Placez le chasse-rivet sur la queue et tapez pour « bourrer » le trou. Retirez le chasse-rivet et tapez sur l'extrémité du rivet, afin de l'étaler.

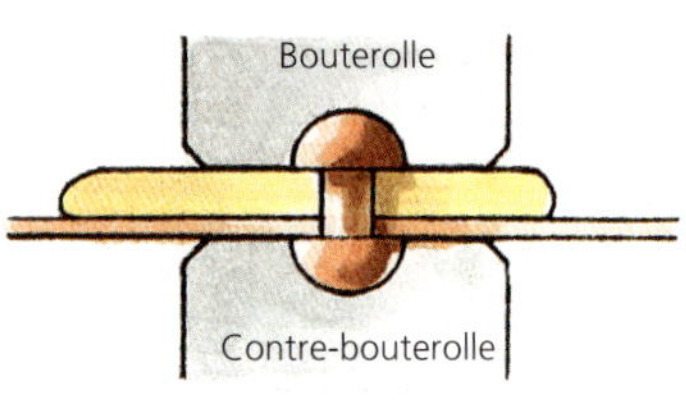

3 Façonnage du rivet
Façonnez grossièrement la tête ronde avec la panne du marteau. Placez la bouterolle sur la tête et martelez jusqu'à ce que la tête soit bien formée.

Débosseler le cuivre et le laiton

De légères bosses apparaissent parfois sur les objets de cuivre anciens, et font partie de leur charme. Toutefois, une grosse bosse, particulièrement visible, peut défigurer l'objet. Confiez l'objet à un spécialiste, s'il s'agit d'un objet précieux ou si la bosse est manifestement difficile à éliminer.

1 Avec un sac de sable et un maillet
Pour les formes simples, comme un plat ou un saladier, utilisez un sac de sable en cuir et un maillet en bois, tous deux disponibles chez les marchands d'outils. Vous pouvez fabriquer votre propre sac en remplissant un sac de toile de sable blanc. Formez-y un creux pour soutenir le plat, et martelez la bosse depuis l'intérieur.

2 Avec une forme en bois
Fabriquez une forme à partir d'un bois dur (comme le hêtre) avec une extrémité légèrement plus convexe que l'intérieur du plat bosselé. Cette méthode convient à tous les ustensiles. L'extrémité de la forme doit être parfaitement lisse. Placez l'objet dessus et martelez les irrégularités sur l'extérieur, avec un maillet à tête molle.

Souder le cuivre et le laiton

La soudure consiste à raccorder des métaux avec un alliage fondu dont le point de fusion est inférieur à celui des métaux en question. En refroidissant, le métal forme une jointure permanente. Ce procédé se divise en deux catégories : la soudure à l'étain et la soudure au cuivre.

La soudure à l'étain – ou soudure tendre – se réalise avec un alliage d'étain et de plomb chauffé au fer à souder ou au chalumeau. Moins résistant, il est facile d'emploi et demande peu d'équipement. Sa couleur gris argenté se reconnaît bien sur les vieux objets de cuivre ou de fer-blanc.

La soudure au cuivre – ou soudure forte – utilise un métal à haut point de fusion. Elle produit une jointure solide sur les objets de cuivre ou d'argent. Le métal doit être chauffé au rouge ou presque ; pour atteindre de telles températures, un chalumeau à gaz et un foyer en brique réfractaire sont indispensables. Les alliages pour ce type de soudure ont divers points de fusion et servent à assembler les pièces complexes. Les réparations à la soudure forte devront être confiées à un spécialiste.

Fondants pour soudure à l'étain

Le métal à souder doit être propre. En outre, un fondant doit être appliqué afin de protéger la jointure des oxydes, qui résistent à la soudure et peuvent affaiblir la réparation. Les fondants actifs, à base d'acide, sont corrosifs et doivent être éliminés après utilisation. Ils sont plus efficaces pour souder le cuivre, le laiton, le fer-blanc et l'acier, car ils aident à nettoyer les surfaces. Les fondants passifs, non corrosifs, vendus sous forme de pâte ou de fil résineux, sont purement protecteurs ; les parties devront donc être nettoyées avant.

Raccord à la soudure
Pour réparer un objet assez fin, comme un pot en cuivre, utilisez un gros fer à souder électrique. Le fer est prêt quand il fait facilement fondre la soudure. Nettoyez le bout dans le fondant, puis appliquez un peu de soudure pour « étamer » le bord. Après avoir rassemblé les deux parties au serre-joint ou au fil de fer, appliquez le fondant sur le raccord, puis chauffez-le au fer. Maintenez le fer en contact avec le raccord sur une extrémité et appliquez la soudure ; à bonne température, elle fondra et coulera dans le raccord. Travaillez le long du raccord pour former une jointure continue. Évitez d'utiliser trop de soudure, car un excès sera difficile à éliminer sans dommage. Laissez le métal refroidir, puis nettoyez le fondant.

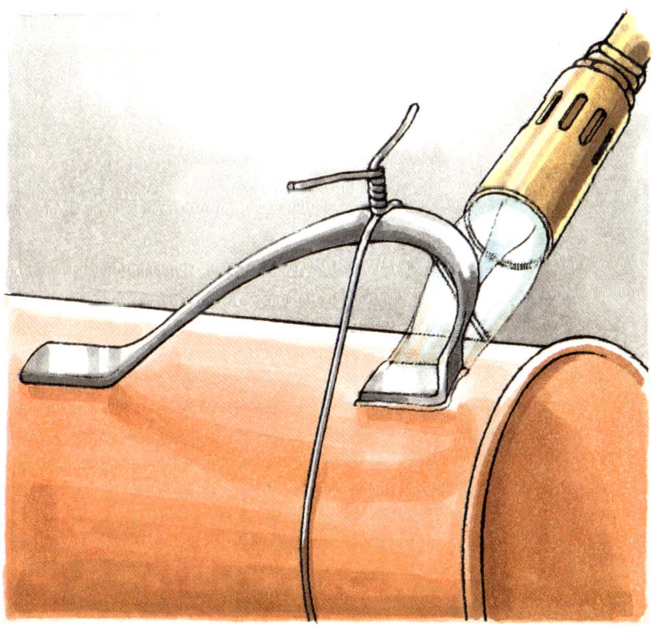

Réparation de pièces détachées
Quand une pièce, telle une anse, se détache, il est possible de la réparer avec un raccord « étamé », les deux parties étant d'abord enduites de soudure. Si les faces de l'ancien raccord ne sont pas bien couvertes, nettoyez-les, appliquez un fondant et recouvrez ou étamez-les avec une fine couche de soudure. Quand elles sont refroidies, appliquez de nouveau du fondant, puis positionnez et serrez les parties. Chauffez au fer à souder ou au chalumeau jusqu'à ce que la soudure coule dans le raccord, puis laissez refroidir. Ôtez toute trace de fondant avant de polir.

Bronze

Le bronze est un métal particulièrement apte à la fonte. C'est pour cela qu'il est tant utilisé dans la statuaire et les moulages décoratifs, d'intérieur comme de plein air. Alliage de cuivre et d'étain, ses propriétés et sa couleur varient avec l'ajout de plomb ou de zinc. Le vieux bronze présente une patine d'un brun riche, très prisée, qui doit toujours être préservée. Certaines pièces sont artificiellement patinées. Placé dehors, le bronze se couvre d'une patine bleu-vert.

Entretenir les bronzes

Pour garder leur couleur, les bronzes doivent être nettoyés sans excès. Dépoussiérez régulièrement les surfaces et passez les parties creuses au pinceau. Ne lavez jamais le bronze, sauf s'il s'agit de fonte de Zannac patinée (voir ci-dessous), car vous abîmeriez sa couleur. Vous pouvez laver une pièce faite uniquement de bronze avec une solution savonneuse (voir page 36) ou du liquide à vaisselle doux, en l'appliquant parcimonieusement avec des tampons de coton. Après le lavage, séchez bien la pièce. Nettoyez et ravivez la surface des bronzes mats avec de la cire microcristalline. Appliquez-la avec un chiffon doux, puis lustrez avec un chiffon propre. À l'intérieur, rangez les bronzes à l'abri de l'humidité pour éviter la corrosion.

Bronzes d'extérieur

En plein air, les bronzes présentent une patine verte qui demande peu de soin, sauf en cas de forte pollution industrielle. Pour protéger le métal, lavez la surface avec une solution de savon liquide et d'eau chaude (voir ci-dessus). Laissez sécher, puis passez une fine couche de cire microcristalline à la brosse douce. Recirez de temps en temps.

Corrosion du bronze

Des taches poudreuses vert vif trahissent parfois une maladie du bronze due à la réaction des sels de cuivre dans le métal. Nettoyez avec un produit anticorrosion, puis rincez à l'eau claire, séchez au sèche-cheveux et appliquez de la cire microcristalline. Si le problème persiste, consultez un spécialiste.

Fonte de Zannac

La fonte de Zannac s'utilisait au milieu du XIXe siècle pour imiter à moindres frais les statues et ornements en bronze. Alliage de zinc et de plomb aux bonnes propriétés de moulage, cette fonte était patinée, peinte ou dorée. Pour vérifier si un moulage couleur bronze est fait en fonte de Zannac, effectuez une petite entaille sur le dessous. Si le métal exposé paraît argenté, le moulage n'est pas du bronze véritable. La fonte de Zannac se nettoie et s'entretient comme le bronze.

ÉTAINS D'ART

Les étains anciens formaient, jadis, l'essentiel des objets à usage culinaire ou décoratif, mais ils connurent un regain d'intérêt au début du XXe siècle, au moment de l'Art nouveau. L'étain d'art est un alliage d'étain et de plomb, mais l'on trouve parfois de l'antimoine, du cuivre ou du bismuth. Les pièces les plus fines, qui ne contiennent pas de plomb, portent parfois un poinçon de qualité « X ». On peut aussi trouver des poinçons de fabricants sur les premiers étains. Le métal anglais, développé à la fin du XVIIIe siècle, était un étain de grande qualité, très employé dans la vaisselle argentée. Poli, il ressemble à de l'argent, mais prend en vieillissant une teinte gris mat. L'étain moderne, formé d'un alliage d'étain et d'antimoine, a une finition antiternissure qui ressemble à de l'argent non poli.

Entretenir l'étain

La patine gris foncé de l'étain d'art demande peu de soin. Plus il est riche en plomb, plus sa couleur est foncée. Manipulez l'étain avec soin, car c'est un métal mou qui se raye ou s'érafle facilement. N'utilisez pas de produits abrasifs, qui endommageraient la patine de l'étain ancien. Certains collectionneurs, toutefois, préfèrent lui donner un poli durable.

Entretenez l'étain en le dépoussiérant et en le lustrant de temps en temps avec un chiffon doux. Lavez les pièces sales dans une solution de savon liquide et d'eau tiède (voir page 36), rincez abondamment et séchez avec un chiffon doux.

Ne rangez pas l'étain dans une atmosphère contenant des acides organiques (par exemple, à l'intérieur d'un placard ou dans des boîtes en matériaux synthétiques, riches en colle). Enveloppez chaque pièce avec du papier de soie non acide et placez-les dans des sacs en plastique aérés.

La corrosion de l'étain d'art provoque parfois de petites bosses. Si cela ne se stabilise pas, confiez-le à un spécialiste.

Remise en forme d'un récipient creux

L'étain est assez mou pour être manipulé à la main. Si vous avez un objet creux qui a été légèrement déformé et qui n'est plus rond, modelez-le soigneusement avec les deux mains pour lui redonner sa forme.

Remise en forme d'un plat

Pour les plats ou les assiettes ayant un bord légèrement déformé, travaillez le bord entre le pouce et les doigts pour le redresser. Si le métal est trop dur, posez le bord sur un épais support de papier journal et manipulez-le doucement avec un rouleau en bois pour papier peint.

Jouets en métal

Jusqu'au milieu du XIXe siècle, la majorité des jouets n'étaient que des objets artisanaux tout simples. Avec la révolution industrielle et le développement de la production mécanisée, il devint possible de fabriquer des jouets métalliques en série, à prix raisonnable. Les fabricants découvrirent vite l'engouement du public pour les figurines représentant toutes sortes de sujets : soldats, animaux, bateaux, trains puis automobiles. Les jouets anciens en plomb ou en fer-blanc, ou plus tard en zamak moulé, sont devenus très recherchés ; ceux en bon état peuvent atteindre des prix très élevés. Il est rare de trouver un jouet ancien en parfait état, mais un jouet très utilisé, montrant des signes d'usure, est préférable à un jouet ayant été décapé et restauré.

Moulages de plomb
Le plomb est un métal lourd et très mou, parfaitement adapté au moulage. Outre la fabrication des jouets, il s'utilisait pour des pièces plus importantes, comme les statues de jardin et les moulures architecturales. Tout juste fondu, il présente une couleur argentée brillante, mais il prend rapidement une patine gris clair stable, qui vieillit relativement bien sans soin particulier. Le plomb étant un métal toxique s'il est ingéré, lavez-vous toujours soigneusement les mains après l'avoir manipulé.

Soldats de plomb

Les premiers soldats de plomb n'étaient que des silhouettes plates. Ils furent remplacés par des figurines en relief, plus animées, puis par des modèles moulés en creux, moins coûteux. La nature molle du plomb rend les jouets peu résistants et facilement cassables. Toutefois, en dépit de la nature malléable du plomb, il est déconseillé de remettre en forme les pièces tordues, car vous ne feriez que renforcer leur propension à se briser. Ne repeignez pas les soldats anciens, car cela les déprécierait considérablement.

Réparation des pièces cassées
On peut recoller une partie cassée d'une figurine moulée en creux en renforçant la cassure avec un support en bois ou un petit morceau de fil de soudure collé dans la partie creuse. Si nécessaire, fraisez le trou au foret pour le rendre symétrique. Vérifiez que les parties s'emboîtent, puis appliquez de la colle multiusage transparente dans les trous, placez le support et assemblez les parties.

Mouler les parties manquantes

Les soldats en plomb massif étaient parfois dotés de têtes détachables. S'il vous en manque une, vous pouvez en mouler la réplique à partir d'une autre tête. La reproduction sera alors collée et peinte à l'émail. Il vous faudra du caoutchouc siliconé à froid pour le creuset de coulée et un alliage de plomb à faible point de fusion pour le moulage. Il existe plusieurs types de caoutchouc à froid, disponibles chez les fournisseurs spécialisés. Choisissez un caoutchouc à prise ferme pour mouler à la main les métaux à faible point de fusion.

1 Fabrication d'un moule en deux parties

Fabriquez une boîte en bois, destinée à contenir le creuset de coulée, de bonne taille pour que les côtés du creuset soient épais. Appliquez de la vaseline diluée à l'intérieur. Remplissez à moitié d'argile molle et enfoncez la tête du soldat de plomb de sorte qu'elle soit à demi enfouie. Confectionnez un cône en bois et enfoncez-le à moitié dans l'argile, à une extrémité, afin de créer un réservoir pour le métal fondu. Formez des trous coniques dans l'argile autour de la tête pour former des points de repère. Mélangez bien le caoutchouc et le catalyseur, puis remplissez la boîte et laissez le caoutchouc prendre.

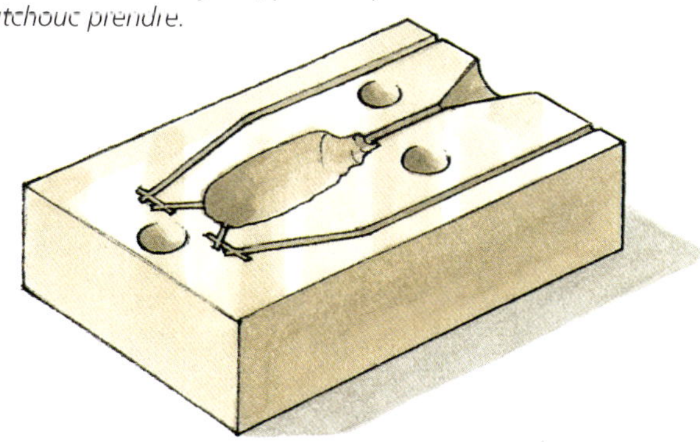

2 Confection de l'autre moitié

Retournez la boîte et retirez délicatement l'argile. Nettoyez la tête, le cône en bois et le caoutchouc. Appliquez de la vaseline sur les surfaces de la boîte et remplissez la deuxième moitié de caoutchouc. Quand celui-ci a durci, retirez la boîte, détachez le moule et ôtez la tête et le cône. Avec un scalpel ou un outil de linogravure, creusez un canal du réservoir au cou de la tête ; creusez également des conduits d'aération du bas au haut du moule. Ces conduits empêchent la formation de bulles d'air au moment de la coulée.

3 Coulée du métal

Saupoudrez de talc les deux parties du moule, puis assemblez-les au serre-joint. Choisissez un métal à moulage approprié, disponible chez les fournisseurs spécialisés. Un alliage à très faible point de fusion est recommandé.
Avec une louche à fond plat, faites fondre le métal sur un réchaud. Remplissez le moule de métal liquide, puis laissez refroidir.

4 Assemblage de la tête

Une fois le moulage durci, retirez-le et débarrassez-le du cône de coulée à l'aide d'un cutter. Vérifiez que la tête s'emboîte sur la figurine et coupez la cheville à hauteur voulue. Collez la tête avec de la colle multiusage transparente, puis peignez-la.

COULER LE MÉTAL EN TOUTE SÉCURITÉ

- **Lisez et suivez les instructions du fabricant.**
- **Placez le moule sur une surface métallique.**
- **Portez des gants de cuir et des vêtements de protection.**
- **Portez des lunettes de protection.**
- **Portez un masque.**
- **Éloignez les enfants et les animaux.**
- **Ne refroidissez pas le métal chaud avec de l'eau.**
- **Lavez-vous les mains après avoir touché du plomb.**

Fer-blanc

Le fer-blanc se compose d'une mince feuille d'acier laminé plaquée de part et d'autre d'une fine couche d'étain antirouille. L'étain est un métal malléable, durable et non toxique, qui ne se corrode pas facilement mais forme un oxyde gris clair stable. On l'utilise dans les boîtes de conserve, ainsi que pour étamer les ustensiles en cuivre ou effectuer des pressages légers.

Sous forme massive, il sert à faire de la vaisselle plate et creuse. Il s'utilise aussi beaucoup en alliage avec d'autres métaux.

Jouets en fer-blanc

Jusqu'au milieu du XIXe siècle, les jouets étaient principalement faits en bois, mais, avec l'apparition de l'acier étamé, les fabricants commencèrent à produire en série toutes sortes de jouets en fer-blanc moulé par pression. Ceux-ci se développèrent en Allemagne, en Amérique et en Grande-Bretagne, réputées pour leurs fabriques de jouets en fer-blanc, comprenant entre autres des calèches, bateaux, trains et automobiles mécaniques.

Les premiers jouets de ce type étaient assemblés à la soudure et peints à la main. Plus tard, on les fabriqua en série sous forme de pièces détachées dotées de languettes métalliques que l'on pliait pour les assembler. Les pièces devaient donc être finies individuellement avant leur assemblage. À la fin du XIXe siècle, l'introduction de la lithographie en offset permit d'imprimer des motifs détaillés sur le fer-blanc avant le pressage.

Nettoyer les jouets en fer-blanc

Leur finition étant très fine, ne nettoyez les jouets en fer-blanc que rarement. Dépoussiérez-les de temps à autre au chiffon doux, ou au pinceau pour les parties difficiles à atteindre. À condition que l'étamage soit intact et la décoration en bon état, vous pouvez retirer la saleté avec du liquide à vaisselle doux ou une solution tiède de savon liquide (voir page 36), appliquée au chiffon doux. Veillez à ne pas laisser l'eau pénétrer dans le jouet et séchez bien la surface. Pour ôter les traces de graisse, frottez la surface au white-spirit. Protégez par une fine couche de cire microcristalline.

Traiter la rouille

Une exposition prolongée à l'air libre peut provoquer la corrosion du métal. La rouille étant difficile à éliminer, mieux vaut remettre les objets précieux aux mains d'un spécialiste. Si vos jouets de moindre valeur sont légèrement rouillés, vous pouvez les traiter vous-même.

1 Élimination de la rouille
Avec une perceuse miniature munie d'une brosse en fil de laiton, retirez soigneusement la rouille. Veillez à ne pas abîmer les parties peintes. Dégraissez la surface au white-spirit, puis essuyez-la.

2 Application d'un produit antirouille
Passez une couche de produit antirouille afin d'éliminer et stopper la corrosion. Quand la surface est propre, retirez l'excédent d'antirouille avec un chiffon imbibé d'eau. Pour faire luire le métal, frottez-le avec un produit d'entretien pour le chrome. Essuyez et séchez la surface, puis passez une couche de cire microcristalline. Ne repeignez pas l'objet si vous ne voulez pas le déprécier.

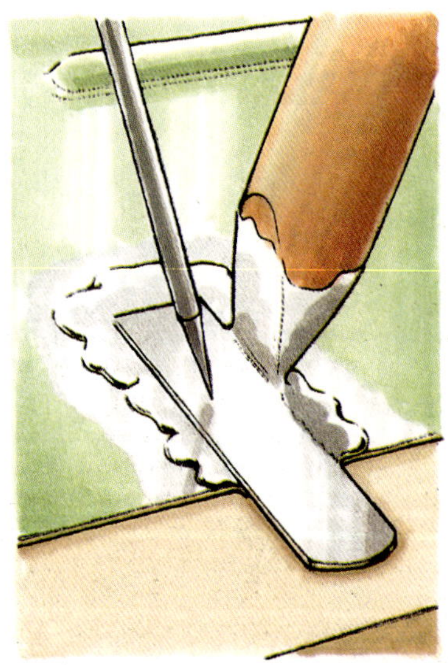

Fixation d'une languette cassée
Le métal tordu a tendance à plier et finit souvent par se casser. Les languettes d'assemblage peuvent être remplacées. Avec une cisaille à tôle, découpez dans une boîte de conserve une bande de fer-blanc aux dimensions requises. Nettoyez les faces de la languette et l'intérieur du jouet, qui, à ce stade, pourra être démonté. Soudez la languette en place avec un fondant passif et de la soudure à l'étain (voir page 43). Si la chaleur risque d'endommager la peinture, utilisez une colle époxy.

Zamak moulé

Métal gris clair à faible point de fusion, le zinc s'utilise en alliage avec le cuivre pour produire le laiton. Allié à de petites quantités d'aluminium et de magnésium, il devient le composant principal des alliages pour moulage en matrice, ou zamak. Si le zamak moulé est relativement léger et cassant, il reproduit néanmoins les plus petits détails et s'utilise dans la manufacture des modèles réduits.

Entretenir les jouets en zamak

La couleur gris mat du zamak n'étant pas particulièrement esthétique, on la recouvre souvent de peinture. Les jouets anciens présentent parfois une peinture écaillée ou usée, à ne pas rénover si on veut garder sa valeur à la pièce. Disposez vos modèles réduits dans une vitrine, où ils ne seront pas en contact les uns avec les autres. Pour un rangement à long terme, conservez-les dans leurs boîtes. Les modèles réduits en bon état, munis de leur boîte d'origine, sont très prisés.

Nettoyage

Dépoussiérez de temps en temps les surfaces au pinceau fin. Lavez les surfaces peintes salies avec des tampons de coton hydrophile imbibés d'eau savonneuse (voir page 36). Faites attention en traitant les détails saillants, qui risqueraient de se tordre ou de se casser. Si nécessaire, utilisez un petit pinceau. Rincez à l'eau claire et séchez la surface avec un chiffon doux ou du papier absorbant.

Réparation

Les petits détails, comme les phares des voitures anciennes, sont très vulnérables. S'ils se cassent, vous pouvez les recoller avec de la colle époxy ou cyanoacrylate. Dans le premier cas, maintenez la jointure bien serrée pendant que la colle prend et ôtez-en l'excédent au scalpel avant qu'elle ne durcisse. Le raccord ne sera pas aussi solide qu'à l'origine : manipulez l'objet avec précaution.

CHROMAGE

Le chrome se reconnaît facilement à sa couleur argentée très brillante. Il sert à plaquer divers métaux, dont les moulages en laiton et en zinc. Dans les années vingt, il fut très utilisé comme finition de meubles, lampes, accessoires automobiles et autres objets d'art décoratifs. Le chrome apporte une finition solide qui dure particulièrement longtemps sur le laiton. Cependant, lorsqu'il n'est pas correctement appliqué sur des alliages d'acier ou de zinc, il arrive que le métal de base rouille en provoquant des boursouflures sur le placage. Il n'y a pas grand-chose à faire soi-même, si ce n'est traiter la surface avec un produit d'entretien pour le chrome. Le chrome devant avoir un aspect brillant, un spécialiste pourra décaper et replaquer les objets abîmés.

FER ET ACIER

Les alliages de fer et de carbone forment toute une gamme de métaux très utilisés dans le commerce, notamment dans la construction, l'industrie, les appareils ménagers et autres articles utilitaires, ainsi que dans les objets d'art. Les types de métal les plus couramment trouvés sont le fer forgé, la fonte et l'acier.

Le fer forgé est un métal malléable à faible teneur en carbone, que l'on utilisait jadis dans l'artisanat. Peu sujet à la rouille, il s'employait beaucoup en architecture, notamment pour confectionner barrières, grilles, serrures et charnières. Son usage a décliné avec l'apparition de la fonte.

La fonte est un métal riche en carbone doté de bonnes propriétés de moulage. Au XIXe siècle, elle s'est développée dans la production en série de composants architecturaux et d'articles ménagers. Elle permit aux fabricants de produire des pièces très décoratives à prix réduit.

L'acier est un alliage de fer raffiné, qui se présente sous différentes formes selon les éléments employés. L'acier au carbone, également appelé acier doux, est très courant et se travaille facilement à la main, comme le fer forgé.

Identifier le fer et l'acier

Quand le fer et l'acier se corrodent, ils forment un oxyde ferreux rouge : la rouille. Pour les protéger, on applique de la peinture, de l'huile ou de la cire de finition, ou bien encore on les plaque avec d'autres métaux. Pour identifier la nature d'un métal couvert d'une finition opaque, testez-le avec un aimant : si l'aimant adhère, le métal est un alliage à base de fer. Pour déterminer le type de métal, il convient d'examiner le style et la construction de la pièce. Les objets en fer forgé sont généralement faits de bandes ou de barres, pliées et forgées en forme, puis rivées ou soudées. L'acier s'utilise de la même manière. Les objets en fonte sont pleins ou creux, selon leur taille et leur forme ; étant moulés, ils se distinguent par les lignes de moulure (formées par la jointure des deux parties du moule). Ils se reconnaissent également à leur surface granuleuse.

Traiter la corrosion

Le fer et l'acier rouillent rapidement à l'humidité. Avec le temps, et selon le type d'alliage, la corrosion produit de profondes piqûres ou des écailles. Conservez les objets en fer dans une atmosphère sèche ou veillez à ce que leur surface soit bien protégée, par exemple avec de la cire microcristalline.

Rouille légère

Pour éliminer la rouille légère, traitez d'abord le métal à la paraffine pendant deux heures (laissez l'objet tremper ou badigeonnez-en la surface). Éliminez la rouille à l'éponge métallique, puis essuyez et rincez au white-spirit. Séchez le métal et appliquez une peinture de finition, du vernis ou de la cire microcristalline.

Rouille importante

Si une surface peinte est endommagée, mieux vaut éliminer la vieille peinture au décapant avant de traiter la rouille. Toutefois, s'il est important de préserver la peinture d'origine, essayez de nettoyer seulement les taches de rouille (la rouille s'étant probablement propagée sous la peinture, il vous faudra enlever un peu de la peinture adjacente). Grattez la rouille avec un scalpel. Pour de grandes surfaces, retirez-la avec une brosse métallique. Appliquez un produit antirouille contenant un inhibiteur, en suivant les instructions du fabricant. Pour obtenir une surface chimiquement inerte, éliminez le produit antirouille à l'eau et séchez bien le fer. Protégez-le avec deux couches de primaire pour métal et deux de peinture de finition adéquate.

Décaper le fer à la sableuse

Le sablage est un moyen efficace de venir à bout de la vieille peinture et de la rouille, et d'obtenir une surface métallique bien nette. C'est un procédé abrasif qui ne convient pas à la plupart des objets domestiques, mais utile pour la rénovation des grilles de foyer. Terminez par une couche de noir de fourneaux, de cire graphite ou de vernis transparent.

Protéger le métal poli

Nettoyez le métal brillant avec un solvant alcoolisé (alcool à brûler ou white-spirit), puis, si nécessaire, avec un produit d'entretien pour le chrome. Parfois, l'acier subit un bleuissage chimique, qui le décore et empêche la formation de rouille ; il ne faut jamais utiliser de produit abrasif sur une surface bleuie. Selon l'utilisation, protégez la surface nettoyée avec un vernis transparent ou de la cire microcristalline.

Réparation du fer forgé et de l'acier

Le fer forgé et l'acier doux sont des métaux malléables, plus susceptibles de plier que de casser. Redressez le fer tordu dans un étau, en utilisant un levier ou un marteau. Dans le cas d'objets épais, chauffez d'abord le métal au chalumeau, en faisant très attention. En cas de doute, confiez la tâche à un expert. Les jointures sont souvent rivées ou soudées ; faites des réparations simples à l'aide de rivets en fer (voir page 42). La soudure pourra être effectuée par un forgeron ou un garagiste.

Réparation de la fonte

La fonte est un matériau cassant, qui se fracture facilement. On peut faire souder l'objet en fonte par un spécialiste, mais, dans le cas d'une cassure non structurelle, vous pouvez utiliser de la colle époxy. Dans l'idéal, réparez immédiatement, afin que la jointure reste bien propre. Sinon, dégraissez les bords cassés avec un solvant et brossez la rouille. Vérifiez que les parties s'emboîtent, puis préparez la colle époxy selon les instructions du fabricant. Appliquez-la avec parcimonie sur les bords cassés ; assemblez-les et maintenez-les serrés avec un serre-joint, du ruban adhésif ou un poids. Quand la colle est prise, ôtez l'excédent avec un scalpel.

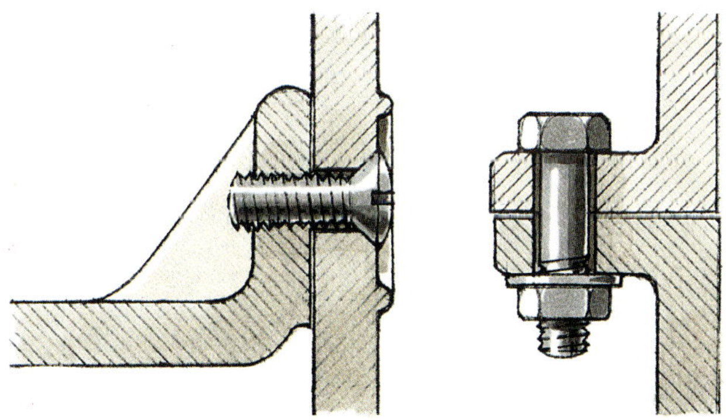

Réparation des fixations mécaniques

Les différentes parties d'un objet en fonte sont parfois assemblées avec des vis mécaniques ou des écrous et des boulons. Remplacez une vis manquante par une vis ayant le même pas que celui formé dans le métal, et sectionnez-la si elle est trop longue : maintenez la partie à éliminer dans un étau et sciez la vis avec une scie à métaux, puis poncez l'extrémité. Vous pouvez remplacer un écrou et un boulon rouillés ou manquants par des neufs.

IDENTIFIER LE MATÉRIAU

Il est souvent difficile d'identifier les pierres et matériaux organiques utilisés en joaillerie et autre artisanat d'art, car ils sont tous sensiblement différents. L'identification est en outre rendue encore plus difficile par l'utilisation de matériaux d'imitation ou synthétiques. Une bonne solution consiste à examiner la pièce dans son intégrité. Si un bijou est fait de métaux précieux, il sera certainement de bonne qualité et ses pierres vraisemblablement authentiques. Faites toujours estimer les bijoux anciens par un bijoutier.

Les pierres précieuses translucides sont souvent taillées en facettes et polies, afin de mieux révéler leur couleur et leur éclat. Les pierres opaques semi-précieuses, en revanche, sont souvent travaillées en dôme, ou cabochon. La plupart des matériaux semi-précieux mentionnés ci-après sont d'origine organique et, contrairement aux pierres précieuses, relativement mous. Ils présentent souvent des coloris panachés, sont généralement de grosse taille et, en joaillerie, ils sont taillés en cabochon. Certains, comme l'ivoire, le coquillage et le jais, peuvent être ciselés.

RANGER LES MATÉRIAUX SEMI-PRÉCIEUX

Traitez et rangez les bijoux semi-précieux comme s'il s'agissait de bijoux de valeur. Étant relativement tendres, il est indispensable de leur éviter tout contact avec d'autres bijoux, qui pourraient les rayer. Enveloppez les colliers dans du papier de soie non acide. Conservez les broches et les bagues dans leurs écrins ou dans un tiroir ou un coffret muni de compartiments séparés.

Les objets d'art faits à partir de ces matériaux fragiles doivent être manipulés avec soin. S'ils sont exposés à l'air libre, dépoussiérez-les de temps en temps avec un chiffon doux ou une brosse. Dans la mesure du possible, gardez-les à l'abri de la poussière, par exemple en les rangeant dans une vitrine. Évitez de les nettoyer souvent, afin de ne pas risquer de les endommager.

Pour plus de détail, consultez les pages consacrées à chaque matériau.

MATÉRIAUX SEMI-PRÉCIEUX

Les hommes semblent ressentir un besoin inné de se parer de motifs et de matériaux décoratifs, comme s'il leur fallait compenser leur uniformité par rapport aux autres créatures vivantes. Ce phénomène n'est pas limité à l'ornementation personnelle, mais également à la décoration de toute sorte d'objets fonctionnels et œuvres d'art.

Les matériaux semi-précieux proviennent de sources végétales, minérales et animales. L'écaille et l'ivoire, mais aussi l'os, les coquillages, le corail, les perles, l'ambre et le jais ne représentent que quelques exemples de matériaux dits « semi-précieux » que l'on utilise à des fins décoratives.

Bien que leur valeur intrinsèque soit moins importante que celle des pierres précieuses, ils offrent une multitude de possibilités ornementales, dans le domaine de la joaillerie et de l'artisanat. Les pièces rares, insolites ou finement ciselées sont très prisées par les collectionneurs et atteignent souvent des prix élevés.

N'hésitez pas à fouiller les tiroirs et boîtes de « bijoux de pacotille » présentés dans les brocantes et sur les marchés aux puces ; ils se révèlent souvent très riches en trésors négligés, que vous pourrez restaurer ou, parfois, utiliser pour réparer d'autres pièces de votre collection.

Jais

Le jais est une variété de lignite, une roche proche du charbon, d'un noir intense, que l'on peut travailler et polir. Le jais s'utilisait beaucoup dans l'Angleterre victorienne, pour les bijoux de deuil ainsi que pour certaines sculptures décoratives.

Il est parfois difficile de distinguer le jais de ses imitations en verre noir, mais le jais véritable est légèrement plus léger et possède un toucher plus chaud. L'ébonite – sorte de caoutchouc dur –, également employée pour imiter le jais, se reconnaît facilement à sa couleur, qui prend vite une teinte brun-noir mate. Le jais est assez fragile et s'ébrèche comme du verre ; les bords abîmés, toutefois, ont un aspect plus mat que celui du verre.

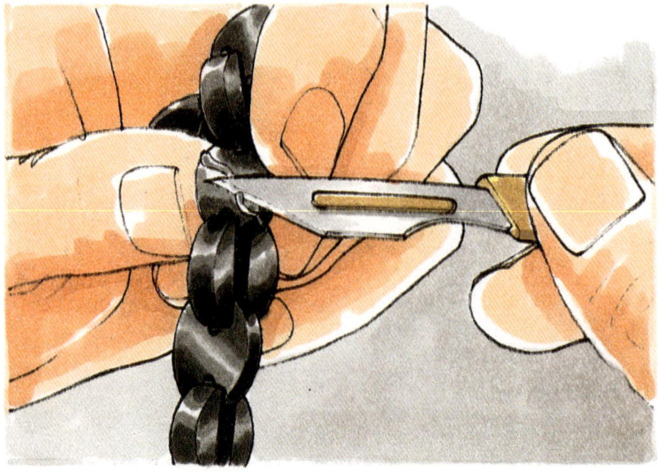

Réparations
Le jais est assez fragile et casse quand il est manipulé sans soin. On pourra réparer une brisure nette avec une colle cyanoacrylate liquide appliquée sur les bords cassés. Vérifiez que les deux parties s'emboîtent, car la colle durcit instantanément. Pour les cassures irrégulières, utilisez une colle époxy additionnée de pigment en poudre noir (disponible chez les fournisseurs pour artistes) ; elle fait également office d'enduit de rebouchage. Quand la colle est prise mais pas totalement sèche, ôtez l'excédent avec un scalpel. Une fois sèche, polissez la colle qui sert de rebouchage avec un produit d'entretien pour le chrome. Vous pouvez combler les petits trous d'une pièce non portée avec du cirage noir.

Nettoyage des bijoux en jais
Dépoussiérez et lavez le jais avec des Cotons-Tiges, des tampons de coton ou un pinceau doux humectés d'une solution tiède de liquide à vaisselle. Rincez à l'eau claire de la même manière et séchez avec un chiffon doux. N'utilisez pas de solvants comme le white-spirit, l'alcool à brûler ou l'acétone, qui pourraient endommager la pierre. Vous pouvez raviver une surface ternie avec un produit d'entretien pour chrome peu abrasif. Appliquez-le parcimonieusement sur du coton et polissez la surface. Essuyez les traces de produit et lavez comme ci-dessus.

RÉENFILER UN COLLIER DE PERLES

Vérifiez régulièrement l'état du fil. S'il montre des signes d'usure, remplacez-le avant qu'il ne se rompe accidentellement. Les perles sont enfilées sur du fil de soie, disponible en plusieurs tailles et couleurs ; choisissez-en un proche de celui d'origine. Certains fils sont munis d'une aiguille, mais on peut tout simplement en rigidifier l'extrémité avec de la colle instantanée.

1 Disposition des perles
Coupez et retirez l'ancien fil, en gardant les perles dans l'ordre d'origine. Si vos perles sont mélangées, disposez-les par ordre de taille et de couleur. Pliez du carton fin en forme de « V » pour les maintenir en ligne.

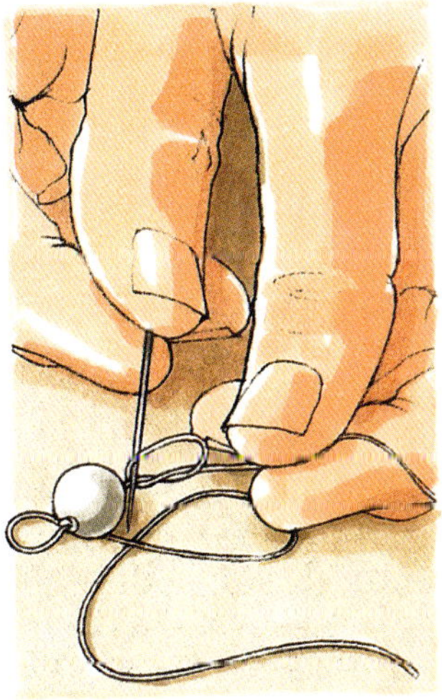

2 Nouage du fil
Faites un nœud à 10 cm du bout du fil. Enfilez alors la première perle jusqu'au nœud et faites-en un autre contre la perle. En maintenant ainsi toutes vos perles, elles ne s'éparpilleront pas si le fil venait à rompre. Ces nœuds permettent aussi d'empêcher les perles de frotter les unes contre les autres. Avec une aiguille, resserrez la boucle du nœud contre la perle. Cette méthode est la seule qui convienne aux colliers de perles de qualité.

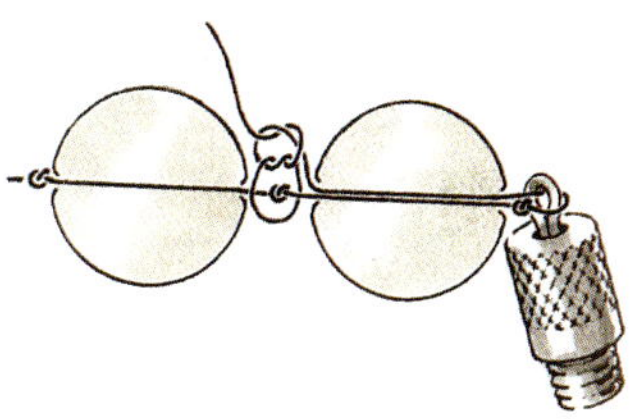

3 Fixation du fermoir
Nouez la dernière perle, puis passez le fil dans l'anneau du fermoir et de nouveau dans la perle. Formez une boucle autour du fil et faites un double nœud.

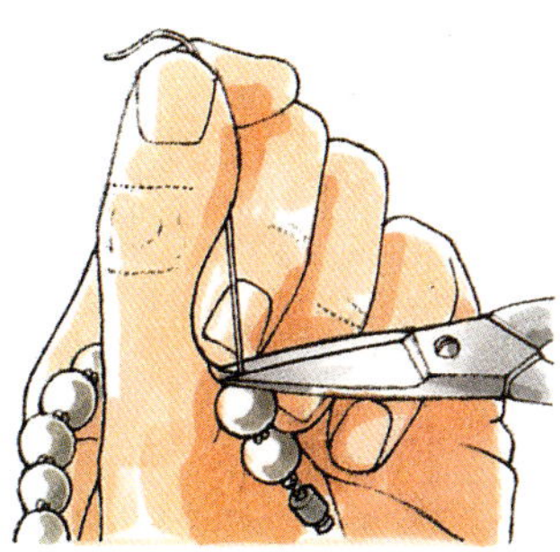

4 Finition
Passez le fil dans la perle suivante puis, en le gardant tendu, coupez l'excédent de fil au ras de la deuxième perle. Le bout du fil tendu devrait se rétracter dans la perle. Fixez l'autre partie du fermoir de la même façon.

PERLES

La couleur blanc nacré et la forme naturelle des perles fines en ont fait un matériau très prisé par les bijoutiers. Elles sont percées puis enfilées sur du fil de soie pour faire des colliers, ou fixées à des montures métalliques pour des bagues, des broches et des boucles d'oreilles. Les perles fines se forment très lentement dans une huître, sous forme d'une accumulation de nacre, essentiellement composée de carbonate de calcium, autour d'un grain de sable – leur forme est irrégulière. Les perles de culture se créent en insérant une perle de nacre dans une huître et en laissant les couches de nacre se former naturellement ; ce procédé donne des perles de forme régulière. Les perles artificielles sont moulées et colorées de façon à imiter les perles véritables, parfois de manière très convaincante.

Nettoyage des perles
La meilleure façon de garder ses perles en bon état est de les porter. Les perles ne doivent pas être nettoyées au savon et à l'eau, car elles sont sensibles à l'humidité. Nettoyez-les avec une poudre de carbonate de magnésium sèche, disponible en pharmacie. Déposez les perles dans une boîte avec couvercle, d'une taille appropriée, presque entièrement remplie de poudre. Secouez la boîte quelques minutes, puis laissez reposer 24 heures. Retirez les perles et éliminez l'excès de poudre avec un pinceau et un chiffon.
Vous pouvez aussi utiliser une solution nettoyante du commerce, spécialement formulée pour les perles. En suivant les instructions du fabricant, trempez le bijou dans le pot et agitez-le une minute au maximum. Retirez les perles et essuyez-les avec un chiffon doux.

AMBRE

L'ambre est une résine de pin fossile qui se présente sous différentes couleurs, allant du jaune pâle au rouge foncé. Sa teinte somptueuse, sa texture et sa malléabilité sont depuis longtemps reconnues : on l'utilisait dès la plus haute antiquité dans la décoration appliquée, la joaillerie et les petits objets d'ornement. Les pièces d'ambre contiennent parfois des graines ou des insectes piégés dans la résine, encore liquide. Ces inclusions leur ajoutent grandement de la valeur.

L'ambre naturel se polit facilement; il présente une coloration translucide variable, que l'on imite très bien avec le verre et les matières plastiques modernes. Certaines imitations incluent même des particules reproduisant celles de la résine naturelle. Pour vérifier l'authenticité de l'ambre, chauffez-le en le lustrant avec un chiffon de laine : il doit dégager une odeur de pin. L'ambre naturel paraît également plus chaud au toucher que le verre.

De moindre valeur, l'« ambre pressé » est composé d'éclats d'ambre naturel chauffés et pressés.

Entretenir l'ambre
L'ambre, relativement mou et fragile, doit être manipulé avec précaution. Gardez les pièces d'art dans une vitrine et dépoussiérez-les de temps en temps avec un chiffon doux. Rangez les bijoux dans un coffret capitonné, et enveloppez les pièces dans du papier de soie non acide pour les conserver à long terme. Ne laissez pas l'ambre au soleil ni au contact des émanations de pulvérisateurs cosmétiques, qui terniraient irrémédiablement la surface polie.

Nettoyage de l'ambre
Une exposition prolongée à l'humidité peut opacifier l'ambre. Bien qu'il soit possible de nettoyer un ambre très sale à l'eau savonneuse tiède, celle-ci doit être utilisée en très petite quantité avec du coton; la pièce sera rincée, puis séchée immédiatement. Lustrez la surface avec un chiffon doux ou une peau de chamois. L'application d'un peu d'huile d'amande douce aidera à conserver son éclat. N'essayez pas de nettoyer l'ambre avec des solvants alcoolisés, qui pourraient dissoudre et ternir la face. Pour polir une surface mate, utilisez un produit d'entretien pour le chrome appliqué sur un chiffon de coton doux enroulé autour du doigt. Lustrez avec un chiffon propre.

Réparer l'ambre
Les pièces d'ambre de qualité devront être réparées par un spécialiste, mais vous pouvez néanmoins recoller vous-même un objet peu précieux, à l'aide de colle cyanoacrylate transparente. Appliquez-en une très fine couche sur les surfaces et pressez les deux parties. Irréversible, cette opération laisse cependant moins de traces que la colle époxy, visible à travers l'ambre.

Une colle multiusage transparente a l'avantage d'être invisible, mais l'ambre pourrait être endommagé par les solvants éventuellement utilisés pour défaire, si nécessaire, la réparation.

RÉPARER LES ÉPINGLES DE BROCHE

Les broches mettent en valeur les grosses pierres semi-précieuses, comme les cabochons d'ambre. Elles sont souvent fixées sur des montures métalliques à agrafer au vêtement. Les épingles se cassent souvent par l'usure ou du fait d'une mauvaise manipulation.

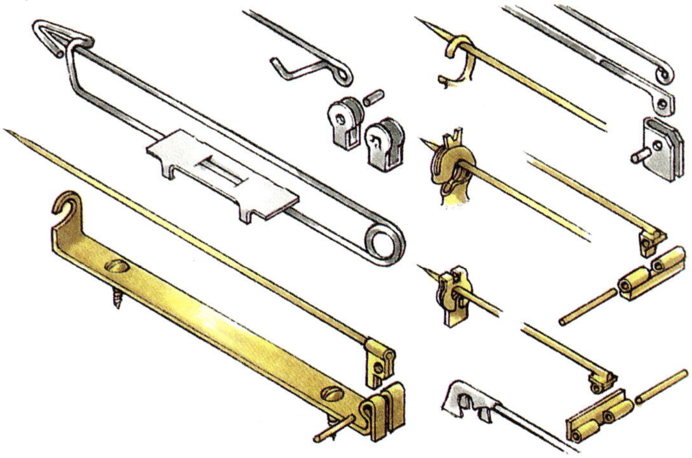

Redressage d'une épingle tordue
La forme de l'épingle dépend de la qualité de la broche. Dans la plupart des cas, l'épingle est retenue sous un crochet, parfois muni d'un mécanisme de sécurité. Si l'épingle de broche est tordue, et donc lâche, redressez-la avec une pince, en travaillant régulièrement le long de l'épingle.

Augmentation de la tension
La tension de l'épingle est réglée, côté charnière, par un cran d'arrêt formé dans la charnière ou l'épingle. Ajustez-le avec des pinces à becs fins pour donner assez de ressort au mécanisme retenant l'épingle dans le crochet. Remplacez une épingle cassée par une nouvelle, disponible chez les fournisseurs pour bijoutiers, ou bien demandez à un bijoutier de vous en faire une.

Réparer un crochet
Les crochets s'écrasent ou se cassent facilement. On peut délicatement redresser un crochet plié avec une pince à becs fins. Veillez à ne pas trop le tordre, car le métal affaibli risquerait de casser. Si le crochet manque, remplacez-le par un nouveau, doté d'une base plate, disponible chez les fournisseurs spécialisés.

Poncez le reste du crochet cassé à l'aide d'une perceuse miniature munie d'une roue abrasive.

Collez le crochet à l'arrière de la monture avec de la colle époxy.

FIXER UNE CHAINETTE DE SÉCURITÉ

Les chaînettes de sécurité sont une assurance contre la perte d'un bijou de valeur. En or et en argent, elles s'achètent chez les fournisseurs pour bijoutiers. Celles pour broches sont dotées d'un anneau à une extrémité, relié à la broche, et d'une épingle de sûreté à l'autre bout, que l'on attache au vêtement. Les chaînes de collier ont un anneau à chaque bout, qui se fixe au fermoir ; un anneau à ressort, au centre, fait office de fermoir secondaire et permet de retirer la chaîne. Les chaînettes de bracelet sont munies d'un anneau à chaque extrémité, à fixer au fermoir. Pour fixer une chaîne sur un bijou, ouvrez les anneaux de liaison avec une pince à becs fins *(voir page 37).*

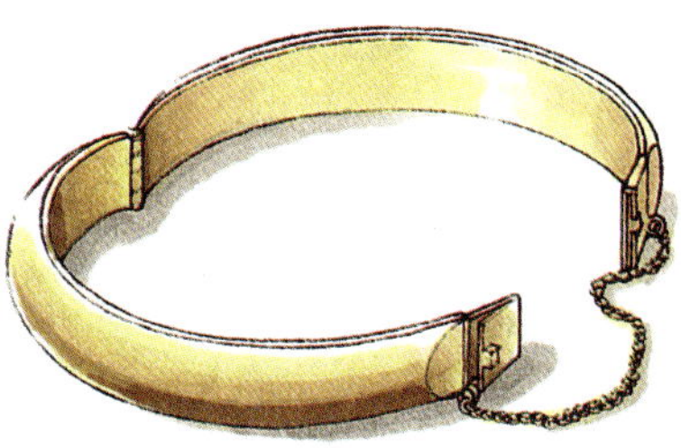

IVOIRE ET OS

L'ivoire est un matériau organique dur, blanc crème, polyvalent et très décoratif. Celui fourni par les défenses d'éléphant est le plus courant, mais il en existe aussi d'hippopotame et de morse. Les éléphants sont aujourd'hui protégés et la plupart des pays interdisent l'importation d'ivoire.

L'ivoire se travaille facilement et s'utilisait pour les sculptures figuratives de diverses tailles, les bijoux et les incrustations décoratives. Doté de propriétés similaires, l'os s'emploie de la même façon, mais les objets sont souvent de plus petite taille.

L'un et l'autre se distinguent par leur poids et leur texture. L'ivoire est plus lourd; son grain dense et fin se polit bien. L'inspection minutieuse d'une section transversale montrera des cercles de croissance concentriques. Les lignes légèrement colorées de ces cercles apparaissent parfois à la surface de la pièce. L'os a une texture plus poreuse, et sa surface est piquée de petits points noirs.

Les pièces anciennes d'ivoire prennent, avec le temps, une chaude couleur jaune. Mais ces objets étaient parfois colorés pour rehausser le modelé. L'os ancien prend une teinte plus blanche.

Bien que l'ivoire ait été surtout employé pour décorer d'autres matériaux, les pièces d'ivoire étaient parfois elles-mêmes gravées, peintes, teintées ou dorées, et certaines incrustées d'autres matériaux précieux ou semi-précieux.

Entretenir l'ivoire et l'os

Conservez les pièces en ivoire et en os dans un environnement stable et tempéré, à l'abri des écarts de température ou d'humidité qui pourraient gonfler ou contracter le matériau, entraînant des déformations ou des fissures. Ne laissez pas les objets près d'une fenêtre, où la lumière directe du soleil, le froid et l'humidité pourraient les affecter irrémédiablement. De même, éloignez-les de toute source directe de chaleur, telle que radiateurs et cheminées.

Nettoyage

Dépoussiérez au pinceau doux. N'utilisez pas de chiffon sur les pièces incrustées, car vous pourriez soulever et endommager les incrustations. Frottez la surface de l'ivoire non coloré avec une solution faible d'eau chaude et de savon liquide neutre (1 volume de savon pour 10 volumes d'eau), appliquée parcimonieusement sur du coton ou des Cotons-Tiges. Rincez à l'eau propre de la même manière. Séchez rapidement avec un chiffon doux pour ôter toute humidité. N'essayez pas d'éclaircir la couleur à l'eau de Javel, car vous détruiriez la patine. Terminez par une fine couche de cire microcristalline pour lustrer et protéger la surface. Les incrustations sur bois peuvent être ternies par de l'encaustique. Si la taille des incrustations le permet, éliminez la vieille encaustique avec un Coton-Tige imbibé de white-spirit. Terminez par une couche de cire microcristalline. Si les incrustations sont trop fines, contentez-vous de polir toute la surface avec de la cire microcristalline.

Entretenir la marqueterie
Comme le bois, l'ivoire rétrécit dans les atmosphères sèches. En manipulant les meubles ou objets, vous risquez de détacher ou de perdre les incrustations des marqueteries.

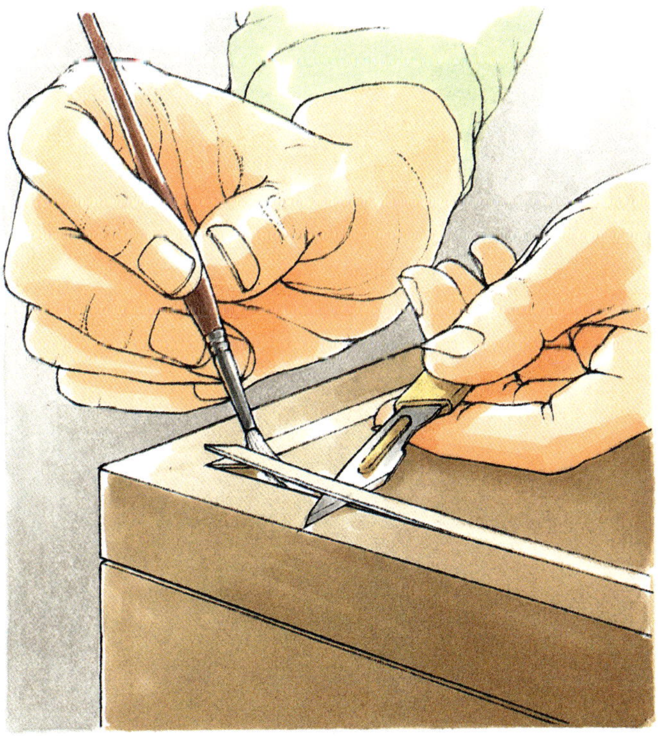

Recollage d'une incrustation
Recollez une incrustation à la colle blanche. Passez la colle au pinceau, sous l'incrustation. Pressez l'incrustation, puis ôtez l'excédent de colle avec un chiffon humide. Couvrez la partie collée d'une feuille de polyéthylène et posez un poids dessus. Si l'incrustation s'est complètement détachée, nettoyez avec soin les deux surfaces à coller avant de replacer l'incrustation.

RÉPARER LES COUVERTS

L'ivoire et l'os ont été très utilisés au début du XXe siècle pour fabriquer des manches de couvert. Les manches modernes en plastique les imitent. Les couverts dotés de manches en ivoire ou en os ne doivent pas être lavés au lave-vaisselle ni mis à tremper dans de l'eau chaude (les manches pourraient se déformer ou prendre du jeu).

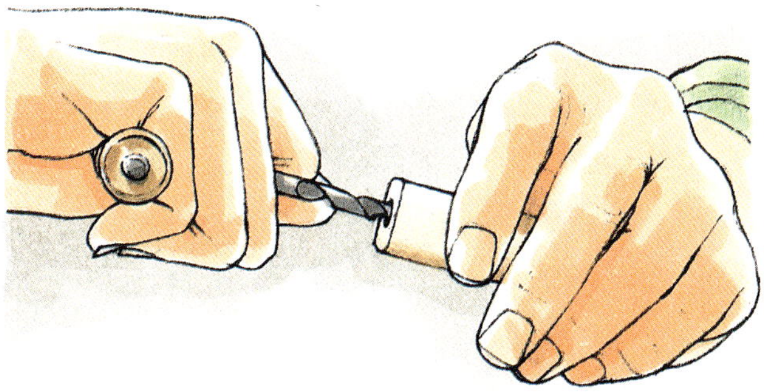

1 Nettoyage d'un manche
La lame d'un couteau de table est munie d'une pointe que l'on colle dans le trou du manche ; elle se détache aisément. Tirez le manche et éliminez les traces de colle sur la pointe et à l'intérieur du manche. Si nécessaire, utilisez un outil métallique ou une lime-aiguille de forme adéquate, ou une petite vrille.

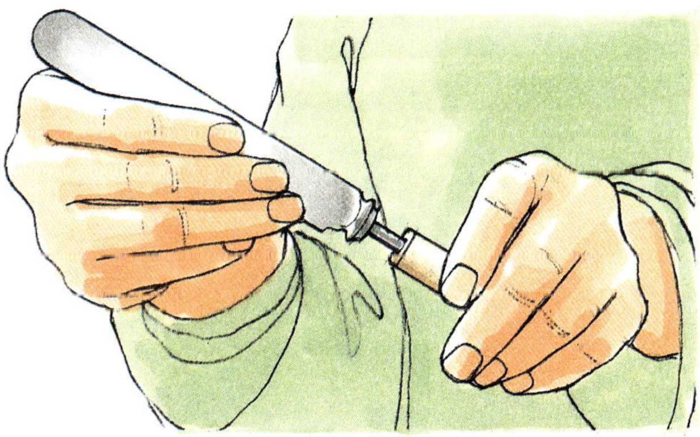

2 Fixation du manche
Vérifiez l'emboîtement et appliquez de la colle époxy sur la pointe et à l'intérieur du manche. Ne remplissez pas trop le trou, car la pression rendrait difficile l'ajustage de la lame. Enfoncez la pointe dans le manche, bien à fond. Essuyez l'excédent de colle au white-spirit, puis laissez durcir.

ÉCAILLE

L'écaille est un matériau organique translucide qui recouvre la carapace des tortues de mer, notamment de la tortue à écaille. Ce matériau naturel, à l'aspect de plastique, se présente en plaques octogonales formant une sorte de dôme. Chauffé, il s'amollit et peut être aplani ou moulé dans diverses formes. Sous la chaleur et la pression, on peut aussi l'assembler en grandes plaques.

L'écaille présente un aspect tacheté très agréable, composé de jaune, de brun, de rouge et de noir. Sa transparence se prête à toute association avec un fond de couleur qui rehaussera ses tons. Elle figure en placage sur nombre de meubles et de boîtes décoratives. Les exemples les plus extravagants furent introduits par André-Charles Boulle (1642-1732), qui mit au point une technique de marqueterie associant du cuivre et de l'écaille en motifs floraux et géométriques. La méthode produisait deux jeux d'incrustation parfaitement assortis, l'un étant l'inverse de l'autre. Le panneau était alors collé sur une surface pour créer de superbes pièces décoratives.

L'écaille s'utilisait également pour plaquer ou fabriquer des articles divers : boîtes, miroirs de poche, peignes, brosses et boutons.

Identifier le matériau
L'écaille véritable ne se trouvant plus, traitez les pièces que vous possédez avec grand soin. Les plastiques modernes reproduisent aujourd'hui ce matériau, notamment pour les montures de lunettes. Les premières imitations étaient réalisées en Celluloïd ou en corne colorée, deux matériaux peu faciles à distinguer. Examinez des articles en écaille véritable chez un antiquaire pour avoir une idée de sa texture.

Nettoyer l'écaille
Si les objets sont ornés d'incrustations, dépoussiérez-les au pinceau doux (pas au chiffon) en prenant soin de ne pas soulever les pièces décollées. Nettoyez la surface de l'écaille comme l'ivoire, avec très peu d'eau savonneuse tiède. Après l'avoir séchée, si elle reste terne, ravivez-la avec de l'huile d'amande douce. Appliquez l'huile parcimonieusement en la frottant avec un chiffon de coton doux enroulé sur un doigt; répétez si la surface n'est pas homogène, et essuyez l'excédent. Une autre solution consiste à passer une fine couche de cire microcristalline.

Si vous avez la chance d'acquérir une pièce de Boulle, faites-la nettoyer par un spécialiste.

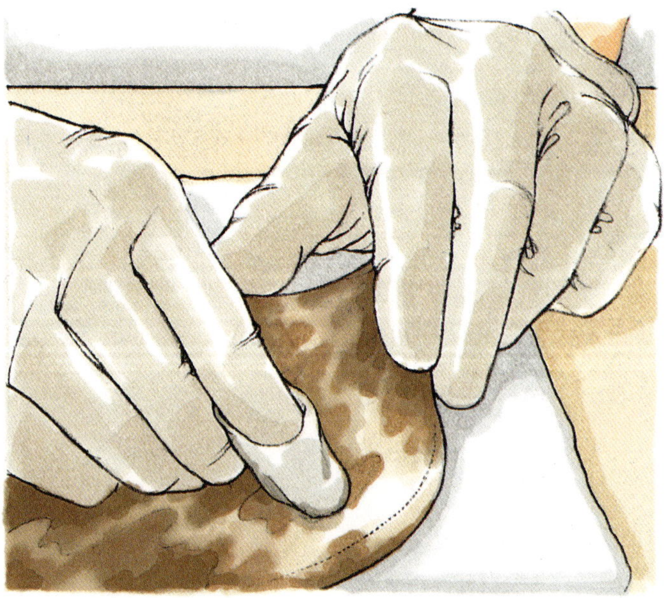

Polissage d'une surface terne
Les éraflures ou ternissures provoquées par une exposition prolongée au soleil rendent la surface mate. Essayez de les éliminer avec un produit légèrement abrasif pour l'entretien du chrome. Appliquez-le avec un chiffon doux enroulé sur un doigt, en mouvement circulaire. Essuyez les traces de produit et lustrez avec un chiffon doux. Terminez comme ci-dessus.

Réparations

Les décollements d'écaille sont un phénomène courant, la colle animale utilisée pour les fixer se dégradant avec l'humidité et les écarts de température. Si la pièce n'est pas totalement détachée, décollez-la avec une lame de couteau fine.
Éliminez les résidus de colle, puis recollez-la (les traditionalistes préfèrent la colle animale chaude, mais la colle blanche moderne est plus facile d'emploi). Pressez l'incrustation, puis nettoyez l'excédent de colle. Couvrez d'une feuille de polyéthylène et posez un poids pour aplanir le tout.
Recollez les fractures occasionnées dans des pièces en écaille (barrette à cheveux, boucle ou bouton) avec de la colle cyanoacrylate transparente, appliquée parcimonieusement.

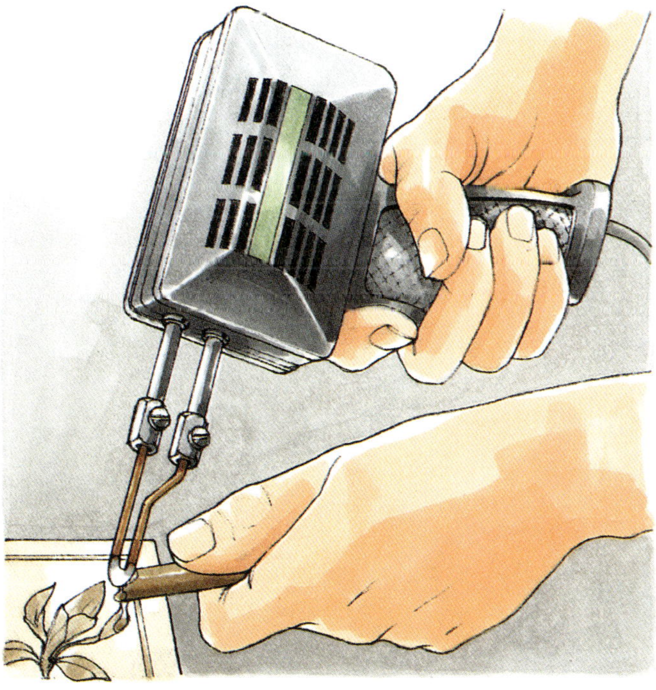

Incrustation manquante

Remplissez les trous laissés par des incrustations manquantes, de gomme-laque colorée, disponible en bâton.
Choisissez une couleur proche de celle de l'écaille.
Faites fondre la gomme-laque au fer à souder électrique et remplissez les trous. Laissez refroidir, puis coupez-la à ras avec un cutter ou un burin.

CORNE

La corne possède les mêmes propriétés que l'écaille, et, sectionnée en fines feuilles translucides, s'emploie de la même façon. Elle se ramollit à la chaleur et peut être moulée. Traditionnellement, elle servait à confectionner de la poudre pour les armes à feu anciennes, et entrait dans la composition d'objets domestiques : peignes, pommeaux de canne ou d'ombrelle, etc. La corne provient essentiellement du bétail, mais aussi d'autres animaux. La ramure des cerfs, plus proche de l'os, s'utilise souvent en coutellerie. La corne s'entretient comme l'écaille.

Nacre

La nacre est un matériau iridescent à base de carbonate de calcium, qui tapisse l'intérieur des coquilles d'huîtres et d'autres mollusques. Quoique relativement dure et cassante, la nacre se taille bien et se transforme souvent en fine feuille que l'on utilise pour les travaux de marqueterie. La nacre se sculpte, se chantourne et se grave; on peut aussi la teinter pour en modifier la couleur. On l'utilise en joaillerie et en artisanat d'art, notamment pour faire des boutons de vêtement ou des manches de couvert.

Nettoyage de la nacre

Comme les perles, la nacre ne doit pas être lavée à l'eau savonneuse. Dans le cas de petits objets, utilisez un bain à perles, vendu par les bijoutiers. La solution du bain s'emploiera pour nettoyer les articles de plus grande taille, en l'appliquant parcimonieusement avec un Coton-Tige ou du coton. Rincez avec des tampons de coton imbibés d'eau tiède, et séchez avec du papier absorbant. Si de l'encaustique s'est déposée sur les incrustations, grattez-la avec un pique-cocktail, puis éliminez les résidus avec du coton humecté de white-spirit. Veillez à ne pas en enduire les matériaux voisins. Ravivez et protégez la surface nettoyée avec de la cire microcristalline.

Réparation des incrustations

Comme l'ivoire et l'écaille, les pièces de nacre peuvent se décoller et se détacher en raison de la dégradation de la colle ou des écarts d'humidité. La nacre étant très fragile, n'essayez pas de recoller une pièce encore partiellement jointe ; vous risqueriez de la briser en appuyant dessus. Si une pièce est tombée, grattez la vieille colle au dos de l'incrustation et dans le creux qui la reçoit. Recollez la pièce à la colle blanche ou à la colle multiusage transparente.

Réparations générales

Quand des objets en nacre, comme les bijoux ou les barrettes, se sont brisés en deux, recollez-les à la colle cyanoacrylate si la cassure est minime. Si la partie à rétablir est plus importante, mais non soumise à la pression, employez une colle multiusage transparente. Réparez les manches de couvert comme l'ivoire et l'os (voir page 59).

CORAIL

Le corail se compose des squelettes calcaires de minuscules animaux marins. Ressemblant à de la pierre, il se développe en formant des éventails et des ramifications, très appréciés en bijouterie et en décoration. Le corail rouge, qui est en fait rouge rosé, est le plus courant, mais on trouve également d'autres couleurs.

Le corail est un matériau dur et dense qui se polit bien. Les fines pièces de corail sont percées et enfilées sur du fil pour faire des colliers et des bracelets, ou montées en broches. D'autres sortes de corail sont transformées en perles ou en cabochons pour faire des broches et des boucles d'oreilles.

Nettoyage du corail
Utilisez des Cotons-Tiges ou des tampons de coton imbibés d'une solution faible de liquide à vaisselle ou d'eau chaude et de savon liquide neutre (voir page 58). Rincez à l'eau claire, puis séchez aussitôt avec du papier absorbant ou un chiffon doux. Vous pouvez aussi employer un bain pour perles du commerce (voir page 55).

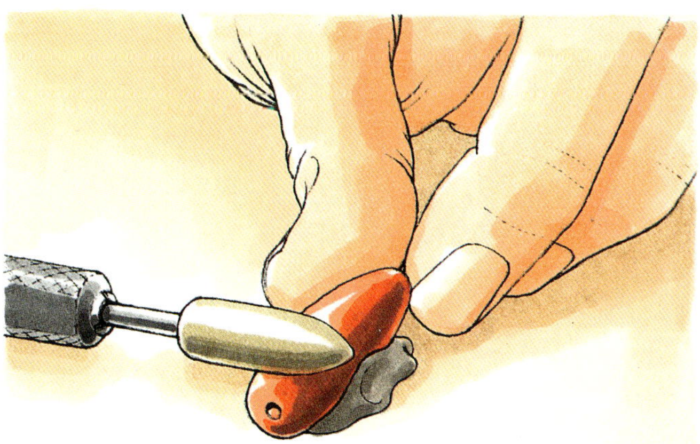

Polissage du corail
La surface ternie ou éraflée du corail se polit avec un produit d'entretien pour le chrome, disponible dans les stations-service. Appliquez-le sur un chiffon ou un Coton-Tige, en mouvement circulaire. Ou bien, pour raviver la surface des pièces fines, utilisez une mini-perceuse munie d'une pointe à polir en caoutchouc, enduite d'une substance de polissage. Essuyez l'excès de produit et lustrez avec un chiffon doux.

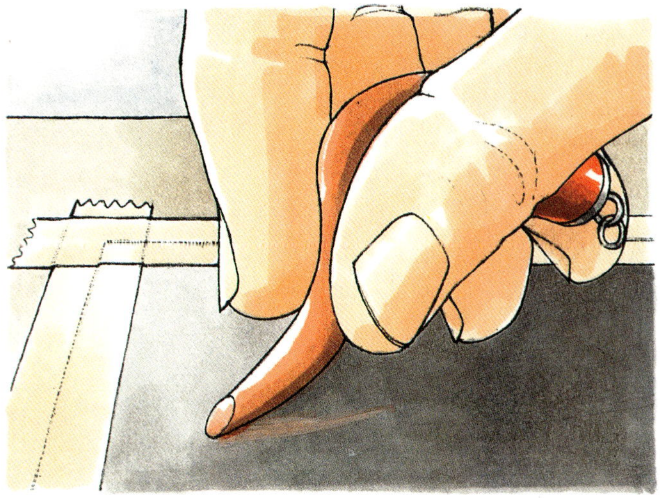

Refaçonnage du corail
Le corail rouge s'utilise souvent en pendants de boucles d'oreilles, assorties à un collier. Les pendants sont généralement réalisés avec des pièces plus grandes qui, dans le cas du corail en branche, sont travaillées en formes allongées irrégulières. Si un tel pendant est ébréché à son extrémité, poncez-le sur du papier abrasif en modifiant légèrement la forme pour masquer la réparation : fixez une feuille de papier abrasif fin à l'eau sur une surface plate et humidifiez-la. Frottez le corail dessus pour refaçonner son extrémité. Appliquez un produit pour chrome légèrement abrasif et lustrez la surface modifiée. Si nécessaire, refaçonnez l'autre pendant pour l'assortir au premier.

PIERRES ORNEMENTALES

Le marbre, l'onyx et l'albâtre sont des pierres à grain fin, très décoratives une fois taillées et polies. Assez courant, le marbre, roche calcaire métamorphique, offre toute une palette de couleurs mouchetées ou veinées, variant du blanc au noir. Utilisé dans la statuaire, dans la fabrication de vases, de boîtiers d'horloge, de piédestaux, de dessus de table, il sert aussi de revêtement de sol et de mur. L'onyx est une variété de quartz microcristallin présentant des zones concentriques de différentes couleurs, généralement vertes. Il s'emploie dans la joaillerie et la décoration intérieure, notamment dans les socles des figurines Art déco. L'albâtre est une variété de gypse opaque ou translucide, en général de couleur blanche. Sa texture fine a de tout temps été utilisée dans la sculpture, notamment dans la sculpture ecclésiastique, mais aussi dans la décoration intérieure (boîtiers d'horloge, socles, vases, etc.).

Ces pierres, poreuses et assez fragiles, s'éraflent facilement et doivent être manipulées avec précaution. Les pièces fines ou de grande taille devront être traitées par un restaurateur, mais, en faisant attention, vous pouvez entretenir la plupart des objets décoratifs vous-même.

Entretenir les pierres ornementales

L'humidité est l'ennemi des pierres poreuses : elle aide les sels naturels, le givre, la moisissure et, plus grave encore, les acides issus de la pollution atmosphérique à attaquer la surface. Si possible, gardez vos objets à l'intérieur, dans un endroit bien aéré et à l'abri de l'humidité. En raison de leur porosité, ils tendent aussi à absorber la saleté et les taches s'ils ne sont pas protégés par de la cire transparente. Les substances acides, comme les boissons et les aliments, rongent la surface polie. Nettoyez aussitôt toute substance renversée sur de tels objets.

Nettoyage du marbre et de l'onyx

Des deux matériaux, le marbre est le plus couramment employé dans la décoration intérieure, sous forme de tablier de cheminée, de dessus de table, d'urnes et de sculptures. Les différents traitements donnés ci-après concernent le marbre mais s'appliquent aussi à l'onyx.

Dépoussiérez régulièrement les surfaces avec un pinceau en soie de porc, en prenant soin de ne pas érafler la pierre avec la virole métallique, que vous pouvez recouvrir de ruban adhésif.

Si la surface s'est légèrement encrassée, lavez-la avec une solution de savon liquide neutre et d'eau tiède (voir page 58), appliquée avec un tampon de coton. Nettoyez une seule petite surface à la fois, si possible en travaillant de bas en haut pour éviter les coulures. Rincez avec un tampon imbibé d'eau. Séchez avec un chiffon de coton blanc doux.

Dégraisser

Pour des taches plus importantes ou graisseuses, préparez une solution de savon liquide neutre et de white-spirit (1 volume de savon pour 10 à 20 volumes de white-spirit). Attention : portez des gants de caoutchouc et protégez vos yeux d'éventuelles éclaboussures. Utilisez ce puissant nettoyant comme ci-dessus.

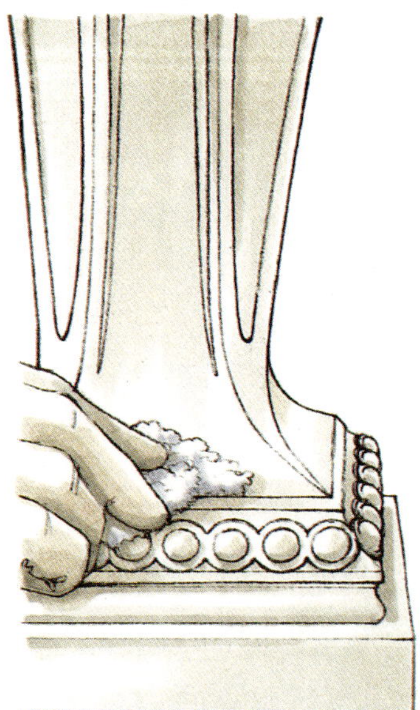

Élimination des taches légères et solubles

Si le marbre blanc reste taché, essayez d'éliminer ces traces avec un cataplasme de papier absorbant déchiré ou de poudre (comme le blanc de Meudon). Pour ôter les taches solubles à l'eau, mélangez le matériau absorbant avec de l'eau distillée pour former une pâte épaisse. Appliquez le cataplasme sur la tache en une couche épaisse. Laissez l'eau agir et activer la tache, qui sera absorbée par le cataplasme en séchant. Attendez que le cataplasme soit presque sec, puis retirez-le et rincez la surface à l'eau claire. Séchez.

Élimination des taches grasses
Préparez un cataplasme (voir page ci-contre) à base de solvant (essence à briquet, acétone ou alcool transparent) à la place de l'eau. Appliquez-le en couche épaisse sur la tache et couvrez le tout d'une feuille de polyéthylène fixée avec du ruban adhésif, afin d'éviter l'évaporation du solvant. Recommencez l'opération sur les taches rebelles. Enfin, lavez la surface avec une solution de savon liquide (voir page ci-contre).

Décoloration du marbre blanc
Contre les taches persistantes des dessus de table en marbre, utilisez de l'eau oxygénée à 20 volumes. Badigeonnez-en la tache et laissez agir tout en surveillant l'évolution, puis lavez la surface. Essuyez et examinez le résultat. Recommencez, si nécessaire.

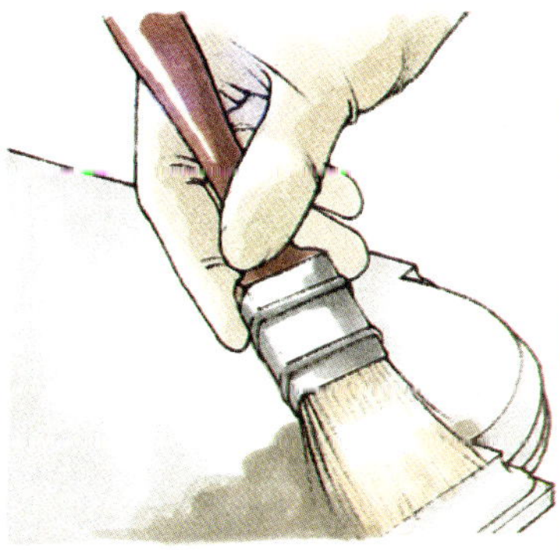

Réparation d'un bord ébréché
Nettoyez bien la surface. Confectionnez un enduit de rebouchage avec de la colle époxy et de la poudre de marbre blanc ou d'onyx synthétique, selon les besoins. Pour du marbre coloré, ajoutez un peu de pigment de couleur ; testez les teintes au préalable. Rebouchez généreusement le trou et laissez prendre. Poncez le produit sec avec une lime ou du papier abrasif à l'eau ; si nécessaire, utilisez une cale à poncer. Terminez par un ponçage au papier abrasif très fin, puis polissez avec de la cire microcristalline.

Élimination des éraflures
Si une surface lisse est légèrement éraflée, vous pouvez la polir à la main, à condition que cela n'abîme pas trop la pièce. Frottez les éraflures avec du papier abrasif à l'eau très fin, humecté d'eau. Si possible, travaillez sur les parties alentours pour éviter de former une dépression locale. Lavez les résidus et polissez la pierre avec de la cire microcristalline blanche.

Recollage des parties cassées
Vérifiez que les parties cassées s'emboîtent bien et sont propres. Préparez de la colle époxy et appliquez-la en film mince sur les deux parties. Resserrez celles-ci avec des élastiques, du ruban adhésif ou des serre-joints. Assurez-vous que la jointure est parfaitement ajustée. Laissez la colle sécher, puis coupez-la à ras avec un cutter. Lavez la pièce et terminez par de la cire microcristalline.

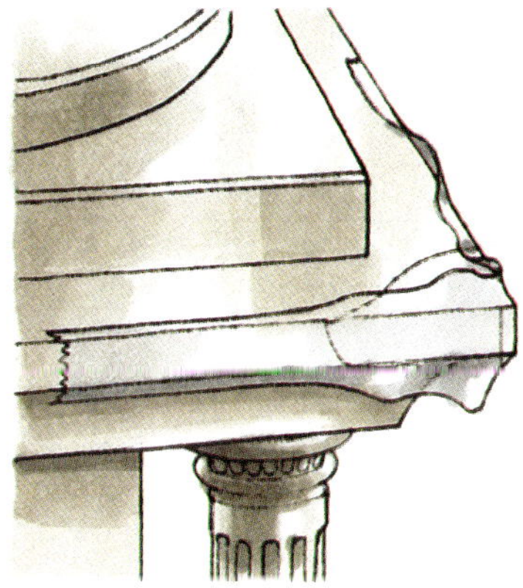

ENTRETENIR L'ALBÂTRE

L'albâtre est plus mou que le marbre et l'onyx, et s'érafle facilement. Il est aussi cassant et doit être manipulé avec soin. La pierre se dissout au contact de l'eau et doit donc être éloignée de tout endroit humide ou de plantes arrosées au pulvérisateur. Ne nettoyez pas l'albâtre avec de l'eau. Pour les réparations générales, suivez les méthodes décrites pour le marbre.

Nettoyage de l'albâtre
Dépoussiérez avec un pinceau doux. Pour laver la pierre, préparez un nettoyant alcoolisé à raison de 1 volume de savon liquide pour 20 volumes de white-spirit. Appliquez le nettoyant avec un tampon de coton, en ne travaillant que sur une petite surface à la fois. Rincez avec un tampon propre imbibé de white-spirit. Séchez avec un chiffon de coton blanc puis polissez à la cire microcristalline.

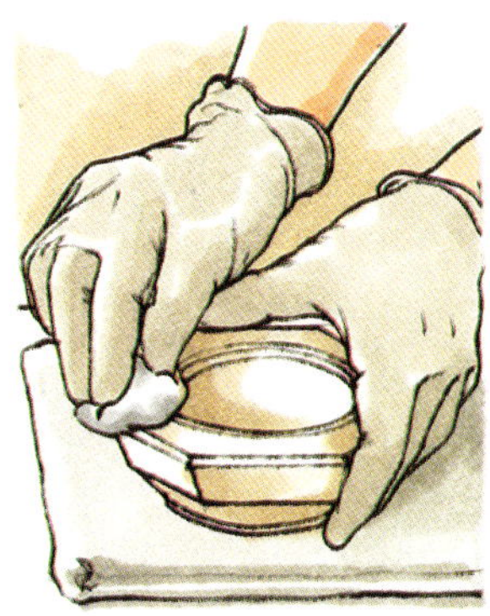

LA RESTAURATION DE LA CÉRAMIQUE

La porcelaine et la faïence étant particulièrement fragiles, il est rare de trouver des pièces anciennes en parfait état : ne vous croyez pas obligé de réparer toutes les ébréchures ou de repeindre les décorations usées. Bien que la plupart des collectionneurs préfèrent les pièces intactes, ils tolèrent néanmoins un certain degré d'usure, toujours préférable à une restauration hâtive ou maladroite.

La pièce en question a-t-elle vraiment besoin d'être restaurée ? Une fois nettoyés, la plupart des objets ont bien meilleur aspect ; il suffit parfois de laver les fissures, de refaire les raccords pour leur offrir une seconde jeunesse.

Les objets en plusieurs morceaux devront évidemment être réassemblés, mais si vous n'avez aucune expérience en la matière, entraînez-vous d'abord sur des poteries sans valeur. De même, si vos talents de peintre sont loin d'être brillants, contentez-vous de réparer la pièce et n'entreprenez les retouches décoratives qu'une fois la technique bien maîtrisée. L'objet recollé aura meilleure allure avec des colmatages visibles, mais nets, plutôt que couvert d'une épaisse et maladroite couche de peinture.

Confiez toujours les pièces de valeur à un restaurateur professionnel, même si les réparations à entreprendre vous paraissent minimes.

CÉRAMIQUE

Les porcelaines et faïences anciennes sont des pièces très recherchées, aussi bien par les collectionneurs, qui en apprécient les qualités esthétiques ou leur rareté, que par les amateurs, qui aiment tout simplement posséder ou utiliser des pièces anciennes, peu coûteuses mais riches d'un long passé.

Les céramiques sont relativement fragiles et donc facilement endommagées ; les pièces anciennes en parfait état sont donc plutôt rares. Par conséquent, il n'est guère surprenant de voir tant d'objets ébréchés ou tachés se vendre dans les brocantes et lors des ventes aux enchères.

Avec un peu de soin et d'attention, vous pourrez remettre en état ces objets pour en faire un usage limité ou pour les ajouter à votre collection. Bien sûr, la porcelaine restaurée a beaucoup moins de valeur que celle en bon état, mais le résultat en vaut parfois la peine.

NETTOYER LA CÉRAMIQUE

La plupart des collections de céramiques nécessitent un dépoussiérage et un nettoyage réguliers. Toutefois, plus ces pièces sont manipulées, plus le risque de les endommager est grand : prenez votre temps et travaillez méthodiquement.

Ne traitez qu'une pièce à la fois, après avoir retiré les parties séparées, comme les couvercles. Tenez fermement la pièce, en la soutenant, si possible, par-dessous, et non pas par l'anse ou le bec. Ne commencez pas par les pièces du fond de votre collection, prenez d'abord celles de devant.

Si vous possédez une grande collection, n'en nettoyez que quelques éléments à la fois. Ainsi, vous resterez concentré et éviterez d'empiler trop de pièces pour le lavage et le séchage. Ne portez pas de vêtements dotés de longues manches larges, ni de colliers lourds, qui pourraient heurter les pièces de porcelaine.

Dépoussiérage de la collection
Il est toujours plus sûr d'utiliser un pinceau doux ou un blaireau pour dépoussiérer votre collection : un chiffon ou un plumeau pourraient s'accrocher aux parties saillantes. Avant de laver la céramique, éliminez la poussière superficielle pour éviter qu'elle ne s'incruste dans les fêlures.

Laver les céramiques
Un lavage destiné à rafraîchir l'aspect d'une céramique n'implique pas un trempage prolongé. Assurez-vous, avant d'immerger une pièce réparée, que les matériaux utilisés ne craignent pas l'eau. De même, consultez un expert avant de tremper des articles très anciens ou fragiles. Ces pièces pourront être dépoussiérées et nettoyées avec un coton imbibé d'eau chaude.

1 Lavage à la main
Quel que soit son état, ne mettez jamais une porcelaine ancienne au lave-vaisselle. Remplissez plutôt une cuvette en plastique d'eau tiède additionnée d'un peu de liquide à vaisselle. Lavez vos pièces une par une, en vous aidant d'un pinceau pour décrasser les figurines ou ornements délicats. Travaillez lentement et soigneusement.

2 Rinçage et séchage
Rincez chaque pièce individuellement à l'eau claire, puis faites-la sécher sur un torchon ou un égouttoir. N'empilez jamais les pièces. Vous pouvez sécher certains objets avec un chiffon propre, mais tamponnez les ornements et les figurines avec du papier absorbant, puis terminez éventuellement au sèche-cheveux réglé assez bas.

Éliminer les taches

Un lavage à l'eau tiède ne suffit pas à éliminer les taches récalcitrantes de la céramique. La saleté ou la graisse ayant pénétré dans le corps de la pièce, par des fissures ou des craquelures, devra être retirée dans une eau tiède additionnée de lessive biologique. Ce traitement s'applique également aux pièces cassées, avant qu'elles ne soient recollées.

Les taches superficielles disparaissent généralement vite, mais il faudra faire tremper les taches plus résistantes jusqu'à deux semaines, en changeant la solution chaude de temps en temps.

Il est fort probable qu'une immersion prolongée viendra à bout d'une ancienne réparation (voir page 70) : avant de tremper une pièce, examinez-la attentivement pour déceler toute trace de retouche et recollage.

1 Immersion dans l'eau chaude

Remplissez une cuvette d'une solution de lessive et d'eau chaude. Immergez l'article taché ou les pièces cassées, et laissez-les tremper au moins 20 minutes, en remuant l'eau doucement et en frottant les fêlures et les bords cassés avec une vieille brosse à dents.

2 Rinçage à l'eau claire

Dès que le résultat vous satisfait, rincez chaque pièce à l'eau froide : remplissez la cuvette et laissez-la déborder pendant 5 minutes sous le robinet.

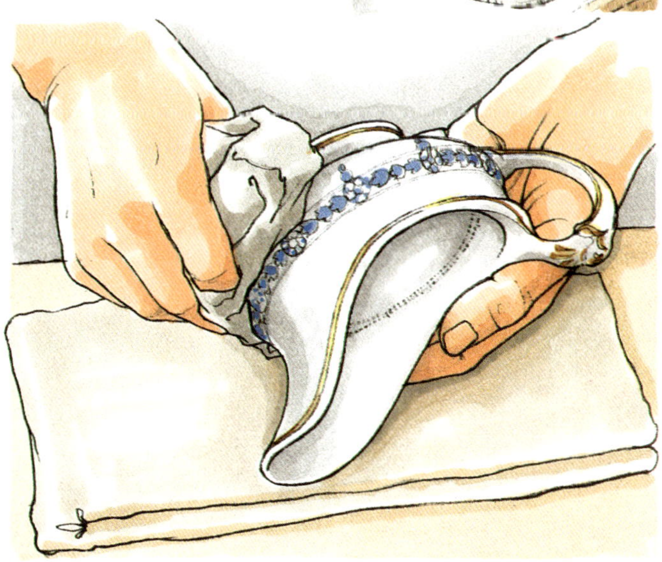

3 Séchage

Séchez les pièces à la main avec un chiffon doux, puis mettez-les dans un four chauffé à 100 °C, pendant 30 minutes. À ce stade, si certains objets exsudent encore de la graisse profondément incrustée, recommencez toute l'opération.

Décolorer les taches

Par commodité, bon nombre de restaurateurs préfèrent décolorer les taches plutôt que les laisser tremper. Toutefois, le produit détachant peut étaler les taches, en particulier sur les terres cuites poreuses. En outre, si vous ne débarrassez pas complètement la céramique du produit appliqué, des problèmes peuvent survenir avec les réparations repeintes. Toutefois, si vous n'avez pas à retoucher ou revernir un article, la décoloration est une option satisfaisante pour nettoyer les fines craquelures de la porcelaine ou de la pierre avant recollage. Consultez un professionnel pour tout objet fabriqué avant le XIXe siècle, et vouez un soin particulier aux pièces dorées.

1 Préparation

Après avoir enfilé des gants de protection, versez de l'eau oxygénée dans une soucoupe et diluez-la avec 3 volumes d'eau, puis ajoutez quelques gouttes d'ammoniaque. Pour vous protéger des émanations désagréables, portez un masque et travaillez dans un endroit bien aéré.

2 Application

Trempez la pièce dans l'eau claire. Imbibez des cotons de solution détachante et appliquez-les avec une pince à épiler sur la fêlure.

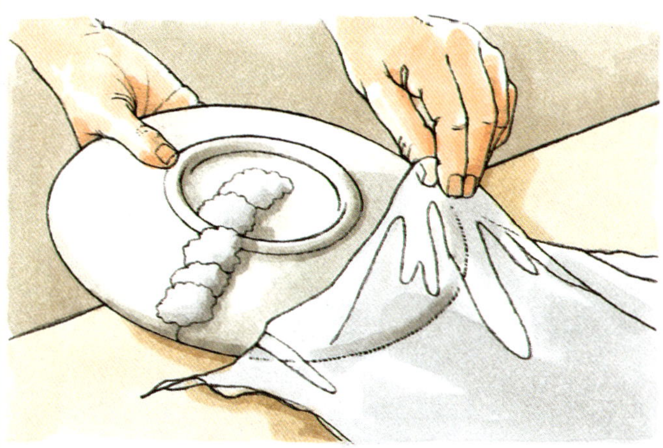

3 Mise sous plastique

Enfermez la pièce dans un sac en plastique pour laisser agir le produit. Vérifiez l'évolution au bout de 2 heures, puis, si nécessaire, appliquez de nouveaux tampons et refermez le sac. Quand la fêlure est propre, rincez soigneusement la pièce à l'eau claire.

Démonter les vieilles réparations

Les restaurateurs sont souvent confrontés au problème du démontage de réparations anciennes, soit pour remplacer une vieille colle, soit pour refaire une réparation mal faite.

Tremper la pièce dans l'eau chaude

Dans la plupart des cas, on peut éliminer la vieille colle en laissant la pièce tremper dans de l'eau chaude additionnée de lessive biologique (voir page 69), bain qui présente l'avantage de bien nettoyer l'article en même temps.

1 Décollage de la jointure
Au bout de 20 minutes, l'eau chaude commence à amollir la plupart des colles. Essayez de séparer la jointure sans trop forcer, afin de ne pas ébrécher les bords, fragiles. Faites bien attention, car l'eau chaude savonneuse rend la porcelaine glissante et il est très facile de se couper sur un bord tranchant.

2 Insertion d'une pointe de couteau
Une fois que la jointure commence à céder, insérez la pointe d'un couteau pour détacher les deux parties. Grattez les résidus de colle sur les bords avec une vieille brosse à dents, en vous aidant aussi du couteau. Séchez les tessons au four (voir page 69).

Utiliser du décapant à peinture

L'immersion ne vient pas toujours à bout des colles modernes, et votre seul recours est d'appliquer un décapant à base d'eau. Examinez la pièce afin de vous assurer qu'elle ne possède pas de décoration superficielle qui puisse être endommagée par le décapant ; si nécessaire, appliquez-le uniquement sur la partie non décorée. Mettez des gants de protection et suivez les instructions du fabricant.

Après avoir tenté de résoudre le problème par un trempage à l'eau chaude, rincez la pièce à l'eau froide et appliquez le décapant. Si vous avez laissé la pièce sécher, retrempez-la dans de l'eau claire avant de procéder au décapage.

1 Application du décapant
Appliquez un décapant polyvalent en gel le long de chaque jointure. Ou bien trempez des tampons de coton dans un décapant liquide et posez-les côte à côte sur la jointure. Au bout de 20 minutes, grattez le décapant de la surface et vérifiez si la jointure bouge. Si nécessaire, appliquez de nouveau du décapant.

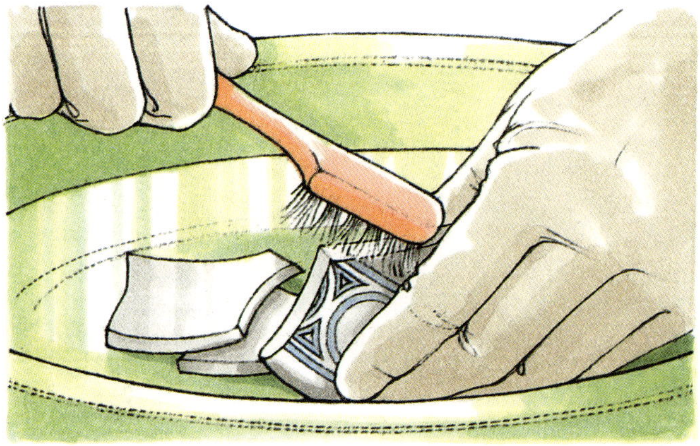

2 Élimination du décapant
Détachez les différentes parties (voir ci-contre), puis transférez les tessons dans une cuvette d'eau chaude additionnée de lessive biologique. Pensez à porter des lunettes de protection. Grattez, puis rincez les pièces afin d'éliminer le décapant (voir page 69).

Retirer les agrafes

Avant le développement de colles fiables, les céramiques étaient parfois réparées avec des agrafes métalliques. À condition que la jointure soit encore solide, il n'est pas nécessaire de les ôter, sauf si vous les trouvez particulièrement disgracieuses. Mais, si la pièce a besoin d'une restauration complémentaire, ou si le raccord commence à prendre du jeu, vous n'avez plus qu'à retirer les agrafes et à appliquer une colle époxy moderne.

1 Élimination du plâtre

La partie repliée de chaque agrafe est située dans un trou creusé dans la céramique et rempli de plâtre. Amollissez celui-ci en trempant la pièce dans de l'eau tiède, puis ôtez-le avec un outil pointu. Retirez chaque agrafe avec une pince.

2 Élimination des agrafes récalcitrantes

Parfois, la seule façon de retirer une agrafe est de la couper en deux à l'aide d'une perceuse miniature munie d'un disque coupant. Dans d'autres cas, l'agrafe est scellée dans une soudure de plomb : placez le bout d'un fer à souder sur l'agrafe jusqu'à ce que la soudure fonde, puis retirez l'agrafe immédiatement.

Ces exemples de réparations anciennes laissent voir des agrafes et des traces de colle salie

TRAITER LES TACHES LAISSÉES PAR LES AGRAFES

Soumises à l'humidité, les agrafes métalliques ont tendance à rouiller et à tacher la céramique.

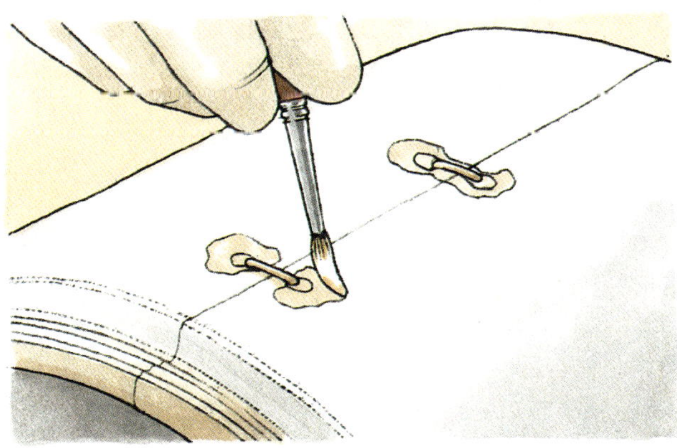

Neutralisation des taches de rouille

Pour éliminer des taches de rouille autour de vieilles agrafes, utilisez un acide phosphorique pour carrosserie de voiture, vendu en gel. Avec des gants de protection, appliquez-le sur les taches et laissez agir 15 à 20 minutes. Essuyez le gel de la surface et, si nécessaire, répétez jusqu'à ce que la tache soit très atténuée. Enfin, lavez la partie détachée à l'eau et séchez-la au sèche-cheveux.

Les taches de cuivre peuvent s'enlever avec des tampons de coton imbibés d'acétone ou de diluant cellulosique.

RÉPARER LA CÉRAMIQUE CASSÉE

Pour restaurer correctement une céramique, vous devez effectuer des recollages précis, car aucun colmatage ni retouche ne dissimuleront un travail mal fait. Les bords à assembler seront rigoureusement propres, les plus petits résidus de colle pouvant empêcher un emboîtement parfait.

LES COLLES POUR RESTAURER LES CÉRAMIQUES

Les restaurateurs recommandent plusieurs types de colle, mais, pour commencer, la plus utile est la colle époxy en deux parties, que l'on trouve dans les magasins de bricolage. Lorsque les deux composants sont mélangés en proportions égales, la colle commence à prendre et forme une jointure étanche extrêmement résistante. Cette colle est pratiquement transparente ; aussi, pour une céramique très blanche, ajoutez une pincée de dioxyde de titane (disponible chez les fournisseurs pour artisans) au mélange de colle. La colle époxy durcit en quelques heures, et continue à se solidifier avec le temps, en particulier si la pièce réparée est réchauffée au four. Les colles époxy conviennent pour tous les types de céramique, mais certains restaurateurs préfèrent recourir à la colle blanche à l'eau pour réparer les poteries poreuses. Pour obtenir un raccord résistant, le bord de chaque tesson devra être préalablement humecté d'eau. Si besoin, l'effet de la colle blanche se neutralise en l'immergeant dans l'eau. Théoriquement, les colles époxy sont irréversibles, mais dans la pratique on peut les ramollir avec du décapant (voir page 70). Les colles cyanoacrylates, ou « super-glue », sont vendues comme colles tous usages. Bien qu'elles soient rarement recommandées pour la restauration d'objets anciens, elles peuvent s'avérer utiles, notamment pour réaliser un assemblage complexe (voir page ci-contre).

Réparer une fêlure

Une fine fêlure mérite d'être recollée, non seulement pour améliorer l'aspect de la pièce, mais aussi pour éviter qu'elle ne s'étende. Veillez à ce que la fêlure soit bien propre en lavant la pièce dans une solution de lessive biologique (voir page 69) ou en la décolorant à l'eau oxygénée.

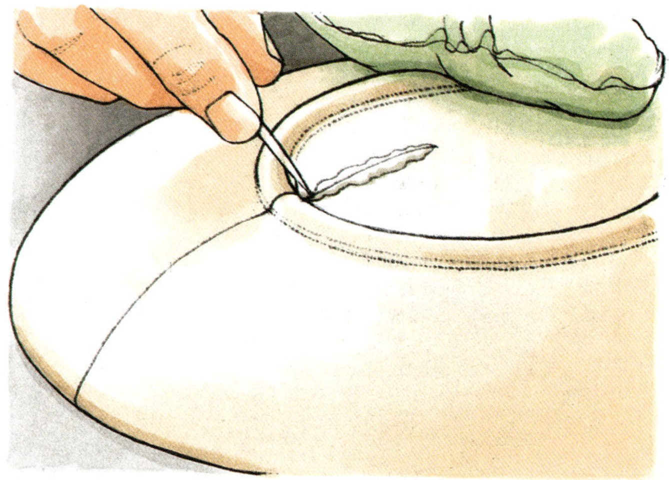

1 Application de la colle

Passez la pièce 5 minutes au four (à 100 °C). Avec des gants de cuisine, transférez la pièce sur votre plan de travail et déposez la colle époxy le long de la fêlure à l'aide d'un pique-cocktail. La chaleur de la pièce liquéfiera la colle et l'attirera dans la fêlure. Si la céramique est épaisse, insérez une lame de rasoir pour ouvrir légèrement la fêlure avant d'introduire la colle des deux côtés.

2 Fixation du raccord

Retirez la lame et essuyez l'excédent de colle de la surface, à l'aide d'un chiffon humecté d'alcool à brûler, puis étendez une ou deux bandes de ruban adhésif par-dessus la fêlure. Remettez la pièce 10 minutes au four pour accélérer le durcissement de la colle. Laissez refroidir, puis retirez le ruban adhésif et grattez les résidus de colle avec un cutter.

Assembler la porcelaine et la faïence cassées

Rassemblez les fragments de la pièce cassée, lavez-les soigneusement puis séchez-les 30 minutes au four (voir page 69).

Avant de préparer la colle, assemblez les fragments « à sec » pour vérifier que vous avez bien toutes les pièces. Cela vous permettra également d'identifier leur ordre d'assemblage sans oublier aucun morceau.

1 Commencement avec le plus gros fragment
Commencez par fixer du ruban adhésif de chaque côté d'un des plus gros fragments, de sorte que les rubans dépassent de moitié dans le vide.

2 Application de la colle
Avec un pique-cocktail, appliquez la colle sur le bord du fragment voisin. Pressez les deux morceaux avec un léger mouvement de va-et-vient afin de faire sortir l'excédent de colle et de réaliser un emboîtement parfait. Rabattez les rubans pour ne pas qu'ils vous gênent.

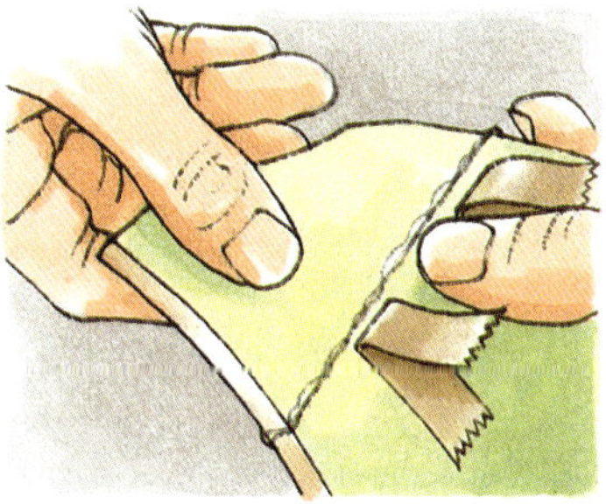

3 Fixation du raccord
En maintenant fermement les deux pièces, étendez les adhésifs par-dessus le raccord. Essuyez l'excès de colle. Vérifiez l'alignement en passant un ongle dans la jointure. Si besoin, détachez un ou plusieurs rubans, ajustez l'emboîtement et remettez les rubans en place.

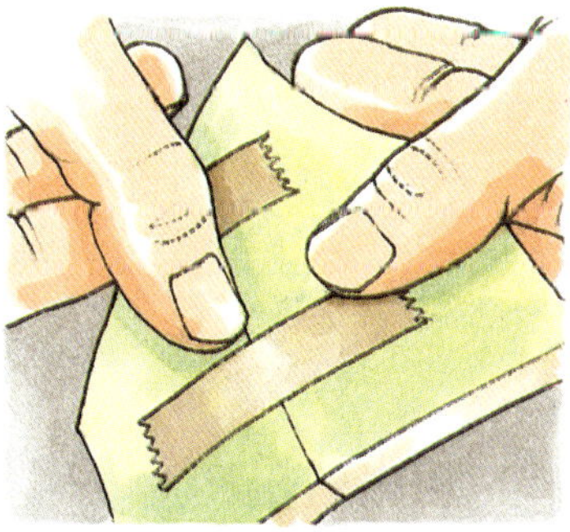

4 Suite de l'assemblage
Coller tous les fragments, un par un, en suivant l'ordre décidé lors de l'assemblage « à sec ». Une fois terminé, passez la pièce 10 minutes au four. Quand la céramique n'est plus trop chaude au toucher, retirez les rubans adhésifs et éliminez les résidus de colle de la surface.

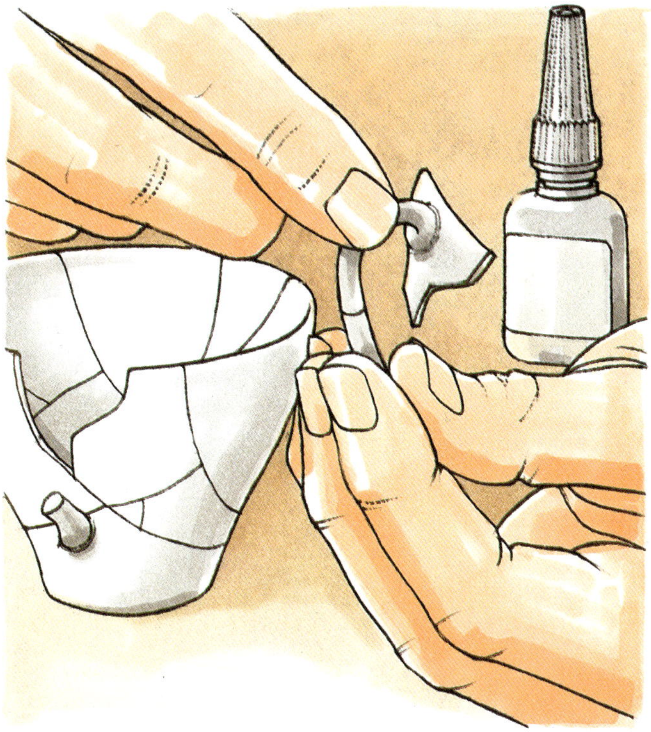

Entreprendre un assemblage complexe

Dans le cas d'une pièce cassée en tout petits morceaux, il est impossible de fixer chaque raccord avec du ruban adhésif. Il convient alors d'assembler les fragments avec une pointe de colle cyanoacrylate, qui durcit en quelques secondes. Travaillez méticuleusement afin que les raccords soient parfaits, en dissolvant la colle à l'acétone ou au diluant cellulosique si vous devez recommencer.

L'assemblage terminé est fragile, mais suffisamment résistant pour être passé 5 minutes au four (à 100 °C). Dès que vous sortez l'assemblage du four, faites couler de la colle époxy dans chaque jointure, comme si vous répariez une fêlure (voir page ci-contre). À ce stade, la réparation aura l'air très mal faite. Repassez l'assemblage 10 minutes au four, puis grattez la colle durcie quand la céramique est refroidie.

TRAITER LES PIECES DÉFORMÉES

Quand la porcelaine ou la faïence se casse, les tensions libérées entraînent parfois le gauchissement d'un ou de plusieurs fragments, et celui-ci empêche de les rajuster de manière satisfaisante.
Une méthode consiste à appliquer de la colle époxy sur les deux bords à assembler, mais seulement sur la moitié de leur longueur. Fixez la partie collée avec du ruban adhésif, puis ajustez délicatement les bords non collés avec d'autres rubans adhésifs.
Quand la colle a durci, retirez le ruban de la partie non collée, insérez la colle dans l'ouverture et fixez le raccord avec du ruban adhésif.

COLMATER LES RACCORDS

Il est très rare qu'une pièce de céramique se casse de façon nette. Un examen minutieux montre invariablement de minuscules ébréchures sur les bords qui, pour être parfaitement réparés, devront être rebouchés après avoir été collés.

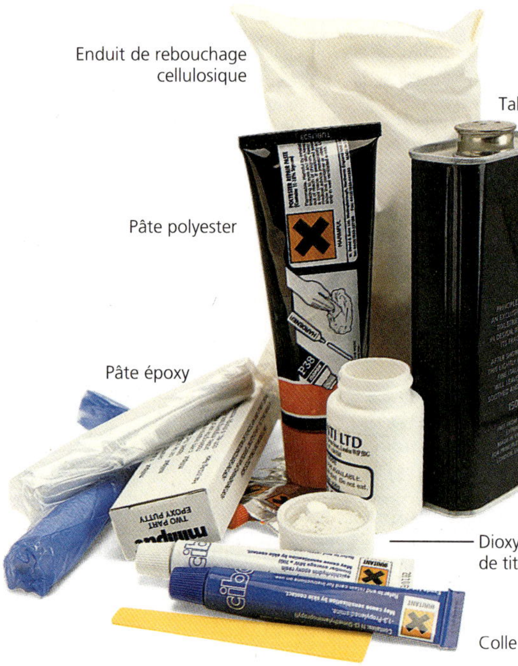

LES ENDUITS DE REBOUCHAGE

On peut acheter de très bonnes pâtes et des enduits de rebouchage prêts à l'emploi ; il est également possible d'en confectionner soi-même à partir de colle époxy. La pâte époxy blanche en deux parties, disponible dans tous les magasins de bricolage et de modelage, commence à durcir dès que les composants sont pétris ensemble. Pour faire votre propre pâte époxy, ajoutez du dioxyde de titane et du talc à de la colle époxy. La pâte polyester, conçue pour les carrosseries de voiture, fait un excellent produit de colmatage pour la céramique ; le durcisseur rouge mélangé à la pâte grise donne un enduit rose, mais on peut modifier cette couleur en ajoutant une pincée de dioxyde de titane. Ces enduits peuvent être utilisés pour réparer toutes sortes de céramiques, des porcelaines à pâte dure aux terres cuites. Dans le cas d'une terre cuite poreuse, cependant, bon nombre de restaurateurs préfèrent employer un enduit de rebouchage cellulosique (que l'on achète tout prêt en tube, ou que l'on fabrique à base de poudre et d'eau).

1 Insertion de l'enduit
Avec une spatule dentaire ou une pointe de couteau, incorporez l'enduit dans les petits trous et fêlures, en l'étendant de part et d'autre du raccord selon différents angles. Passez la lame ou la spatule le long du raccord pour niveler la pâte.

2 Élimination de l'excédent
Pour lisser la pâte époxy, humectez votre doigt et passez-le délicatement le long de chaque raccord. Il est préférable de reboucher plus tard plutôt que de poncer l'excédent d'enduit durci.

3 Ponçage
Laissez la pâte durcir, puis polissez les raccords avec du papier abrasif à l'eau extrafin (n° 400 ou 600). Pour protéger la décoration vernissée, limitez le ponçage à une zone aussi petite que possible, en coupant le papier abrasif en carrés de 5 cm et en les pliant en étroites bandes.

Réparer les bords ébréchés

Les bords vulnérables de la faïence et de la porcelaine montrent souvent des ébréchures « en coquille », en particulier sur les assiettes décoratives ayant été montées sur des supports métalliques. Heureusement, ce type de dégât est facile à réparer, avec les mêmes pâtes que pour le rebouchage des raccords.

Récurez les bords ébréchés à l'eau chaude additionnée de lessive biologique (voir page 69). Pour faciliter l'adhérence de la pâte, enduisez la surface de l'ébréchure de colle époxy juste avant de la reboucher.

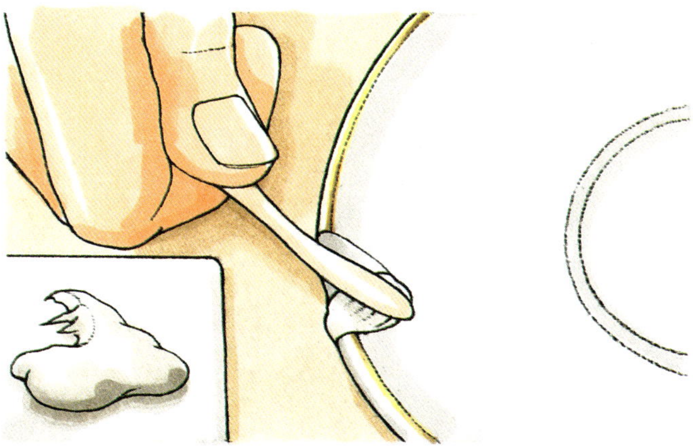

1 Application de la pâte
Comblez l'ébréchure avec la pâte, en la modelant à la forme requise avec un ébauchoir ou un doigt humecté.

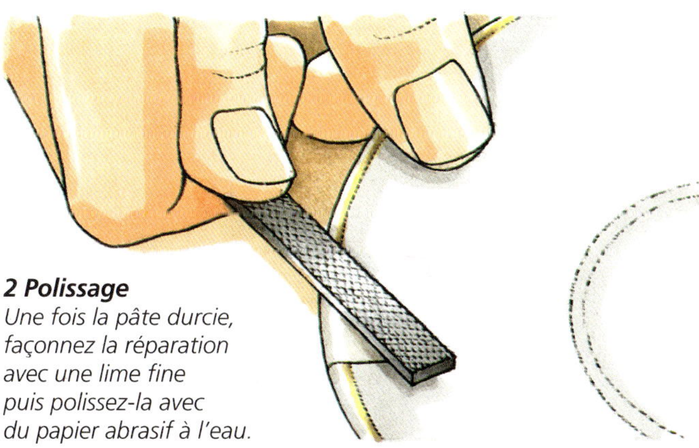

2 Polissage
Une fois la pâte durcie, façonnez la réparation avec une lime fine puis polissez-la avec du papier abrasif à l'eau.

MOULAGE À LA CIRE DENTAIRE

À défaut de pâte à modeler, vous pouvez utiliser des bandes de cire dentaire (disponibles dans les magasins spécialisés) pour faire des moulages simples (voir en haut à droite). Étendez de la vaseline sur la partie utilisée pour l'empreinte, puis pétrissez une bande de cire au-dessus d'une source de chaleur et appliquez-la sur le motif. Il vous faudra peut-être disposer une seconde bande de cire dentaire sur la première afin que le moulage soit suffisamment épais. Mettez le moulage en place et enduisez-le selon la technique ci-contre.

Moulage d'un bord cassé

Si une partie du bord s'est cassée, faites une empreinte sur une section intacte et utilisez-la comme moule pour reproduire la partie manquante. Si l'objet présente une décoration en relief, prenez l'empreinte sur le côté moulé du bord.

Il est difficile d'obtenir une réparation solide sur un bord très mince. En guise de précaution, effectuez le colmatage, mais avant de le poncer, détachez-le et recollez-le en place avec de la colle époxy, puis rebouchez le raccord.

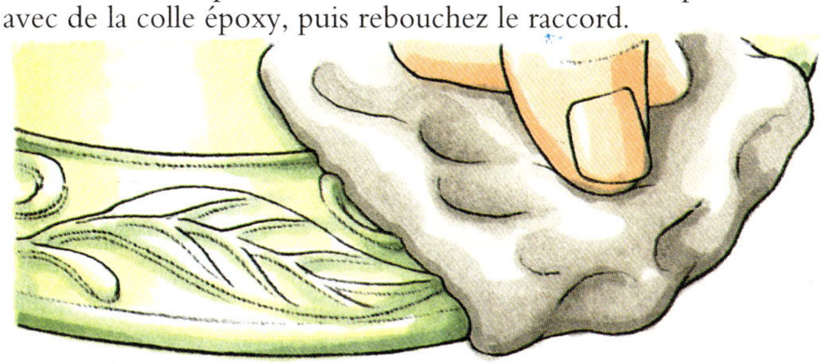

1 Prise de l'empreinte
Humectez la zone réservée à l'empreinte avec un coton. Appliquez un morceau de pâte à modeler de 10 à 15 mm d'épaisseur contre le bord.

2 Mise en place du moule
Détachez délicatement le moule en pâte en prenant soin de ne pas le déformer, et placez-le sur la partie abîmée. Pour le maintenir en place, repliez avec soin la pâte par-dessus le bord à chaque extrémité du moule.

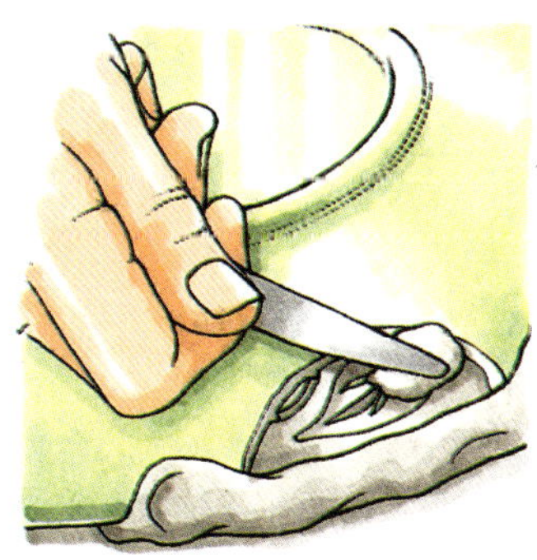

3 Colmatage du moule
Saupoudrez le moule de talc et insérez délicatement de la pâte époxy ou polyester dans le moule. Prenez soin de bien couvrir la face interne du moule avant de combler l'épaisseur de la partie manquante. Si nécessaire, laissez la première couche durcir avant de remplir à ras de la surface.

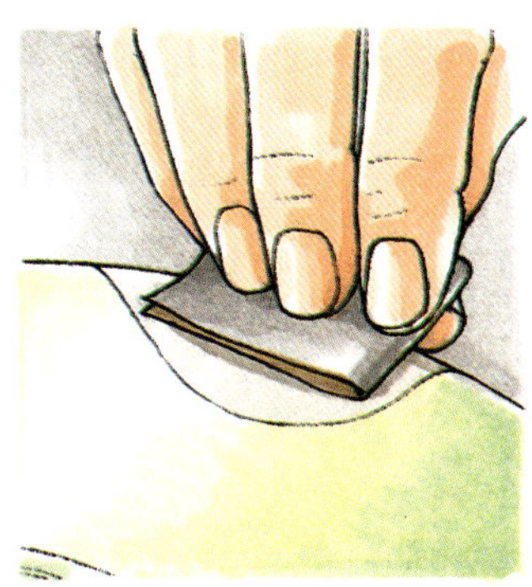

4 Lissage de la réparation
Essayez de copier les contours de la pièce aussi précisément que possible, en façonnant la pâte époxy avec un couteau humecté. Laissez l'enduit durcir toute la nuit. Détachez ensuite le moule et lissez la réparation avec du papier abrasif à l'eau. Si un côté de la réparation comporte une décoration en relief, vous devrez remodeler les détails avec de la pâte époxy.

REPEINDRE LA CÉRAMIQUE RÉPARÉE

La retouche des motifs abîmés et l'assortiment de la couleur de fond constituent certainement les aspects les plus difficiles de la restauration des objets en céramique. Il n'y a pas de méthode rapide : seuls la pratique et un œil exercé pourront donner un résultat satisfaisant. Toutefois, la tâche sera grandement facilitée par l'achat d'un matériel de qualité, surtout si votre budget vous permet d'acquérir un pistolet à peinture, idéal pour masquer les réparations et laisser une trace quasi invisible.

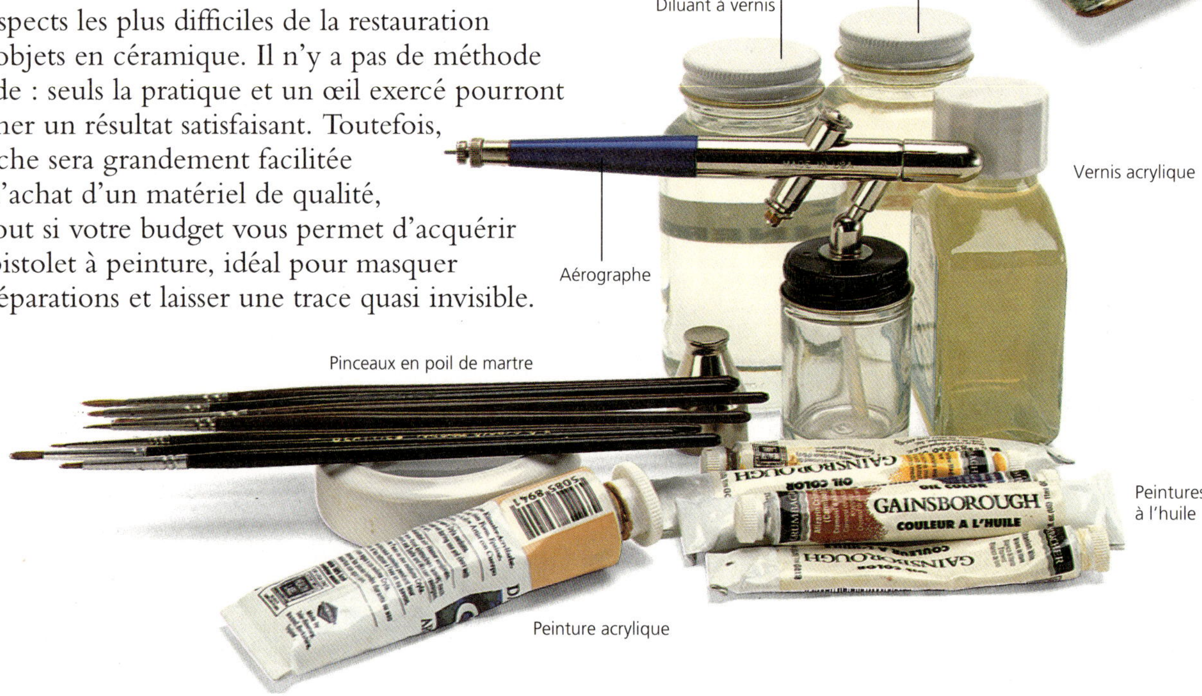

Matériel et fournitures

Il vous faudra deux ou trois pinceaux en poil de martre. Choisissez-les de bonne qualité et très pointus.

Un Aérographe est un pistolet miniature fonctionnant avec de l'air comprimé, fourni en aérosol ou en compresseur électrique. Les aérosols d'air comprimé sont moins chers à la base, mais l'achat d'un compresseur sera vite amorti si vous vous spécialisez dans la restauration de la céramique.

Utilisez de la peinture acrylique pour assortir la couleur de fond de la pièce à restaurer, ainsi qu'un vernis acrylique pour imiter le vernis d'origine. Ces peintures et ces vernis se dissolvent à l'eau.

Cependant, vous pouvez suivre l'exemple des professionnels, qui emploient un vernis à cuire spécial pour la céramique. Ce type de vernis durcit après avoir été chauffé dans un four ordinaire. La plupart des restaurateurs préfèrent les fours électriques, qui maintiennent une température adéquate, mais un four à gaz ou à combustible solide fera l'affaire. Pour colorer le fond, ajoutez de la peinture à l'huile au vernis à cuire transparent, et diluez le tout avec un diluant cellulosique ou un diluant spécial vendu avec le vernis. Résistez à la tentation d'acheter de la peinture bon marché : elle est susceptible de se décolorer après enfournage.

Si vous utilisez un Aérographe, il est impératif de travailler dans un atelier bien aéré, équipé d'un bon ventilateur. Il est également conseillé de porter un masque de protection. Quel que soit le matériel utilisé, éclairez votre table de travail avec une ampoule imitant la lumière du jour afin de faciliter l'assortiment des couleurs.

Peindre à la main

Restaurer la peinture et le vernis aux pinceaux, pour appliquer un médium transparent, présente l'avantage d'être peu coûteux et offre un moyen de contrôle appréciable pour les novices. Toutefois, ce dernier avantage est quelque peu illusoire, car la totale maîtrise d'un médium est rarement atteinte.

Les techniques décrites ici impliquent toutes l'utilisation de peintures et vernis acryliques séchant à l'air libre, mais l'on peut tout aussi bien appliquer à la main du vernis à cuire.

Assortir la couleur de fond

L'assortiment des couleurs est une tâche difficile, acquise seulement avec l'expérience. Même un fond apparemment blanc se distingue par sa coloration « froide » ou « chaude ». L'ajout d'une pointe de brun ou de jaune à la peinture blanche réchauffe légèrement la teinte ; le bleu, ou le vert, la refroidit.

1 Mélange et test de la couleur

La meilleure façon de retrouver la couleur de fond est d'utiliser un carreau ou une soucoupe blanche en guise de palette. Étalez un peu de couleur mélangée sur la céramique d'origine. Essuyez-la immédiatement avec un papier absorbant et continuez à ajuster la couleur jusqu'à ce qu'elle soit parfaitement assortie au fond.

2 Application de la peinture

Peignez la partie rebouchée, en travaillant du centre vers les bords. Évitez d'appliquer la peinture en couche trop épaisse, mais veillez néanmoins à ce qu'elle couvre suffisamment pour éviter une seconde couche. Les coups de pinceau hésitants risquent de former des traces permanentes dans la peinture séchée.

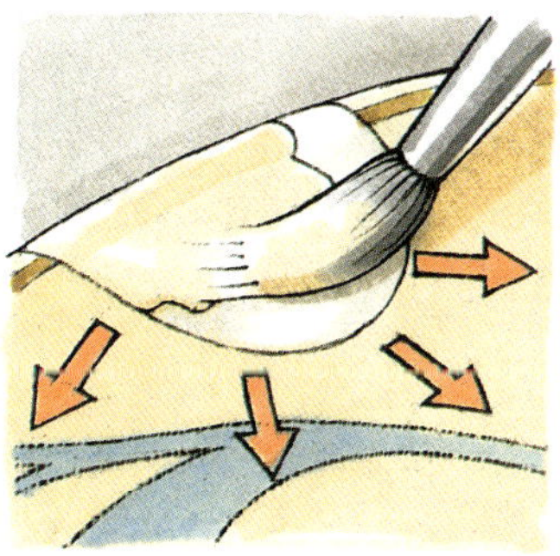

3 Finition en dégradé

L'objectif est de ne couvrir que la partie rebouchée en évitant, autant que possible, de peindre les surfaces non endommagées. Quand vous approchez du périmètre de la réparation, lavez le pinceau et séchez-le, en laissant la pointe en éventail. Avec de très légers coups de pinceau, tirez la peinture vers la surface vernie jusqu'à ce qu'il n'en reste plus sur le pinceau. Laissez sécher à l'abri de la poussière.

4 Ponçage

Si la nouvelle peinture se décolore en séchant, ou si la surface n'est pas parfaite, poncez-la légèrement avec du papier abrasif siliconé très fin (un abrasif gris couvert d'une fine poudre blanche, disponible dans les magasins). Appliquez ensuite une seconde couche dégradée de peinture.

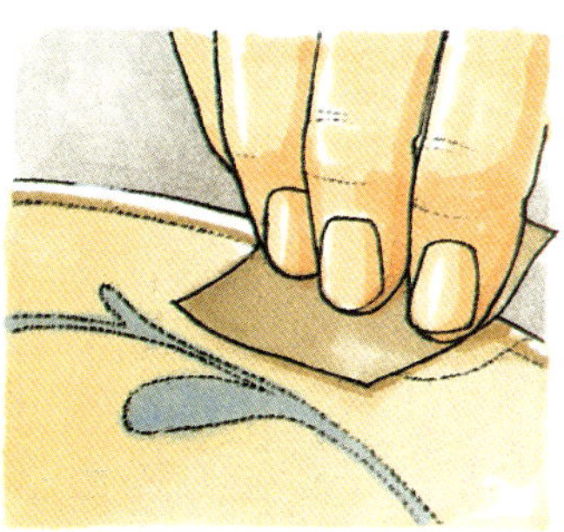

Réfection du motif manquant

Une fois que la couleur de fond vous satisfait, vous pouvez retoucher les dessins manquants. Servez-vous des motifs existants pour retrouver la couleur et la forme adéquates, et appliquez la peinture en suivant la description ci-contre et en dégradant les bords autant que possible. Si vous faites une erreur ou couvrez trop la peinture d'origine, ôtez aussitôt la peinture avec la pointe d'un pinceau propre ou un pique-cocktail en bois humecté d'eau.

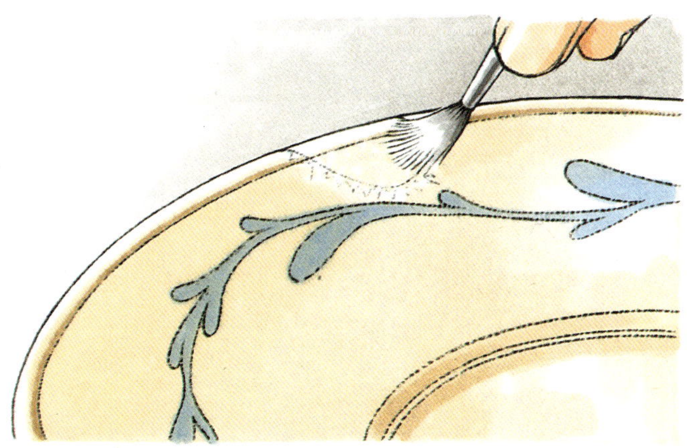

Application du vernis transparent

Quand la peinture est sèche, passez une couche de vernis acrylique transparent et dégradez les bords comme pour la couleur de base. Il est très important de protéger le vernis de la poussière ; sinon, laissez-le durcir, puis poncez-le et appliquez une nouvelle couche.

UTILISER UN AÉROGRAPHE

Un Aérographe à simple action est doté d'un bouton qui libère l'arrivée d'air, tandis qu'un contrôle séparé (généralement monté à l'arrière du manche) règle la quantité de couleur envoyée vers la buse. Son emploi est relativement facile : une fois que vous avez réglé le contrôle du liquide, vous pouvez vous concentrer sur la projection précise de la peinture.

Sur un Aérographe à double action, le jet d'air et le débit de peinture sont contrôlés par un seul levier. Plus polyvalent, il est aussi plus difficile à maîtriser. Quel que soit le type d'Aérographe que vous décidez d'acheter, vérifiez bien qu'il est muni d'un embout et d'une aiguille capable de pulvériser de la peinture relativement épaisse.

Les restaurations usuelles ne nécessitant que très peu de peinture ou de vernis, un pistolet muni d'un godet latéral ou réservoir à peinture devrait suffire. Les techniques décrites utilisent du vernis à cuire mélangé à de la peinture à l'huile.

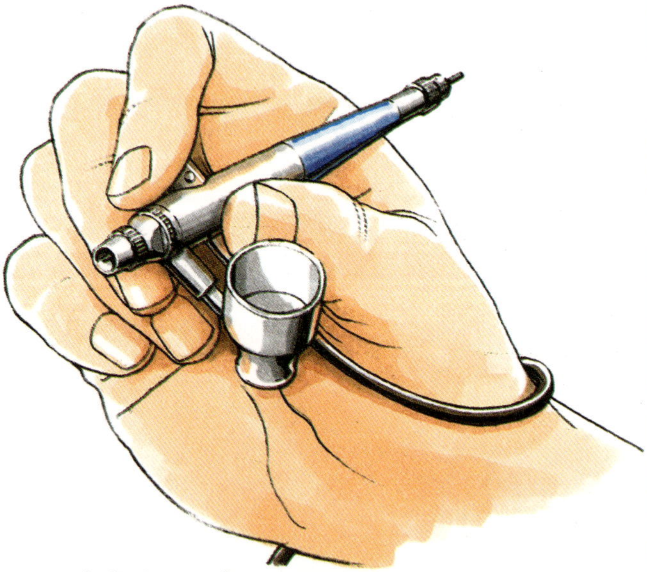

Tenue de l'Aérographe
Tenez l'Aérographe comme s'il s'agissait d'un stylo, en posant légèrement la première phalange de l'index sur le levier. Enroulez le tube à air autour de votre poignet.

1 Mélange de la peinture
Mélangez le vernis dans le réservoir de l'Aérographe, puis appliquez de petites pointes de couleur sur la céramique avec un pinceau fin, jusqu'à ce que vous trouviez la couleur voulue (voir page 77). Mélangez 50 % de vernis et de diluant, puis ajoutez progressivement la peinture à l'huile.

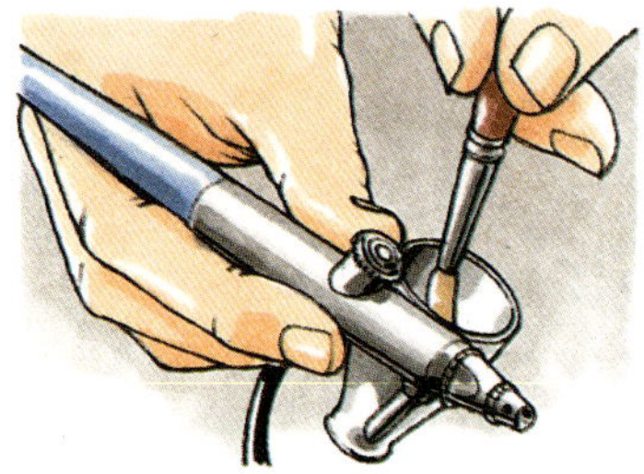

2 Masquage de l'enduit
Un Aérographe n'appliquant que de très fines couches, commencez par pulvériser les parties réparées avec du vernis blanc pur afin de rehausser les défauts qui pourraient nécessiter d'être rebouchés et poncés. En maintenant le bout de l'Aérographe près du travail, pulvérisez une étroite ligne de vernis le long de chaque raccord rebouché. Éliminez l'excédent de vernis sur les motifs peints avec un pinceau propre imbibé de diluant.

3 Application de la peinture de fond
Passez la pièce ainsi peinte 45 minutes au four chauffé à 100 °C, puis retirez-la et laissez-la refroidir. Continuez les réparations, cette fois-ci avec du vernis assorti à la couleur de fond. Remettez la pièce au four pendant 45 minutes.

4 Retouche du motif
Retouchez les parties de couleur dégradée à l'Aérographe, ou bien mélangez de la peinture à l'huile au vernis, et recopiez les motifs à la main avec un pinceau. Enfournez la pièce 45 minutes.

5 Application de vernis transparent
Appliquez avec l'Aérographe une couche de vernis transparent. Pour imiter un vernis mat, ajoutez une pincée de tripoli (une poudre blanche très fine disponible en droguerie) au vernis à cuire. Il est impératif de chauffer la dernière couche de vernis pendant une bonne heure.

Effets spéciaux

Quelle que soit la qualité de la réparation, les parties fraîchement repeintes font parfois un peu trop « nettes » pour se fondre dans le motif général d'une céramique ancienne. Une solution consiste à teinter le vernis transparent final avec une infime touche de peinture à l'huile, afin de lui donner un aspect patiné, mais cela n'est pas toujours suffisant.

Reproduction d'une finition craquelée
L'émail d'un grand nombre de porcelaines et de faïences anciennes est craquelé, soit délibérément au moment de la manufacture, soit par l'action du temps. Recopiez le motif des craquelures sur la céramique colorée avant d'appliquer le vernis protecteur. Il est essentiel d'avoir la main sûre ainsi qu'un crayon bien affûté ou un pinceau extrafin chargé de peinture ou de vernis dilué.

Reproduction des vernis spéciaux
Les glaçures métallisées sont réputées très difficiles à imiter, et il est parfois plus facile de se contenter d'un effet approximatif plutôt que de tenter une finition parfaite. Il suffit, dans ce cas, de pulvériser la couleur de fond du vernis d'origine sur la réparation (marron foncé ou gris, par exemple) puis, une fois sec, de passer un vernis transparent additionné de poudres métalliques *(voir page ci-contre).* *Vous pouvez employer la même technique pour réparer une céramique de couleur foncée décorée d'un vernis blanc transparent. Commencez par couvrir la réparation d'une couleur foncée, puis appliquez une fine couche de vernis blanc qui laissera apparaître le fond coloré.*

RESTAURER LA DORURE

Beaucoup de pièces anciennes sont décorées à la peinture dorée, voire à la feuille d'or. Cette dernière ne figure généralement que sur les articles les plus précieux, qui doivent être restaurés par un expert. Les objets de moindre valeur peuvent être retouchés avec du vernis à dorer. Vous pouvez également acheter des poudres d'or et de bronze, vendues en plusieurs teintes, à mélanger à de la térébenthine ou du vernis à cuire dilué.

Dorure d'un bord
Les bols, tasses et soucoupes anciens sont souvent ornés de bords dorés, qu'il faut retoucher après une réparation. Au lieu d'essayer de peindre une ligne droite selon la méthode conventionnelle, posez votre bras sur un support, comme un livre épais, et faites tourner la pièce contre la pointe du pinceau.

UTILISER ET EXPOSER LA PORCELAINE

Peu sensible aux effets de l'humidité et de la poussière, la porcelaine ancienne craint la pollution atmosphérique, qui risque de noircir les œuvres peintes exposées ; ces traces s'enlèvent facilement en frottant la pièce avec un tampon à récurer en plastique imbibé d'eau.

La chaleur ou les lavages fréquents tendent à décolorer les retouches et à décoller les jointures. Les anses recollées sont particulièrement vulnérables. La graisse des aliments et des sauces pénètre et tache la céramique si le vernis est craquelé. Aussi, la majorité des articles réparés n'ont d'autre destiné que celle d'être mis dans une vitrine. Sinon, lavez et stérilisez toujours les objets anciens avant de les utiliser à nouveau, mais ne les mettez jamais dans un lave-vaisselle.

Vitrines
La meilleure façon d'exposer la céramique ancienne est probablement de la mettre sous vitrine. Là, les pièces sont pratiquement à l'abri de la poussière et des manipulations maladroites. Moderne ou ancien, le style de la vitrine reste une question de goût personnel, mais sachez que l'on trouve des meubles anciens à des prix très raisonnables. Les tablettes de verre présentent l'avantage de laisser passer plus de lumière, et l'on trouve même des vitrines dotées d'un dispositif d'éclairage artificiel. Vérifiez que le meuble repose solidement au sol ; sachez enfin qu'un parquet à pose flottante suffit à faire vibrer une collection entière.

Vitrine en bois plaqué de style Art déco

Étagères

Les étagères – la meilleure option pour une importante collection – permettent d'exposer les porcelaines sans l'inconvénient des reflets du verre des vitrines. Toutefois, il faut procéder régulièrement à leur dépoussiérage. Choisissez ou fabriquez des étagères dotées d'un sillon longitudinal pour retenir le bord inférieur des assiettes, ou bien clouez un étroit tasseau de bois sur l'étagère.

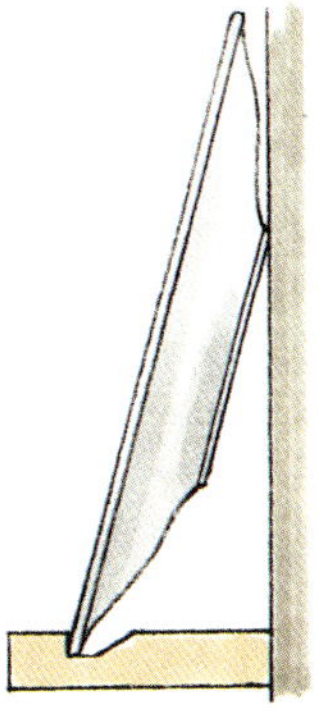

Présentoirs et suspensions

Pour exposer des assiettes, tasses ou soucoupes individuelles, recourez à des présentoirs en métal plastifié ou en plastique moulé. Les suspensions métalliques à ressort sont idéales pour exposer des assiettes au mur, là où vous ne pouvez installer ni vitrine ni étagère. Pour ne pas abîmer vos pièces, fixez les crochets avec précaution et glissez du carton fin entre le dos de l'assiette et les ressorts, afin de les empêcher de frotter la base.

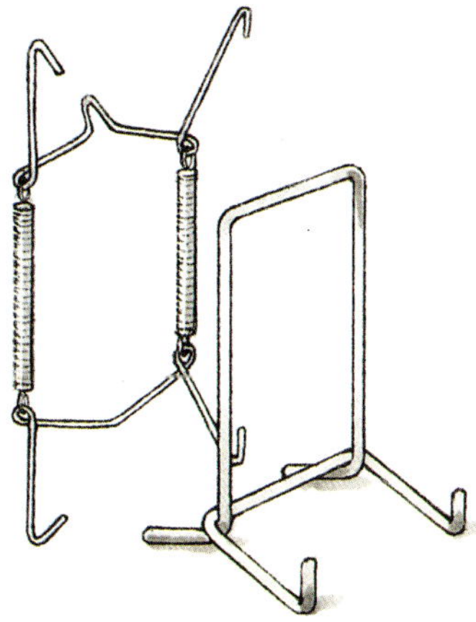

Les vieux vaisseliers se prêtent parfaitement à l'exposition des céramiques

Décorez d'assiettes et de plats vos espaces muraux inaccessibles

UN MATÉRIAU DURABLE

Bien que très cassant, le verre est un matériau solide et durable, insensible aux changements atmosphériques, à l'exception de conditions d'humidité, de lumière ou de chaleur extrêmes. En conséquence, la verrerie qui nous est parvenue est encore souvent en excellent état. Si elle a survécu, elle n'a que très rarement besoin de restauration.

Si le verre à remettre en état est donc plutôt rare, c'est également dû au fait qu'il n'y a pas grand-chose à faire pour le réparer, même par les soins d'un expert. Hormis les artisans qui restaurent les vitraux et le verre cathédrale, il existe peu de professionnels qui pratiquent cette spécialité. Si vous possédez de très anciennes et précieuses pièces en mauvais état, adressez-vous à un restaurateur de céramique, qui devrait également être rompu à la réparation du verre.

VERRERIE

Le verre est devenu un matériau tellement courant et peu coûteux de nos jours, que nous avons tendance à oublier que l'homme l'utilise depuis des milliers d'années pour façonner une gamme particulièrement impressionnante d'objets décoratifs et utilitaires.

Le verre s'obtient par la fusion de la silice, que l'on trouve sous forme de sable, de silex ou de quartz, avec un flux, tel que la potasse, la soude ou le plomb, à haute température. L'ajout de divers oxydes au mélange produit du verre coloré.

Pendant qu'il est fondu, le verre peut être extrudé, soufflé, moulé ou laminé afin de créer une infinité de formes. Une fois refroidi, il est souvent embelli par le biais de la taille, de la gravure, de la gravure à l'acide, du sablage, de l'émaillage ou de la dorure.

NETTOYER LE VERRE

À l'exception du verre ancien, « archéologique », on peut généralement laver le verre à l'eau sans crainte de l'endommager.

Toutefois, examinez les pièces émaillées pour vous assurer que la décoration est étanche et sans écaillure, et n'immergez pas les bouteilles de verre ou autres récipients encore dotés de leur étiquette en papier. De même, ne trempez pas de verre montrant des signes de restauration antérieure, au cas où la colle ou la peinture utilisées ne résisteraient pas à l'eau.

Lavez la verrerie ancienne à la main – jamais dans un lave-vaisselle – et, à l'aide d'un pinceau doux, dépoussiérez chaque pièce avant de la laver.

1 Lavage à la main
Remplissez une cuvette en plastique d'eau tiède additionnée de lessive en poudre biologique. Pour éviter tout risque de choc contre le robinet, posez la cuvette sur un plan de travail. Lavez chaque pièce séparément, en la nettoyant avec un chiffon doux et en utilisant un pinceau pour retirer la saleté des parties gravées ou ciselées. Si vous lavez des bouteilles anciennes, il vous faudra probablement un goupillon pour nettoyer l'intérieur.

2 Trempage du verre
Laissez tremper les pièces très sales pendant 2 heures. Le verre étant parfois difficile à voir dans l'eau, étendez un torchon sur la cuvette et, à proximité, laissez une note qui en indique le contenu.

3 Rinçage à l'eau tiède
Rincez dans une cuvette d'eau claire tiède. Ajoutez quelques gouttes d'alcool à brûler à l'eau pour donner un bel éclat au verre.

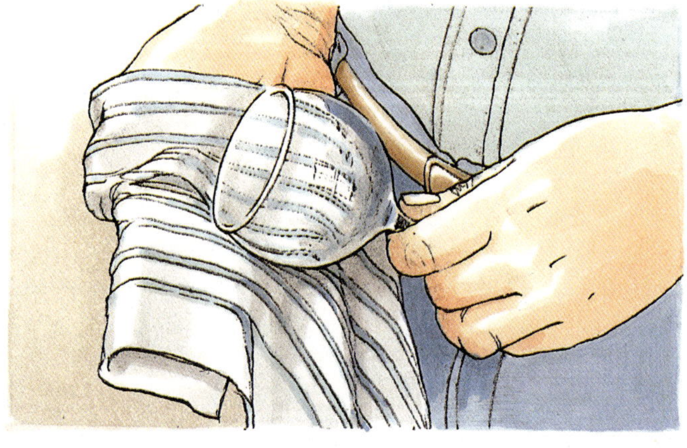

4 Séchage du verre
Séchez soigneusement chaque pièce avec un torchon doux. N'essuyez pas les verres à boire en les tournant, car vous risqueriez d'en casser les bords ; séchez-les de bas en haut.

Sécher les carafes

Veillez impérativement à ce qu'il ne reste pas d'eau à l'intérieur d'une carafe à bouchon, car elle opacifierait le verre. Après avoir essuyé l'extérieur avec un torchon, laissez sécher naturellement la carafe tête en bas dans un seau en plastique. Séchez le bouchon séparément.

Éliminer les taches

En règle générale, le verre est affecté par deux types de tache : l'opacité blanche associée à l'humidité et aux dépôts calcaires, et les taches laissées par le contenu (comme le vin rouge).

Pour éliminer les marques blanches, laissez tremper l'objet toute la nuit dans un produit nettoyant pour dentier, puis rincez et séchez soigneusement.

Couvrez une tache de vin rouge avec du vinaigre blanc et laissez reposer 24 heures ; puis lavez, rincez et séchez.

Si le verre est rayé, aucun de ces traitements ne vous donnera un bon résultat.

Laver les flacons à parfum

Bien que la plupart des collectionneurs gardent les flacons anciens dans un but purement décoratif, d'autres préfèrent leur redonner leur usage d'origine. Avant de remplir à nouveau un vieux flacon, éliminez l'odeur de parfum en le remplissant d'alcool à brûler et en le laissant agir une heure environ.

Continuez à le remplir d'alcool frais jusqu'à ce que l'odeur disparaisse, puis lavez le flacon à l'eau savonneuse et rincez-le soigneusement. Séchez les flacons avec soin ; si nécessaire, séchez l'intérieur avec un sèche-cheveux réglé au minimum.

Nettoyer le verre au tampon

Pour laver une verrerie qui ne peut être trempée dans l'eau, frottez la surface avec un tampon de coton imbibé d'eau chaude additionnée de lessive biologique. Lavez les objets de grande taille de haut en bas, pour éviter de laisser des traînées sur le verre. Rincez en tamponnant à l'eau froide, puis séchez avec un torchon propre. Enfin, lustrez le verre avec un chiffon humecté d'alcool à brûler.

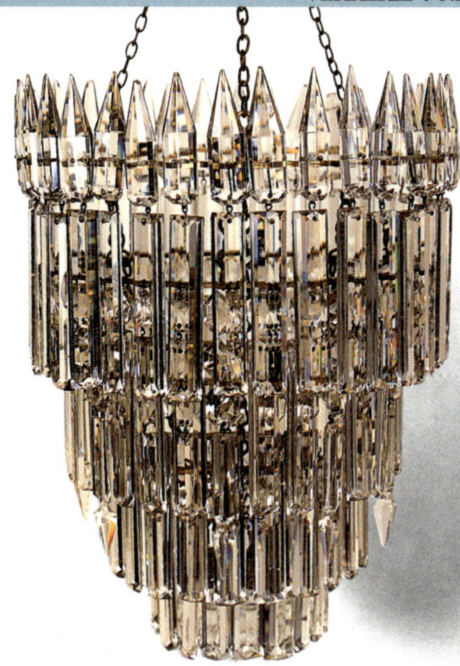

Laver les lustres

En général, les lustres se composent de petites pendeloques de verre qui réfléchissent la lumière dans toutes les directions. Couvertes de dépôts gras, de nicotine ou de poussière, les pendeloques perdent leur éclat et doivent être lavées. Il est recommandé de confier le nettoyage d'un grand lustre à un spécialiste, mais vous pouvez entreprendre vous-même le lavage de chandeliers ou de lampes ornées de pendeloques.

Une fois la pièce démontée, lavez les pendeloques dans une cuvette d'eau savonneuse tiède, en ayant retiré les attaches métalliques avant de l'immerger, ou alors en les séchant très soigneusement pour éviter qu'elles ne rouillent.

Vous pouvez aussi nettoyer les pendeloques avec du coton (voir en bas à gauche) et les lustrer à l'alcool à brûler.

Nettoyer l'émail

L'émail résulte du mélange de verre coloré fondu avec une base métallique. Parmi ses nombreuses applications, l'émail sert à faire des bijoux, des boutons et de petites boîtes très décoratives. L'émail ébréché ou fêlé laissera l'eau pénétrer, ce qui entraînera la corrosion du métal et l'écaillage des émaux. Aussi est-il préférable de nettoyer les objets émaillés en les dépoussiérant avec une brosse douce et de les dégraisser avec un coton imbibé d'acétone.

Réparer le verre

Quand un verre ancien est fêlé ou cassé, il ne pourra plus être utilisé en toute sécurité. Pour éviter tout accident, et pour le préserver, il est préférable de stabiliser la fêlure ou de recoller un éclat dès que possible.

N'essayez pas de restaurer du verre précieux vous-même ; enveloppez-le soigneusement et portez-le chez un restaurateur.

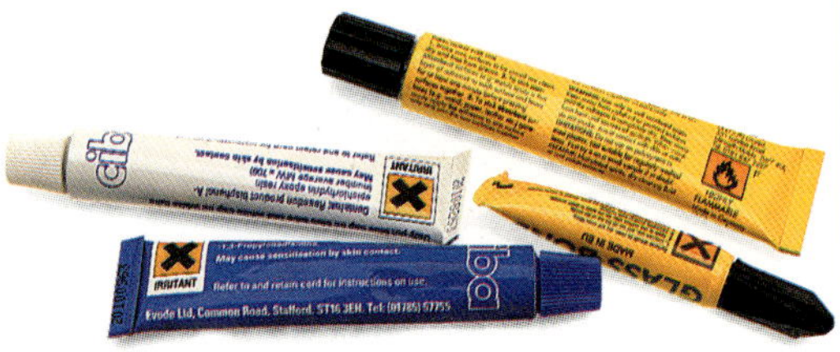

COLLES POUR VERRE

La plupart des verreries étant translucides, il est difficile d'effectuer un recollage invisible. Le restaurateur tentera néanmoins de faire une réparation aussi nette que possible, afin de pouvoir exposer l'objet en vitrine. Il est un peu plus facile de faire une réparation discrète sur du verre opaque ou de couleur foncée, mais, comme il est difficile de combler les jointures de façon satisfaisante, vous aurez quand même une ligne de collage relativement visible, de près. Ne laissez pas la colle s'étaler sur la surface d'un verre gravé, une tache brillante se formerait en séchant. Prenez garde quand vous recollez des tessons de verre : ils sont extrêmement coupants.

Résine UV

Cette colle spécial verre, parfaitement transparente, s'achète dans toutes les bonnes miroiteries. Exposée aux ultraviolets de la lumière du jour, elle sèche rapidement : au bout de 10 secondes en plein soleil ou au bout de 2 minutes par temps nuageux. Les lampes à incandescence n'affectant pas la colle, l'idéal est de travailler sous lumière artificielle devant une fenêtre avec les rideaux fermés ; puis, une fois que vous avez terminé le recollage, ouvrez les rideaux pour exposer la colle à la lumière du jour. Ce produit ne colle ni le verre coloré ni le verre feuilleté.

Colle époxy

Pour les verres opaques ou de couleur foncée, utilisez plutôt de la colle époxy à deux composants (voir page 72). Avant de mélanger la colle, réchauffez les deux tubes sur un radiateur afin de liquéfier leur contenu. Ou bien utilisez de la colle époxy liquide, translucide, mais plus difficile à trouver.

Colle polyvalente

Vous pouvez également recoller le verre avec de la colle polyvalente transparente (à ne pas confondre avec la colle cyanoacrylate), mais la réparation ne sera pas aussi solide.

Réparer le verre fêlé

Le verre fêlé ne se remarque que parce que l'air emprisonné à l'intérieur de la fêlure laisse une trace argentée. Si vous parvenez à exclure l'air, la fêlure sera quasiment invisible.

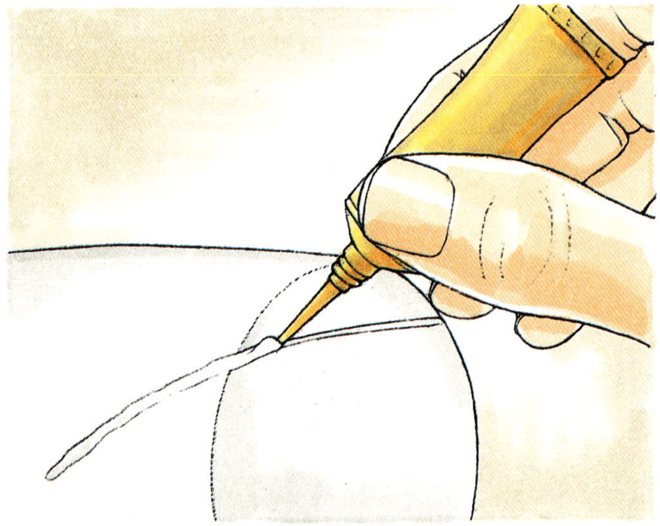

Déposez un mince filet de colle anaérobie le long de la fêlure, puis soufflez dessus pour la faire pénétrer et chasser l'air. Essuyez l'excédent de colle à la surface du verre avec un chiffon imbibé d'acétone. Faites durcir la colle à la lumière du jour, puis grattez l'excédent en passant une lame de couteau le long de la fêlure.

Assembler le verre cassé

Avant de recoller les tessons, nettoyez soigneusement les bords cassés à l'aide d'un Coton-Tige imbibé d'acétone.

1 Application de la colle

Vérifiez qu'il ne reste pas de fibres de coton collées au verre, puis appliquez un peu de colle anaérobie sur un des bords cassés. Assemblez les deux morceaux en leur imprimant un mouvement de va-et-vient pour exclure l'air et obtenir un emboîtement parfait. Consolidez la réparation avec du ruban adhésif transparent et, si nécessaire, chassez l'air de la jointure selon la méthode décrite ci-dessus.

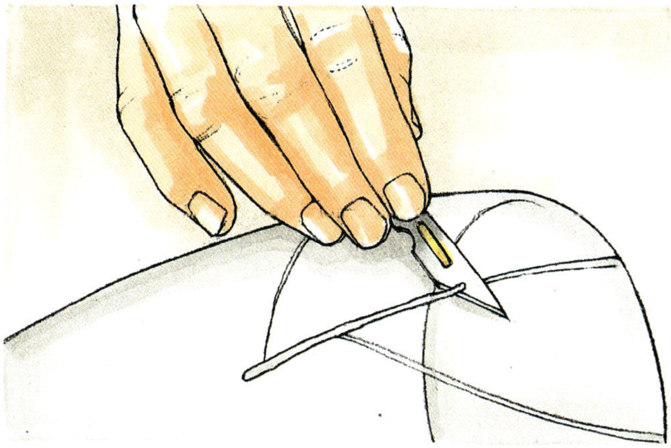

2 Nettoyage
Exposez la colle à la lumière du jour. Quand elle a durci, raclez les résidus avec un cutter et éliminez les traces à l'acétone.

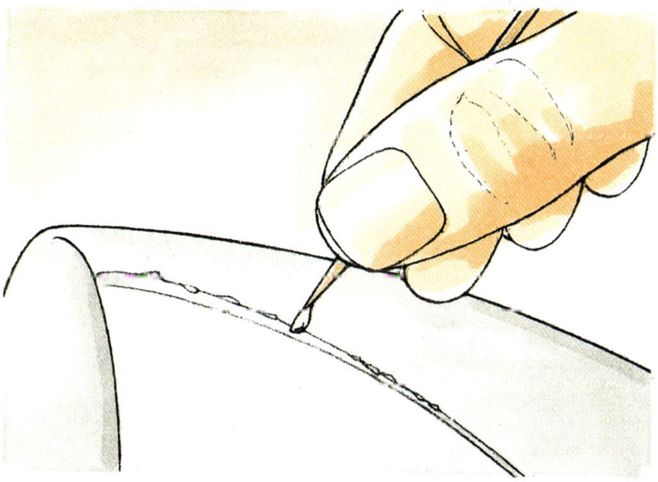

3 Rebouchage des petites ébréchures
Le verre se casse rarement de façon nette et laisse plutôt des petits trous ou ébréchures le long du raccord. Une réparation invisible est impossible, mais l'aspect d'un raccord sera amélioré par l'application d'une toute petite goutte de colle anaérobie dans chaque trou. Étendez du ruban adhésif transparent sur la réparation et frottez-le avec le doigt. Laissez prendre la colle, puis retirez délicatement le ruban adhésif et grattez la colle durcie au ras du verre. Lustrez la réparation avec un produit d'entretien pour le chrome.

Recoller un pied de verre à vin

Le recollage d'un verre à pied n'est pas chose facile. La réussite ou l'échec dépendra en grande partie de la forme des bords cassés et de leur emboîtement ; celui-ci peut être rendu difficile par l'ajout de colle sur la jointure. Même si la réparation est parfaitement réussie, n'utilisez plus le verre pour boire.

Soutien du verre réparé
Posez le verre tête en bas et effectuez la réparation avec de la colle anaérobie. Soutenez la base du verre avec de la pâte à modeler et exposez la colle à la lumière du jour.

Déloger un bouchon de verre
Quoi qu'il ne s'agisse pas exactement d'une réparation, les collectionneurs sont parfois confrontés au problème d'un bouchon coincé dans une carafe ou un flacon à parfum. Cela se produit quand la pièce a été rangée avec son bouchon, avant qu'elle ne soit complètement sèche. La solution consiste à appliquer un peu d'huile d'olive : versez l'huile en un mince filet autour du bord et laissez-la s'infiltrer entre le bouchon et le col de la carafe. Puis tournez délicatement le bouchon afin de le débloquer.

RESTAURER LES VITRAUX

Les vitraux sont des panneaux faits de petits morceaux de verre texturé ou coloré, maintenus en place par un réseau de plomb, ou résille. Les vitraux anciens constituent de véritables objets d'art, mais dès le début du XXe siècle, ils furent produits à si faible coût qu'ils figurèrent dans nombre d'habitations, souvent sous forme de panneaux colorés pour portes d'entrée ou fenêtres de salle de bains.

Les vitraux *in situ* méritent d'être conservés, surtout quand on sait qu'un grand nombre de fenêtres en verre coloré furent mises à la ferraille dans les années soixante et soixante-dix. Certains vitraux ont pu échapper à la casse et se sont retrouvés dans les mains d'antiquaires ou, plus souvent, au sein de sociétés de sauvetage architectural qui peuvent les installer chez vous.

Certains collectionneurs traitent des vitraux de petite taille comme de véritables œuvres d'art et les disposent devant une autre fenêtre pour les présenter à leur avantage.

Support d'un panneau
En maintenant le cadre posé sur le plan de travail, il vous faut soutenir le panneau de vitrail par-dessous. Sciez un morceau de contreplaqué ou d'aggloméré de même dimension que le vitrail, et couvrez-le de plusieurs épaisseurs de papier journal pour combler le vide.

Réparer les vitraux
Il est étonnant de constater combien même les vitraux les plus endommagés peuvent bénéficier d'une restauration tout à fait satisfaisante. C'est un travail relativement difficile, et toute intervention à grande échelle impliquant la soudure ou le remplacement des plombs, ainsi que l'assortiment et la taille du verre, devra être laissée aux mains d'un expert. Il existe des restaurateurs professionnels qui feront ce travail pour vous, à des prix très raisonnables.

S'il est vivement recommandé de consulter un spécialiste avant de s'embarquer dans un travail important, pour les panneaux accessibles et pas trop fragiles, vous pouvez envisager de les nettoyer et peut-être de recoller les morceaux de verre vous-même, pour éviter qu'ils ne bougent.

Travailler à plat
Même les vitraux en bon état s'abîment facilement, et il vous faudra les manipuler avec soin. Si vous appuyez au centre du panneau, par exemple, cela déformera le plomb et gauchira le vitrail, et, si la plombure est en mauvais état, de petits morceaux de verre peuvent s'en détacher. En conséquence, il est préférable de retirer tout le panneau d'une fenêtre à guillotine ou d'enlever une fenêtre à battant de ses gonds pour pouvoir l'étendre à plat et travailler sur les deux côtés du panneau. Dans le cas d'une porte fixe, vous n'avez pas d'autre choix que de travailler *in situ*, mais, au moins, vous aurez accès aux deux faces. Veillez simplement à ne pas exercer trop de pression sur la plombure.

Nettoyer les vitraux

Le nettoyage des vitraux constitue un travail laborieux et il est souvent omis. La poussière a tendance à s'accumuler autour des morceaux de verre et le plomb se couvre de dépôts poudreux blancs.

1 Nettoyage du verre et du plomb

À moins que le verre ne soit gravé, lavez les barres de plomb avec un chiffon savonneux, puis essuyez-les avec un chiffon propre. Lavez ensuite le verre à l'eau savonneuse tiède. Dans le cas d'un vitrail fixe, lavez-le de bas en haut afin d'éviter les coulures d'eau sale.

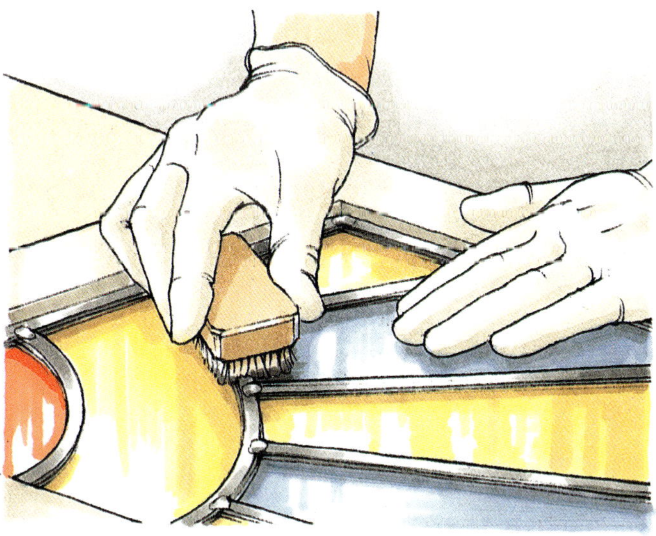

2 Coloration du plomb

Avec une brosse chargée d'une petite quantité de pâte noire graphitée, foncez la couleur du plomb en frottant les barres de manière transversale (pas dans la longueur). Si le verre est propre, et même s'il est peint, le noir n'y adhérera pas. Quand le verre n'est pas tout à fait propre, essuyez les traces de noir avec un chiffon imbibé de white-spirit.

Jointoyer les carreaux détachés

Le mastic utilisé pour faire tenir les carreaux de verre dans la plombure devient cassant avec l'âge et tend à se desceller. Sa restauration permettra de consolider un panneau de vitrail et d'éviter que le verre ne joue.

1 Préparation du mastic

Inutile d'acheter un mastic spécial : écrasez du mastic de vitrier ordinaire entre deux feuilles de papier journal afin d'absorber une partie de l'huile, et pétrissez-le jusqu'à ce qu'il soit assez rigide. Incorporez-y de la pâte noire graphitée pour obtenir un mastic gris foncé.

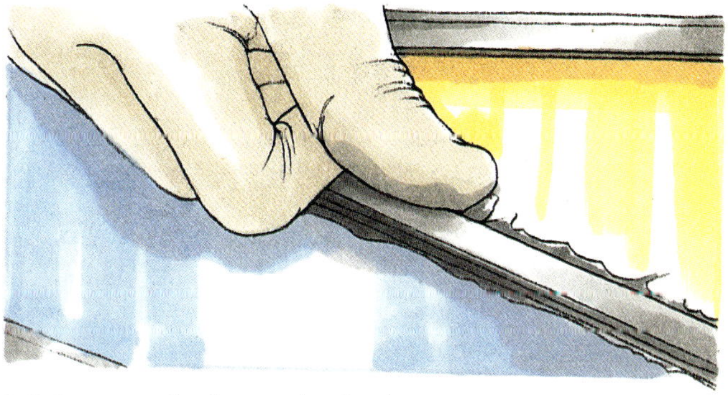

2 Colmatage des barres de plomb

Avec les pouces, introduisez du mastic sous les barres entourant les carreaux branlants. Veillez à combler les deux faces du vitrail.

3 Élimination de l'excédent de mastic

Affûtez une spatule en bois afin d'ôter l'excédent de mastic des bords du verre. Consolidez le mastic en le brossant contre les plombs à l'aide d'une brosse (voir ci-contre).

Utiliser la verrerie

Tant qu'elle n'est ni ébréchée ni fêlée, rien ne vous empêche d'utiliser une verrerie ancienne pour sa fonction d'origine. Le seul danger réside dans le dommage accidentel, en particulier au moment de nettoyer le verre après usage. Un lavage très soigneux à la main (page 84) réduira considérablement les risques de casse.

Rangement à long terme

Dans l'idéal, il est conseillé de ranger le verre ancien dans un meuble à tablettes étroites, de façon à pouvoir retirer chaque pièce sans déplacer les autres.

Ne prenez pas un verre par son bord : soutenez la partie arrondie d'une main et le pied de l'autre. Ne laissez pas les bouchons sur les carafes. Couvrez leur col avec du papier absorbant, tenu par un élastique, et rangez le bouchon séparément.

Une vitrine est idéale pour exposer la verrerie ancienne

L'exposition des verreries devant une source de lumière rehausse la richesse du verre coloré et le détail de la gravure

Exposer une collection de verres

En matière de protection, une vitrine est idéale pour exposer la verrerie ancienne ; mais, à moins qu'elle ne soit dotée d'un éclairage particulier, les verres gravés ou taillés n'y seront pas à leur avantage. Aussi, certains collectionneurs optent-ils pour une exposition à l'air libre. Quoi qu'il en soit, ne surchargez jamais les étagères, et ne suspendez pas de tableaux ou de miroirs lourds juste au-dessus.

Suspendre les miroirs

Les miroirs accrochés au mur peuvent être extrêmement lourds ; changez régulièrement la ficelle. Si le miroir est muni d'une chaîne, contrôlez son état et assurez-vous qu'elle est bien vissée à son dos.

Les ornements de cheminée à miroirs doivent reposer sur sa tablette tout en étant fixés au mur. Des fixations métalliques pour miroir sont généralement accrochées au cadre, près du bord supérieur. Si ces fixations manquent, examinez leurs traces au dos du miroir et tâchez de vous procurer des fixations appropriées.

Fixez les ornements de cheminée au mur avec des fixations pour miroir

Éclairage de fond

Exposer de la verrerie devant une source lumineuse rehausse la richesse du verre coloré et le détail de la gravure. Dans une vitrine, on peut installer un éclairage artificiel derrière un panneau translucide, mais la lumière du jour est une solution beaucoup plus économique.

Vous pouvez disposer votre verrerie sur un large rebord de fenêtre, à condition de ne pas avoir à vous pencher dessus pour ouvrir la fenêtre et de ne pas y laisser des rideaux flotter au vent. Une autre solution consiste à installer d'étroites tablettes en travers d'une vitre fixe ; si possible, choisissez des fenêtres ne recevant pas la lumière directe du soleil.

Les vitraux nécessitent également un bon éclairage de fond. Avant d'exposer un panneau, faites-le plomber tout autour par un spécialiste et demandez au restaurateur de souder de solides crochets sur le plomb, de façon à pouvoir le suspendre par des chaînes. Pour porter un panneau de vitrail, tenez-le verticalement avec les deux mains, jamais à plat.

Exposer des émaux

Pour protéger vos émaux de la poussière et de la pollution atmosphérique, mettez-les sous verre, mais pas à la lumière directe du soleil ni près d'autres sources de chaleur. Les changements de température peuvent faire bouger le support métallique, et ainsi écailler ou craqueler les émaux. Ne rangez pas vos pièces émaillées dans un endroit humide, car le métal pourrait rouiller.

Boutons émaillés du XIXe siècle, dans un présentoir vitré

LE CARACTÈRE DU BOIS

La patine est le résultat de divers effets et traitements subis par la surface du bois au bout d'un certain temps. Aux yeux d'un collectionneur, c'est un trait appréciable, car la patine due à l'âge est difficile à reproduire et représente donc une garantie d'authenticité. Elle est aussi très décorative.

La patine du bois varie selon les espèces. Certains bois foncent avec l'âge, d'autres s'éclaircissent. L'encrassement, les dégâts superficiels, les marques d'usure et l'absorption d'huile, de cire ou autres encaustiques contribuent tous au caractère du matériau. Il est donc important de préserver la patine et, si possible, de nettoyer et de réparer sans excès.

Avec la prise de conscience croissante vis-à-vis de la conservation, de nombreux bois exotiques d'importation sont aujourd'hui classés comme espèces en voie de disparition et deviennent de plus en plus difficiles à trouver. Plutôt que de vous débarrasser des objets en bois non réparables, en particulier s'ils sont faits de bois exotique, gardez-les pour l'utiliser à restaurer d'autres objets. La couleur du vieux bois s'avère mieux adaptée à la réparation d'articles anciens.

OBJETS EN BOIS

Il suffit de jeter un œil sur les meubles et objets en bois qui nous entourent pour constater et apprécier la variété des espèces indigènes et exotiques utilisées dans la fabrication artisanale ou industrielle d'objets décoratifs et fonctionnels. Le bois est un matériau noble, tellement polyvalent qu'il s'emploie pour faire toutes sortes d'objets, des plus simples, comme les boutons, jusqu'aux meubles les plus sophistiqués, tels que les secrétaires en marqueterie. Il est vrai que l'aspect et les propriétés du bois sont tellement divers qu'aucune pièce, même faite à partir du bois du même arbre, ne ressemble à une autre.

En dehors des meubles, les amateurs et les collectionneurs d'antiquités s'intéressent au bois sous forme d'objets divers, allant des horloges aux boîtes à thé, en passant par les coffrets à bijoux, les Gramophones, les échiquiers, les sculptures et les gravures, et même les outils anciens.

Si les pièces sont bien entretenues, il est fort probable qu'elles continueront à faire le bonheur des collectionneurs au cours des décennies à venir. Vous pourrez effectuer quelques travaux d'entretien vous-même, mais consultez un spécialiste pour toutes les pièces de valeur ayant besoin d'être restaurées ou réparées.

NETTOYER LE BOIS

Avec le temps, la poussière qui adhère à de la vieille encaustique peut former un film mat sur toute la surface, masquant ainsi la veine et la couleur du bois. Un nettoyage soigneux permettra de redonner au matériau sa beauté d'origine, sans endommager sa patine naturelle. Nettoyez les surfaces sans excès, et sans abrasif, pour ne pas rayer la finition. N'essayez pas d'éliminer les traces sombres des moulures et des parties gravées, car elles donnent son caractère au détail décoratif.

Nettoyer régulièrement

Les particules de poussière sont abrasives et doivent être éliminées régulièrement par un nettoyage léger. Dépoussiérez la surface du bois massif avec un chiffon doux, ou une brosse douce dans le cas d'un bois plaqué ou incrusté, ou si des moulures sont branlantes ou manquantes. Cirez de temps en temps.

Élimination de la saleté

Vous pouvez employer des nettoyants destinés à ôter la vieille encaustique, ou utiliser du white-spirit. Celui-ci s'emploie sans risque sur toutes les finitions, sans soulever les fibres ni nuire au placage. Appliquez le nettoyant avec un tampon de chiffon, en travaillant dans le sens des fibres. Essuyez le résidu avec un chiffon propre ou du papier absorbant humecté de white-spirit et séchez avec un chiffon doux. Terminez par une légère couche d'encaustique.

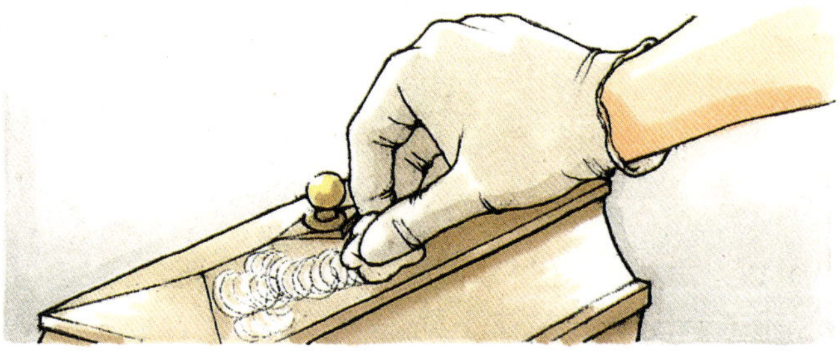

Lustrage

Après avoir nettoyé, vérifiez l'état du vernis. S'il paraît mat, mais en bon état, revitalisez-le avec une crème à polir style « popote », ou tout autre nettoyant légèrement abrasif pour carrosseries de voiture ou métaux. Appliquez le produit avec un chiffon doux en frottant bien la surface. Terminez par une mince couche de cire fine, qui protège le bois.

IDENTIFIER LA FINITION

Avant de raviver une vieille surface polie, il est nécessaire d'identifier le type de finition. Les produits traditionnels pour bois incluent l'huile, la cire, le vernis au tampon, la laque cellulosique, les vernis à base d'huile et, plus récemment, les vernis acryliques. La composition de la finition peut varier, surtout dans le cas des vernis modernes. Ceux-ci, toutefois, ne devraient pas figurer sur des pièces antiques, à moins qu'elles n'aient été revernies récemment.

La cire, le vernis au tampon, la laque cellulosique et le vernis acrylique peuvent disparaître avec un solvant approprié. Le white-spirit dissout la cire ; l'alcool à brûler et l'acétone, le vernis au tampon ; l'acétone et les diluants cellulosiques, la laque cellulosique et le vernis acrylique. Les produits à base d'huile sont irréversibles et requièrent l'application d'un décapant chimique.

Pour vérifier quel produit de finition a été employé, appliquez chaque solvant les uns après les autres avec un chiffon blanc (faites le test sur une partie non visible de la surface). Le produit dissous laissera une marque révélatrice sur le chiffon.

Entretenir le bois

Pour éviter les effets dévastateurs du soleil sur le bois, déplacez les objets installés près d'une fenêtre. Si possible, évitez de les exposer à la lumière directe du soleil.

Éloignez les articles en bois des radiateurs, car le chauffage central dessèche le bois et entraîne des problèmes de retrait. Utilisez des sets de table et des dessous de verre pour protéger les dessus de table polis, en particulier ceux vernis au tampon, avec des plats chauds ou des verres renversés. Essuyez immédiatement tout liquide renversé.

Réparez les fixations usées, comme les charnières ou les roulettes, avant que les dégâts ne s'étendent.

Inspectez les pièces anciennes récemment achetées pour déceler d'éventuels signes de vermoulure, et ne pas infester vos autres meubles. Le cas échéant, traitez à l'insecticide.

ÉLIMINER LES TRACES SUPERFICIELLES

Le bois est un matériau poreux qui absorbe la saleté et la graisse s'il n'est pas protégé. Toutefois, même les finitions traditionnelles n'échappent pas aux taches d'eau, d'alcool ou d'encre. La chaleur peut aussi marquer le bois verni.

La plupart des traces superficielles seront aisément traitées, d'autres nécessiteront un décapage et une nouvelle finition. Parfois, certaines marques font parties de l'effet de patine, mais, si elles sont inesthétiques, mieux vaut les éliminer.

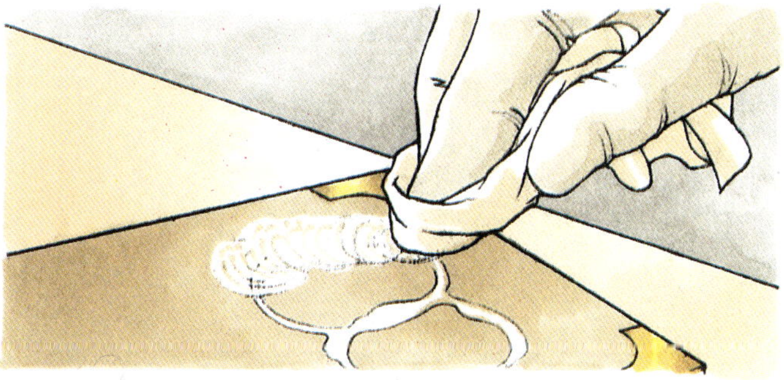

Élimination des traces blanches

Les traces blanches, généralement en forme de ronds pleins ou évidés, tachent souvent les finitions non pénétrantes telles que le vernis au tampon. Ces marques sont dues à l'eau ou à un plat chaud directement posé sur le bois. Éliminez les cercles blancs qui en résultent en les frottant doucement avec un chiffon doux imbibé de détachant. Prenez soin de ne pas endommager la finition, ce qui vous obligerait à la refaire partiellement.

Élimination des taches incrustées

L'alcool renversé ou les solvants cosmétiques peuvent laisser des taches qui s'incrustent dans le vernis au contact de la surface polie. Essayez de masquer les dégâts en traitant avec un détachant. Une autre solution consiste à retravailler la finition avec un tampon humecté du solvant approprié, afin d'aplanir la surface abîmée. Si cela ne suffit pas, il vous faudra refaire la finition. Éliminez soigneusement le vernis avec du solvant, en formant une marque irrégulière, puis laissez sécher. Appliquez le vernis au pinceau sur la tache et laissez durcir. Poncez avec du papier abrasif extrafin et terminez par une crème à polir.

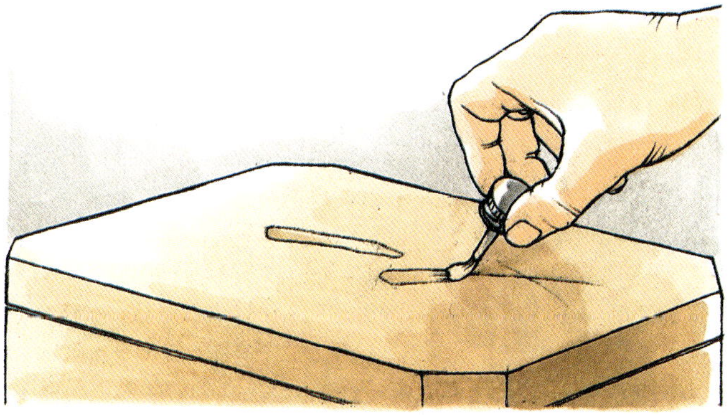

Traitement des éraflures

Marques du temps, les vieilles éraflures confèrent du caractère à une pièce. Les fines rayures qui ternissent le vernis s'estompent avec un nettoyant légèrement abrasif appliqué au chiffon doux, ou se dissimulent avec un liquide à retouche. En ce cas, appliquez-le généreusement sur les parties rayées et laissez sécher 1 heure environ, puis ôtez l'excédent et lustrez au chiffon doux.

Rebouchage à la cire

Pour les éraflures plus importantes, utilisez une cire à reboucher en bâton ; elle existe en diverses teintes, assorties aux différents bois. Passez le bâton dessus afin de combler le creux. Essuyez l'excédent et lustrez la surface avec un chiffon doux. Si nécessaire, terminez par une couche de cire.

Colmatage des éraflures profondes

Remplissez les éraflures faites dans le vernis avec un produit compatible, utilisé tel quel. Mais, pour le vernis au tampon, versez-en une petite quantité dans une soucoupe et laissez-le épaissir. Appliquez le produit généreusement sur l'éraflure à l'aide d'un pinceau fin. Accumulez les couches en les laissant prendre entre chaque application, jusqu'à ce qu'elles dépassent de la surface. Laissez durcir, puis raclez l'excédent et terminez par du papier abrasif très fin et de la crème à polir.

RÉPARER LES DÉGATS SUPERFICIELS

De même que les éraflures, les enfoncements, les fentes, les brûlures et la vermoulure ajoutent du caractère au vieux bois. Certains fabricants de meubles vont même jusqu'à les patiner artificiellement afin d'imiter l'aspect du vieux bois.

Toute considération de valeur mise à part, si les dégâts défigurent une surface qui paraît en bon état, les réparations seront justifiées.

Réparations des petits trous et fissures
Réparez les trous et les fissures avec de la cire colorée en bâton. Celle-ci existe en plusieurs nuances, assorties à la couleur des bois les plus courants.
Pétrissez un morceau de cire entre les doigts pour l'amollir, puis enfoncez-la dans les trous à l'aide d'une spatule.
Grattez l'excédent une fois que la cire a durci, et polissez avec le dos d'un papier abrasif. Terminez par une couche d'encaustique ou de vernis au tampon.

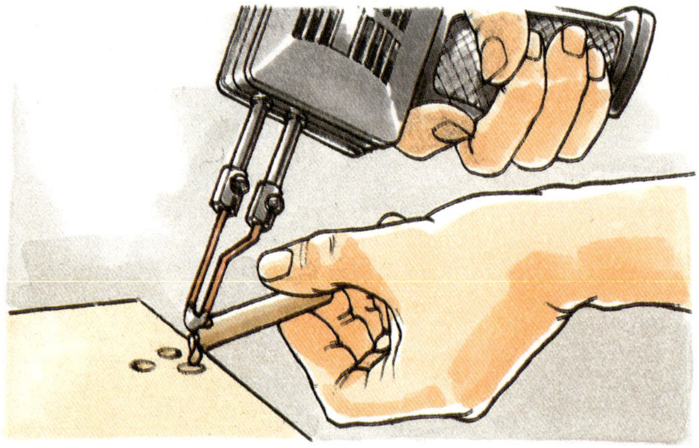

Utilisation de gomme-laque en bâton
La gomme-laque en bâton permet de reboucher les trous importants. Avec un fer à souder, faites-la fondre dans le trou et laissez-la déborder. Pendant qu'elle est encore molle, pressez-la avec une lame métallique chauffée à l'eau chaude. Dès que le reboucheur a pris, raclez l'excédent et poncez avec un papier abrasif extrafin.

Élimination des enfoncements
L'impact d'un objet dur ou très lourd sur le bois peut écraser la structure des fibres. Pour éliminer les creux qui en résultent, appliquez dessus quelques gouttes d'eau chaude au pinceau. Le bois devrait gonfler et retrouver son niveau d'origine en absorbant l'eau. Recommencez si nécessaire et, quand le bois est totalement sec, poncez les fibres gonflées.
Si cela échoue, essayez la vapeur. Placez un chiffon mouillé sur l'enfoncement et chauffez-le avec un fer à souder. La vapeur devrait vite faire gonfler les fibres.

ÉLIMINER LES ENTAILLES PROFONDES ET LES BRULURES

Les entailles profondes en travers des fibres et les brûlures de cigarette sont rarement acceptables. Selon la profondeur de la marque, on peut l'effacer avec du papier abrasif ou un grattoir bien affûté. Pour colorer le bois exposé, utilisez une teinte à bois. Avec le papier abrasif, commencez par le grain le plus gros et travaillez progressivement avec les grains les plus fins. Frottez toujours dans le sens des fibres, car les éraflures transversales seraient rehaussées par la finition. Pour un résultat plus rapide et une plus grande maîtrise, utilisez un grattoir à main. Commencez en travaillant diagonalement aux fibres, d'un bord à l'autre, puis terminez dans le sens des fibres. Bien que cela ne soit pas toujours nécessaire, vous pouvez poncer la surface avec un papier abrasif fin pour la préparer.

Colmater les trous et les creux

Les brûlures profondes, la vermoulure importante ou les chocs peuvent nécessiter le remplacement d'un morceau de bois. Le nouveau bois devra être traité avec soin pour ne pas déparer.

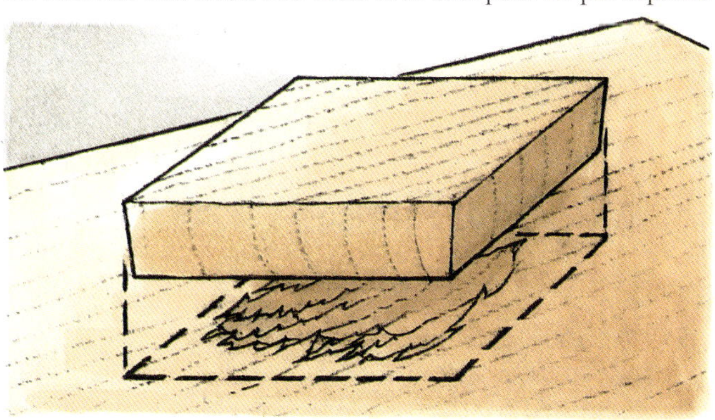

1 Découpe de la pièce

La meilleure façon de réparer une entaille profonde est d'incruster une épaisse pièce de bois assorti. Coupez une pièce en losange, assez grande pour couvrir le dégât, l'axe le plus long étant dans le sens des fibres. Rabotez légèrement les bords de la pièce en biseau.

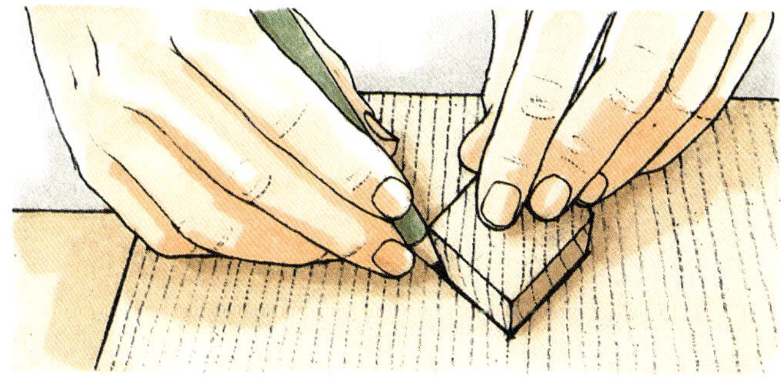

2 Évidement

Maintenez la pièce sur le dégât et marquez-en le pourtour au crayon. Évidez soigneusement la partie entourée, en laissant un creux biseauté un peu moins profond que la pièce.

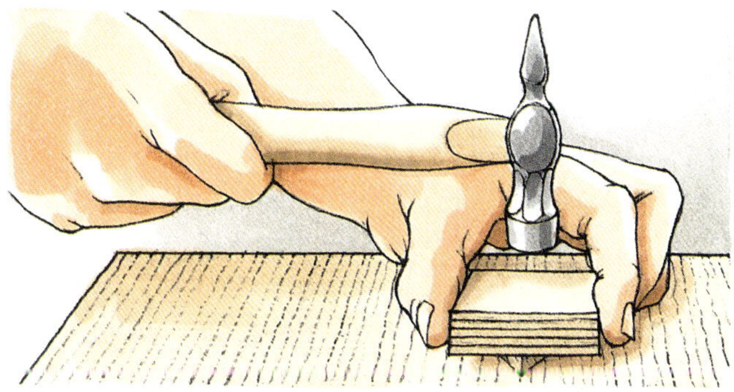

3 Pose de la pièce

Vérifiez l'emboîtage à mesure que vous travaillez. Dès que la pièce s'emboîte parfaitement, appliquez de la colle à bois dans le creux et sur la pièce. Insérez celle-ci au marteau, ôtez l'excédent de colle, et, quand elle est sèche, rabotez la surface ; puis poncez.

RÉPARER UN BORD CASSÉ

Si une moulure s'est cassée ou s'il manque un bout, vous devrez greffer une nouvelle pièce et la façonner *in situ*. Poncez d'abord le bord cassé au rabot, puis préparez une pièce en bois assorti, légèrement plus grande, et collez-la. Utilisez du ruban adhésif pour la maintenir en place si un serre-joint est inefficace. Quand la colle a pris, façonnez le contour avec des rabots manuels, des ciseaux et des gouges, puis finissez par un ponçage au papier abrasif. Si possible, fabriquez une cale à poncer de même forme que le contour.

DÉCAPER LE BOIS

Le décapage d'un bois ancien ou de collection ne devra être envisagé qu'en tout dernier recours, car il déprécie fortement la pièce. Toutefois, notamment pour les dégâts par le feu, il n'y a guère le choix. Les petits objets enduits de finitions réversibles pourront être décapés au solvant : la cire s'élimine au white-spirit, le vernis au tampon à l'alcool à brûler et les vernis cellulosiques aux diluants cellulosiques. Appliquez généreusement le solvant sur un tampon de laine d'acier, en travaillant toujours dans le sens des fibres.

Les décapants du commerce

Pour une vaste surface de bois, utilisez un décapant chimique à action rapide, que vous trouverez dans les magasins de bricolage. Les décapants ordinaires – vendus sous forme de liquide, de gel ou de pâte – réagissent avec presque tous les vernis et peintures ; il en existe aussi pour vernis résistants. La plupart contiennent des produits chimiques dangereux et doivent être manipulés avec soin : suivez à la lettre les instructions du fabricant. Vous pouvez trouver, également, des décapants « non toxiques », qui n'irritent pas la peau et ne dégagent pas d'émanations fortes.

Pour ce qui est du nettoyage résiduel, vous avez le choix entre les décapants solubles à l'eau ou au white-spirit. Préférez ceux qui se diluent au white-spirit car cela ne soulève pas les fibres du bois et n'affecte pas l'adhérence des placages. Avant d'utiliser un décapant, renseignez-vous sur le débarras des résidus chimiques dans votre région.

1 Application du décapant

Suivez soigneusement les instructions du fabricant. Portez un masque, des lunettes et des gants de protection, ainsi que de vieux vêtements. Versez du décapant dans un pot ou une barquette en aluminium. Avec un vieux pinceau, enduisez-en généreusement la surface. Laissez agir 15 minutes, puis vérifiez la pénétration avec un grattoir. Si la peinture ne s'est pas complètement ramollie, rajoutez du décapant en tapotant sur la couche cloquée pour la remettre en contact avec le bois.

2 Élimination des résidus

Quand la peinture est complètement ramollie, retirez-la au grattoir, en travaillant dans le sens des fibres. Essuyez la lame sur des feuilles de papier journal, que vous jetterez.

3 Traitement des moulures

Retirez les résidus logés dans les moulures à l'aide d'un bâtonnet pointu. Passez ensuite de la laine d'acier fine, en la retournant quand elle s'encrasse. S'il s'agit de chêne, utilisez un tampon de fibres de Nylon imprégné de particules abrasives, car les acides naturels du bois peuvent réagir avec l'acier et former des taches noires. Décapez les objets sculptés à la laine d'acier (ou aux fibres de Nylon pour le chêne), en les mettant sur un tour à bois.

4 Nettoyage de la surface

Éliminez les résidus de la surface et des pores du bois avec des tampons imbibés de décapant frais, en frottant dans le sens des fibres. Nettoyez la surface au white-spirit, appliqué sur un chiffon. Laissez le bois sécher avant de le préparer pour sa nouvelle finition.

Traiter la vermoulure

La découverte de trous de vers, ou vermoulure, dans du vieux bois incite nombre de personnes à prendre des mesures radicales, notamment à détruire le meuble pour arrêter l'infestation, mais cette mesure s'avère rarement nécessaire. L'infestation ne doit certes pas être ignorée, mais, en la traitant rapidement, on peut la stopper et prévenir l'apparition de nouveaux parasites.

Repérer la vermoulure

De petits trous de 2 mm sur la surface du bois signifient certainement les premiers signes d'une attaque d'insectes. En fait, ce sont les larves de ces insectes qui provoquent les dégâts en rongeant le bois.

Leur cycle de vie commence par la ponte des œufs sur les surfaces rugueuses et non peintes, ou les creux et fissures. Une fois écloses, les larves se nourrissent en rongeant le bois, laissant derrière elles un dédale de tunnels. Après s'être métamorphosées en chrysalide juste sous la surface, elles deviennent des insectes et laissent des trous éloquents.

Inspectez les surfaces du bois en examinant particulièrement les parties cachées, où l'activité peut échapper à l'attention. Des trous noirs indiquent une activité ancienne, aujourd'hui inexistante ; clairs, ils dénotent une attaque récente. Recherchez toute trace de poussière fine sur la surface qui soutient la pièce ou le meuble. Il pourrait s'agir de sciure rongée par des larves en pleine activité.

Vérification du bois

Un grand nombre de petits trous indique une attaque sévère ; mais, si le bois n'est pas endommagé dans sa structure, il peut encore être traité.
Enfoncez une lame pointue dans la partie affectée. Si le bois n'offre pas de résistance ou s'il s'émiette, il doit être remplacé. Si, en revanche, le bois semble solide, il peut être traité avec un insecticide chimique.

Éradiquer la vermoulure

Vous trouverez des produits de traitement dans les magasins de bricolage : en gros pots, pour une application au pinceau, en bombe aérosol ou en injecteur. Suivez toujours les instructions du fabricant. Protégez-vous les yeux avec des lunettes, surtout si vous employez un injecteur, et portez des gants de protection.

Injection du fluide

Insérez l'embout de l'injecteur dans les trous et injectez le fluide jusqu'à ce qu'il déborde. Il n'est pas nécessaire de traiter tous les trous, les tunnels étant souvent interconnectés. Il est d'ailleurs déconseillé de se pencher sur le travail en injectant le fluide, car celui-ci risque de ressortir par un autre trou. Essuyez l'excédent avec un chiffon.

Application au pinceau

Traitez les grandes surfaces de bois nu au pinceau. Versez le liquide dans un récipient et enduisez-en généreusement les surfaces. Laissez agir et répétez l'application quand la surface est sèche. Traitez le bois neuf de la même façon pour prévenir toute attaque. Vous pouvez appliquer une peinture de finition une fois que le bois est sec. De même, dans un but préventif, vous pouvez polir la surface peinte avec une cire insecticide disponible chez les fournisseurs spécialisés.

ÉCLAIRCIR LE BOIS

Les taches rebelles laissées dans les fibres du bois après décapage devront être ôtées à l'acide oxalique. Cet acide sert aussi à modifier la couleur naturelle du bois, notamment lors d'une inclusion de bois neuf dans une réparation. Vous pouvez faire vous-même votre solution de blanchiment avec de l'acide oxalique en cristaux, ou bien acheter un éclaircisseur en deux parties.

Acide oxalique en cristaux
L'acide oxalique est l'éclaircisseur traditionnel du bois, dont il ôte les taches sans altérer sa couleur. Il élimine aussi les marques noires causées par les tanins du bois, notamment quand le chêne réagit avec le fer. Il s'achète sous forme de cristaux, en droguerie ou chez les fournisseurs spécialisés. Attention : ils sont toxiques. Portez un masque, des lunettes et des gants de protection ; aérez votre lieu de travail. Préparez la solution dans un récipient en verre ou en plastique (jamais en métal), à demi rempli d'eau chaude. Faites une solution saturée en ajoutant les cristaux dans l'eau – surtout, ne versez jamais l'eau sur les cristaux. Remuez doucement jusqu'à ce qu'ils ne se dissolvent plus.

Application de l'éclaircisseur
Avec une brosse en Nylon ou en fibres blanches, appliquez l'éclaircisseur sur la partie tachée et laissez se former un film cristallin. Si la tache persiste, recommencez l'application avant que le bois ne soit sec.
Rincez et neutralisez la solution à l'eau claire. Essuyez l'excédent d'eau et laissez sécher. L'eau ayant sûrement soulevé les fibres, poncez légèrement la surface. Portez un masque.

Éclaircir la couleur
Pour changer la couleur naturelle du bois en un ton plus clair (et pour ôter les taches récalcitrantes), utilisez un éclaircisseur en deux parties. Le degré de décoloration dépendra de la nature du bois et du temps donné au produit pour agir. Si possible, faites un test sur une pièce séparée du même bois ou sur une partie non visible de la pièce à traiter.

Éclaircissage
En suivant soigneusement les instructions du fabricant, appliquez le premier agent au pinceau. Laissez reposer 5 à 10 minutes (le bois peut prendre une couleur plus foncée), puis appliquez la deuxième solution. Laissez agir. Dès que le bois prend la teinte désirée, stoppez l'action en neutralisant l'éclaircisseur avec un rinçage à l'acide acétique (1 cuill. à café de vinaigre blanc dans 0,50 litre d'eau). Poncez la surface une fois que le bois est sec. Portez un masque.

LES TYPES DE TEINTES

Les teintes à bois pénètrent profondément dans les fibres et en modifient la couleur naturelle, mais elles ne sont pas des produits dits « de finition ». Elles doivent donc être protégées par une peinture ou un vernis. Certains produits de finition, comme les vernis préteintés, contiennent un colorant permettant d'obtenir un même effet, mais la couleur restera dans le film superficiel et disparaîtra avec l'élimination du vernis.
Les teintes traditionnelles se présentent sous forme de pigments en poudre, à mélanger avec un solvant. Le choix des couleurs est vaste, et il faut une certaine expérience pour réussir un mélange.
Plus faciles d'emploi, les teintes toutes prêtes sont disponibles dans une gamme de plusieurs tons de bois.

Compatibilité
Toutes sortes de tons peuvent être obtenues avec des teintes compatibles, et la couleur peut être également éclaircie par l'ajout de diluant. Optez pour une teinte qui ne sera pas réactivée par le solvant utilisé dans la finition envisagée, car il déteindrait la couleur ou la modifierait à l'application. Fixez une teinte à base d'huile avec de la gomme-laque ou de la ponce de soie avant d'appliquer un vernis, une laque ou de la cire (diluée au white-spirit, à la térébenthine ou au diluant cellulosique). Employez une teinte à base d'alcool pour toute finition autre que le vernis au tampon. Les teintes à l'eau s'utilisent avec n'importe quelle finition. Si vous envisagez d'appliquer un vernis acrylique, testez le résultat sur une partie cachée de l'objet.

TEINTER LE BOIS

Assortir la couleur du bois neuf à celle du vieux bois est une tâche particulièrement ardue. Elle est rendue d'autant plus difficile que la nouvelle finition, même transparente, tend à foncer la coloration.

Pour faire concorder les couleurs, préparez un nuancier en utilisant un morceau de bois neuf. Plusieurs tests peuvent être réalisés : en appliquant seulement la finition, ou bien des teintes à bois de différentes nuances couvertes de la finition. Posez le nuancier contre le travail afin de mieux juger de la couleur à employer. En cas de doute, choisissez la teinte la plus pâle, que vous pourrez corriger à la cire

Appliquer des teintes pénétrantes
Installez un coin de travail, en rapport avec la taille du meuble, dans un endroit aéré et à l'abri de la poussière. Portez des gants en PVC, un tablier et de vieux vêtements pour les gros travaux. Les teintes s'appliquent au pinceau, au tampon en mohair ou au chiffon doux. Si vous avez un Aérographe, vous pouvez l'utiliser à cet effet.

Préparation de la surface
Poncez la surface de sorte qu'il n'y ait pas d'éraflures contre le fil, car elles absorberaient plus de teinte et donneraient une finition irrégulière. Si nécessaire, humidifiez la surface à l'eau claire, puis poncez-la quand elle est sèche. Cela est essentiel avant d'appliquer une teinte à l'eau. Assurez-vous qu'il ne reste pas de colle sur la surface, car elle altérerait l'absorption de la teinte.

Mise en teinte
Dans un récipient plat, versez suffisamment de teinte pour couvrir la réparation. Peignez ou tamponnez la teinte dans le sens des fibres, en raccordant les parties humides si vous travaillez sur une grande surface. Laissez s'imprégner, puis ôtez l'excédent avec un chiffon propre.

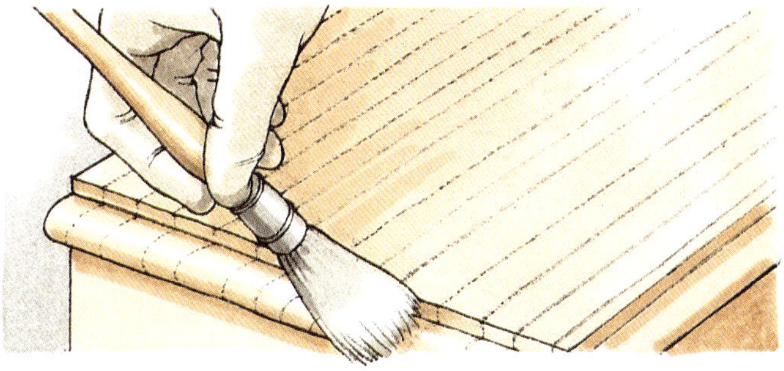

Mise en teinte des chants
Les fibres des bords absorbent plus de teinte et paraissent donc plus foncées que les autres parties du bois. Pour éviter ce désagrément, fixez partiellement les chants avec de la gomme-laque blanche ou de la ponce de soie. Cela réduira la quantité de couleur absorbée. Laissez sécher complètement avant de teinter.

Mise en teinte du bois sculpté
Appliquez la teinte au pinceau doux, en travaillant bien dans les détails et en absorbant immédiatement l'excédent avec un papier absorbant ou un chiffon.

TEINTER LES PLACAGES

Les placages fixés à la colle animale soluble à l'eau devront être teintés avec une teinte à base de solvant ou d'alcool. Pour les placages fixés avec d'autres colles, toutes les teintes conviennent.
Sur une réparation à incruster ou une pièce de marqueterie, teintez le placage avant de le coller en place. Trempez les pièces dans la teinte pour obtenir une coloration uniforme et laissez sécher avant de les tailler.

REMPLACER ET RÉNOVER LA FINITION

Le bois est généralement couvert d'une finition destinée à l'embellir et à le protéger. Elle permet également de le stabiliser, le rendant moins susceptible d'absorber l'humidité.

Le type de finition dépendra de sa nature et de son utilisation. La plupart des finitions sont transparentes, afin de révéler la couleur et le grain du bois. Il existe cependant des peintures opaques destinées à décorer et déguiser les bois de qualité médiocre.

Parmi les finitions traditionnelles figurent la cire, l'huile, le vernis à l'huile et le vernis au tampon.

Cire

La cire a de tout temps été utilisée sur le bois. Elle s'emploie comme finition ou comme support d'autres finitions, telles que le vernis ou le vernis au tampon. Peu résistante, elle est simple à appliquer et à entretenir. Avec le temps, la cire donne une patine très seyante sur le vieux bois.

Les types de cire

Vous pouvez acheter les matières premières pour fabriquer de la cire traditionnelle, mais il est beaucoup plus commode de se procurer de la cire toute prête, disponible partout. Les cires claires en crème semi-liquide ou en pâte donnent une belle finition aux bois clairs, tandis que les cires « antiques » foncées produisent une coloration plus riche sur les vieux bois et finitions. Les cires microcristallines sont des cires fines et transparentes qui ne teintent pas le bois ; elles sont utilisées par les restaurateurs pour protéger et embellir toutes sortes de matériaux.

1 Application d'une cire en crème

Appliquez une couche de gomme-laque ou de fixatif cellulosique au pinceau pour fixer le bois nu. Une fois sec, poncez au papier abrasif fin. Versez la crème dans une barquette en aluminium, et appliquez-la généreusement au pinceau sur la surface. Laissez durcir environ 1 heure.

2 Polissage

Appliquez une deuxième couche au tampon doux, en procédant par mouvements circulaires, puis dans le sens des fibres. Laissez la cire durcir et recommencez si nécessaire. Avec un chiffon à polir propre, lustrez vigoureusement la surface dans le sens des fibres pour lui redonner de l'éclat.

1 Application d'une cire en pâte

Préparez et apprêtez le bois comme pour la cire en crème. Imprégnez un tampon de tissu de cire en pâte et travaillez dans le fil du bois par mouvements circulaires, puis droits.

2 Polissage

Au bout de 20 minutes, appliquez une autre couche de cire sur un tampon de laine d'acier n° 0000 ou un tampon de Nylon imprégné de particules abrasives. Travaillez uniquement dans le sens des fibres. Laissez la cire durcir et recommencez pour obtenir une couche protectrice. Enfin, lustrez fermement avec un chiffon doux ou une brosse à polir (celle-ci est plus facile à utiliser sur les pièces sculptées).

Cire microcristalline

Appliquez cette cire en petite quantité sur un chiffon de coton doux. Pour les surfaces sculptées, utilisez une brosse. Polissez immédiatement la surface avec un chiffon propre.

Finitions à l'huile

L'huile s'emploie depuis toujours pour préserver et raviver la beauté du bois. Elle convient à tous les bois et donne une finition qui demande peu d'entretien. L'huile de lin traditionnelle s'utilise encore sur le bois ancien, mais, en raison de son séchage lent, elle est aujourd'hui supplantée par des huiles modernes, plus résistantes et séchant plus vite. L'huile gélifiée, un mélange moderne d'huiles naturelles et de résine synthétique, a la consistance d'une cire molle. Elle s'applique sur le bois nu et, contrairement aux autres huiles, elle peut s'appliquer sur les laques et les vernis existants.

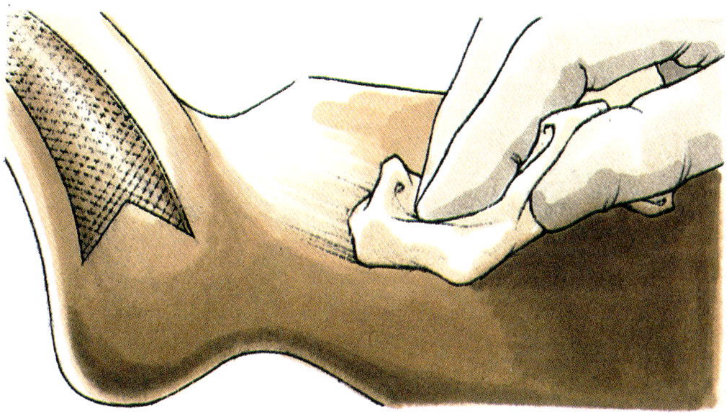

Huilage du bois
Versez l'huile dans une barquette en aluminium et appliquez-la uniformément au pinceau. Laissez-la s'imprégner avant d'essuyer l'excédent au chiffon doux. Laissez sécher, puis, environ 6 heures plus tard, appliquez une deuxième couche et laissez sécher toute la nuit. Poursuivez par une nouvelle couche, cette fois-ci appliquée avec un tampon de tissu. Quand elle est sèche, lustrez au chiffon doux. Les huiles qui sèchent par oxydation libèrent de la chaleur en séchant, et les chiffons qui en sont imprégnés peuvent prendre feu spontanément. Trempez ces chiffons dans l'eau pendant la nuit ou laissez-les sécher, dépliés, en plein air, avant de les jeter.

Application d'huile gélifiée
Sur le bois nu, appliquez l'huile gélifiée au tampon, en frottant vigoureusement dans le sens des fibres jusqu'à ce qu'elle paraisse sèche. Appliquez au moins deux autres couches (selon la protection voulue) en laissant chaque application sécher pendant 4 heures. Laissez prendre un éclat doux. Sur les finitions étanches, n'appliquez qu'une fine couche d'huile gélifiée.

Vernir le bois

Le vernis traditionnel à base d'huile est un mélange de résines naturelles, d'huile et de solvant, tandis que les vernis à l'huile modernes emploient des matières synthétiques. Ils sèchent par oxydation : cette réaction chimique empêche la finition sèche d'être réactivée par le solvant. Les pinceaux doivent être lavés au solvant avant que le vernis ne soit sec.

Les vernis acryliques, plus récents, sont à base d'eau. Non toxiques et pratiquement inodores, ils sèchent rapidement, ne jaunissent pas et sont ininflammables. Les pinceaux se nettoient à l'eau. Bien que les vernis acryliques ne soient pas destinés à protéger les vieux bois, ils se prêtent toutefois à la rénovation d'une surface décapée.

Appliquer le vernis

Le vernis s'applique au pinceau doux, comme de la peinture ; il s'agit, en fait, du même produit, sans les pigments opaques qui colorent les peintures. Utilisez un pinceau en soies naturelles de bonne qualité pour les vernis à l'huile, et un pinceau en Nylon pour le vernis acrylique.

Application d'une couche protectrice
Préparer le bois nu en diluant du vernis à l'huile à raison de 10 %. Appliquez-le uniformément au pinceau. Quand la surface est sèche, frottez-la au papier abrasif fin à l'eau, trempé dans de l'eau ; puis essuyez avec un chiffon imbibé de white-spirit. Appliquez généreusement le vernis acrylique et poncez-le une fois sec. N'utilisez pas de laine d'acier, car de petits éclats de métal pourraient rester piégés à la surface, formant des taches noires dans la couche suivante. Essuyez la surface avec un chiffon humide.

Application du vernis
Appliquez le vernis à l'huile dans le sens des fibres, puis perpendiculairement. D'un geste rapide, passez le pinceau vers le bord terminé, afin d'uniformiser les bords mouillés. Enfin, « adoucissez » avec de très légers coups de pinceau dans le sens des fibres. Laissez le vernis prendre, puis poncez avant la deuxième couche.
Appliquez généreusement le vernis acrylique, perpendiculairement aux fibres, puis adoucissez dans le sens des fibres. Le vernis sec (au bout de 30 minutes environ), poncez et appliquez une deuxième ou troisième couche.

Vernir au tampon

Composé de gomme-laque et d'alcool à brûler, le vernis au tampon produit une finition brillante qui rehausse la couleur et la beauté du bois. Il s'utilisait beaucoup au XIXe siècle pour polir les bois à pores resserrés, comme l'acajou, le noyer et le satiné. Toutefois, malgré son bel aspect, le vernis au tampon n'est pas très résistant et se marque facilement.

L'application de ce vernis a toujours été considérée comme l'apanage de spécialistes, les compétences nécessaires ne s'obtenant que par une longue pratique. Cependant, le procédé ne requiert que des matériaux de base, et n'importe quelle personne assez adroite et patiente est à même d'obtenir un résultat satisfaisant. Pour commencer, il est essentiel d'avoir un bois parfaitement lisse. Le vernis doit être appliqué en fines couches sur plusieurs jours.

Préparer le lieu de travail

Tous les travaux de vernissage exigent une atmosphère non poussiéreuse, et particulièrement le vernissage au tampon. De plus, le local doit être sec et chaud. Si possible, travaillez devant une fenêtre ou dans un endroit bien éclairé, afin que la lumière tombe sur la pièce à vernir.

Il vous faudra confectionner un tampon et avoir à portée de main du papier abrasif fin, un lubrifiant léger, un pinceau doux et de la crème à polir. Si vous remplacez une pièce manquante, choisissez un vernis assorti à la couleur du bois ou de la finition existante.

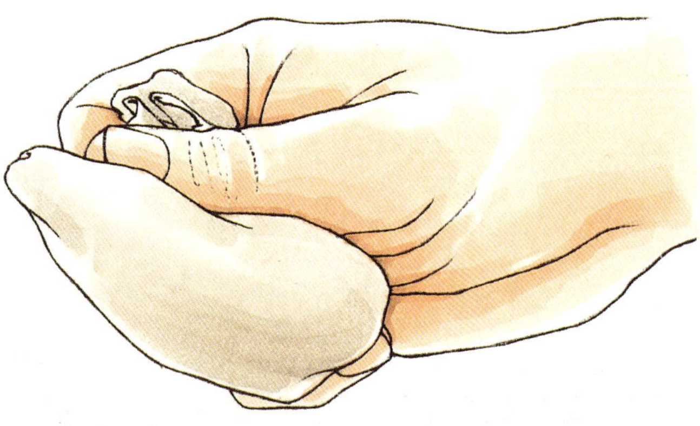

Confection d'un tampon

La méthode traditionnelle du vernis au tampon fait usage d'un tissu de coton ou de lin fin garni de mèche de coton. Faites-le de bonne taille, de façon qu'il tienne parfaitement dans la paume de votre main. Donnez-lui une forme pointue pour travailler dans les coins.
En tenant le tissu garni de mèche dans une main, tordez ensemble les extrémités réunies du tissu afin d'enfermer la mèche. Repliez la queue tordue sur le tampon afin de pouvoir la tenir dans la main. Le tampon doit être lisse sur le dessous.

Chargement du tampon

Une fois le tampon confectionné, dépliez-le dans une main. Versez du vernis sur la mèche, en la pressant doucement jusqu'à ce qu'elle soit humide mais non saturée. Repliez le tampon et pressez la « semelle » contre une surface propre pour répartir uniformément le produit et ôter l'excédent. Cette opération sera à refaire quand il n'y aura plus assez de vernis.

Ranger un tampon

Entre plusieurs applications, pour garder un tampon au propre et l'empêcher de se dessécher, conservez-le dans un bocal hermétique. Il restera souple pendant des mois et vous n'aurez pas besoin de le jeter tant que le tissu ne sera pas usé.

Les restaurateurs traditionnels réutilisent la vieille mèche de coton pour appliquer le vernis destiné à préparer le bois.

VERNIR À LA GOMME-LAQUE

Pour les travaux ne nécessitant pas le traitement du vernis au tampon, il existe des gommes-laques spécialement formulées pour une application au pinceau. Fluides, elles sèchent plus lentement afin d'éviter les marques de pinceau. Le bois doit être préparé de la même manière que pour le vernis au tampon.

1 Application du vernis

Chargez un pinceau doux de vernis et passez-le de façon régulière dans le sens des fibres. Travaillez assez vite, afin d'éviter de « tirer » le vernis humide. Procédez par touches légères sur les bords de façon à ne pas provoquer de coulures en pressant trop le pinceau. Repassez sur les coulures, le cas échéant. Laissez sécher environ 1 heure, puis poncez au papier abrasif fin. Appliquez une ou deux autres couches de la même façon.

2 Finition à la cire

Une surface bien préparée doit présenter un beau brillant. Pour un éclat plus subtil, appliquez de la cire avec un tampon de laine d'acier, en travaillant uniformément dans le sens des fibres. La gomme-laque appliquée au pinceau est assez épaisse et il y a peu de risque de l'ôter en la frottant (veillez toutefois à ne pas trop insister). Lustrez la surface au chiffon doux.

Appliquer le vernis au tampon

Le vernis au tampon produit une finition très brillante qui souligne la moindre imperfection de surface. La préparation du bois avant le vernissage est donc essentielle. La méthode ci-après s'applique à une surface plate décapée.

Préparer la surface

Rebouchez les dégâts superficiels (voir p. 96-97) et poncez le bois ; si besoin, appliquez une teinte afin de le colorer (voir p. 101). Afin d'obtenir une surface lisse sur un bois neuf à pores ouverts, il vous faudra boucher les pores. À cette fin, passez plusieurs couches de vernis au tampon, en ponçant entre chaque application, ou bien enduisez la surface de bouche-pores.

Application d'un bouche-pores

Les bouche-pores en pâte tout prêts existent en plusieurs tons de bois. Assurez-vous que la surface est propre et dépoussiérée, puis appliquez le produit avec un tampon de tissu grossier. Faites-le pénétrer dans les pores par mouvements circulaires. Quand c'est presque sec, frottez perpendiculairement aux fibres avec un tampon propre pour ôter l'excédent ; éliminez-le dans les coins et les moulures avec un bâtonnet pointu. Laissez durcir toute la nuit, puis poncez légèrement.

Reboucher le bois teinté

L'application d'un bouche-pores sur une surface déjà teintée risque de faire partir de la couleur au moment du ponçage ; mais, si vous bouchez d'abord, il se peut que l'absorption varie et donne une coloration irrégulière. Pour pallier ce problème, appliquez la teinte en premier, puis protégez-la avec une couche de ponce de soie ou de vernis au tampon transparent. Poursuivez par une couche de bouche-pores mélangé à un peu de teinte à bois compatible.

1 Application d'une couche protectrice

Dépoussiérez la surface du bois à l'aide d'un aspirateur muni d'une brosse. Chargez le tampon de vernis au tampon dilué et appliquez la première couche légèrement, à longs coups réguliers dans le sens des fibres. Au fur et à mesure du travail, augmentez la pression afin de bien répartir le vernis. Couvrez la surface sans vous arrêter ni repasser sur les endroits déjà vernis. Laissez le vernis sécher environ 1 heure, puis poncez-le au papier abrasif extrafin. Appliquez et poncez une nouvelle couche si la première n'est pas uniforme.

2 Superposition des couches

Pour obtenir un vernissage parfait, il faut superposer plusieurs couches fines de gomme-laque. Chargez le tampon de vernis non dilué, puis, en procédant par mouvements circulaires continus, couvrez-en toute la surface. Ne laissez pas le tampon reposer sur la pièce car il pourrait coller et abîmer le vernis. Soulevez le tampon en atteignant les bords.

3 Alternance des mouvements

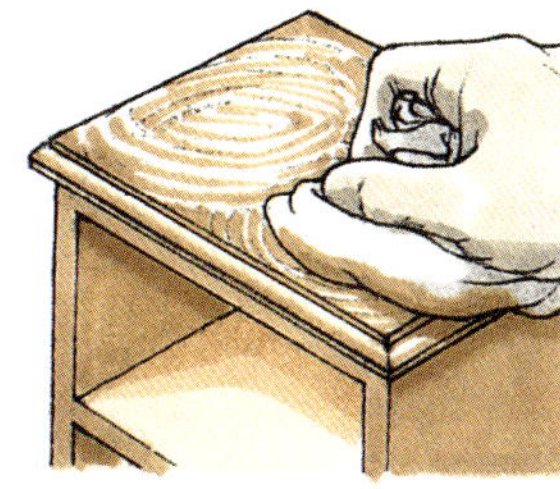

Pour obtenir une couche régulière, recommencez mais, cette fois-ci, appliquez le vernis en formant des « 8 ». Poursuivez avec des mouvements parallèles le long de la surface. Laissez sécher 30 minutes, puis recommencez pour superposer 3 ou 4 couches.

4 Lubrification du tampon

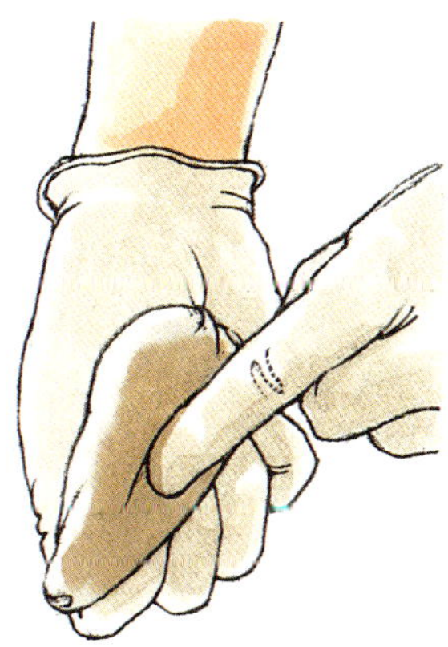

Selon la taille de la pièce, il peut être nécessaire de recharger le tampon au fur et à mesure du travail. Pour éviter qu'il ne colle sur le bois, appliquez quelques gouttes d'huile de lin sur la semelle du tampon, puis continuez. N'utilisez que très peu d'huile. Après avoir superposé les couches, laissez le vernis durcir toute la nuit. Recommencez le procédé sur plusieurs jours, jusqu'à ce que vous soyez satisfait du résultat.

5 Élimination de l'huile

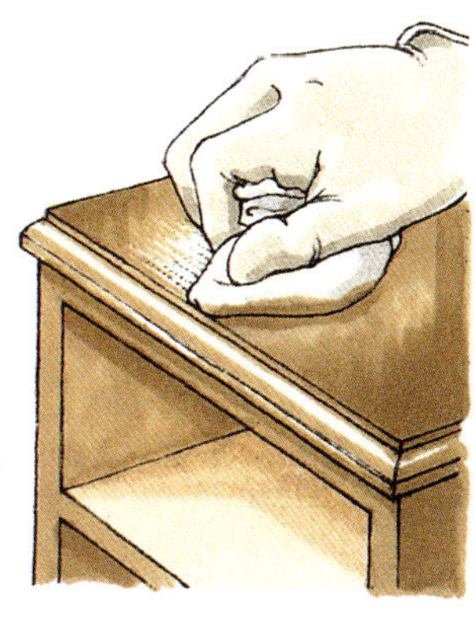

À ce stade, la surface polie peut présenter des traînées mates, laissées par l'huile de lin. Pour les éliminer, ajoutez un peu d'alcool à brûler au tampon à peine chargé de vernis, et essorez-le au maximum. Passez le tampon sur la surface en mouvements droits et parallèles, en augmentant progressivement la pression jusqu'à ce que le tampon commence à coller. Laissez sécher quelques minutes, puis recommencez jusqu'à ce que les traînées disparaissent, pour ne laisser qu'un beau brillant. Laissez durcir une semaine environ.

6 Polissage

Si l'éclat ne vous satisfait pas, polissez la surface avec une crème à polir spéciale. Appliquez-la au chiffon doux, frottez vigoureusement, puis lustrez avec un chiffon propre.

PLACAGE

Le placage est une fine feuille de bois décoratif collée à un panneau de support en bois plus épais. Le support des anciennes pièces plaquées est généralement en pin ou en acajou massif. Utilisés correctement, ces bois fournissent une bonne base de placage, mais ils sont sensibles aux conditions atmosphériques et peuvent provoquer une altération de la surface plaquée. Aujourd'hui, on utilise des panneaux synthétiques stables.

Afin d'identifier une pièce plaquée, examinez les bords pour voir si les fibres du bois sont continues. Vérifiez également le dessous ou l'intérieur de la pièce, pour déterminer si le bois est le même.

Bien que plus fragile, le placage permet d'employer des bois exotiques ou insolites, difficilement utilisables sous forme massive. En outre, le dessin du bois peut varier selon la méthode utilisée pour découper le placage, offrant ainsi un plus grand choix de motifs, que les ébénistes exploitent depuis des siècles.

Réparer les surfaces plaquées

Un placage bien posé devrait offrir une surface lisse qui s'entretient comme le bois massif. Toutefois, le placage résiste moins à l'eau et aux écarts d'humidité.

Traditionnellement, le placage se faisait avec de la colle animale à l'eau et se posait à la main avec un marteau à placage, ou était mis sous presse. Réversible à la chaleur et à l'humidité, la colle animale reste donc la préférée des professionnels. Il est possible, cependant, d'utiliser des colles modernes pour certaines réparations.

La plupart des problèmes liés au placage sont occasionnés par la désintégration de la colle, qui se traduit par des cloques ou des bords fendillés. Un support mal fait ou incorrectement préparé peut aussi conduire à des fractures du placage. Dans ce cas, il faudra sûrement retirer, réparer et reposer le vieux placage, ou bien le remplacer. Le support devra aussi faire l'objet de soins particuliers. Si vous doutez de vos capacités, confiez ce type de restauration à un professionnel.

Traiter les cloques

Les cloques défigurent tout particulièrement les surfaces vernies, car leur brillant les met en valeur. Parfois, un morceau de placage détaché peut être moins apparent. Pour détecter les placages qui se sont décollés, tapez la surface avec l'ongle : en cas de décollage, cela sonnera creux. Le traitement nécessitant de l'eau et de la chaleur, il sera nécessaire d'ôter la finition superficielle (voir page 98).

1 Aplanissement d'une cloque

Essayez d'abord d'aplanir la cloque en réactivant la vieille colle. Placez un chiffon humide sur le placage et appliquez dessus un fer chaud. La chaleur et l'humidité devraient ramollir la colle ainsi que le placage, le rendant plus souple.

2 Serrage de la réparation

Aplanissez le placage et couvrez-le d'une feuille de polyéthylène et d'une cale de bois. Serrez avec un serre-joint ou un poids jusqu'à ce que la colle ait pris.

Ajout de la colle

S'il n'y a pas eu suffisamment de colle au départ, effectuez une fente au cutter le long de la cloque, dans le sens des fibres. Ramollissez le placage (voir ci-dessus) et incorporez de la colle animale chaude sous le placage, à l'aide d'un pinceau. Aplanissez et essuyez l'excédent de colle au chiffon humide, puis couvrez et mettez sous presse.

Réparer les bords endommagés

Les bords des surfaces plaquées ou les frises transversales s'abîment facilement et ont souvent besoin d'être réparés. Choisissez un placage au veinage assorti à celui d'origine. La couleur pourra être modifiée, si nécessaire, au moment d'appliquer la finition (voir page 101). La pièce de remplacement doit être légèrement plus épaisse que le placage, pour pouvoir être poncée.

1 Préparation de la pièce
Coupez une pièce légèrement surdimensionnée. Faites concorder les fibres autant que possible et fixez-la au ruban adhésif sur la partie abîmée. À l'aide d'un scalpel et d'une règle métallique, incisez les deux épaisseurs pour former la pièce de raccord et évider l'emplacement.

2 Découpage du placage abîmé
Enlevez la pièce et, avec un ciseau aiguisé, retirez les restes endommagés du placage d'origine pour laisser le support à nu (humidifié, le placage sera plus facile à retirer). Grattez l'emplacement en tenant le ciseau à la verticale.

3 Collage de la pièce
Appliquez de la colle animale chaude ou une colle à bois froide sur la pièce et le support. Mettez la pièce en place et maintenez-la avec du papier gommé. Pressez-la avec une cale en bois enveloppée d'une feuille de polyéthylène et immobilisée par un serre-joint. Quand la colle a pris, essuyez l'excédent du bord en tenant le panneau à l'envers sur une surface plane. Poncez.

Réparer les frises transversales

Les frises transversales s'utilisent pour former un bord décoratif autour d'un panneau plaqué. Elles sont faites dans un placage assorti ou contrasté, en bandes coupées perpendiculairement au sens des fibres.

Dotées de fibres plus courtes, ces bordures se fendent facilement. On peut les raccorder, ou bien les remplacer totalement.

1 Préparation de la pièce
Fixez une pièce de placage sur la partie abîmée à l'aide de ruban adhésif. Incisez les deux épaisseurs perpendiculairement au bord, de part et d'autre du dégât, avec un scalpel et une règle métallique. Faites une incision intermédiaire, parallèle au bord, le long de la bordure.

2 Ajustage de la pièce
Retirez la pièce et égalisez les bords de l'emplacement. Grattez le support au ciseau. Appliquez la colle sur le support et le placage. Fixez la pièce en place avec du ruban adhésif, puis posez un serre-joint (sous une cale). Une fois la colle sèche, rognez et poncez.

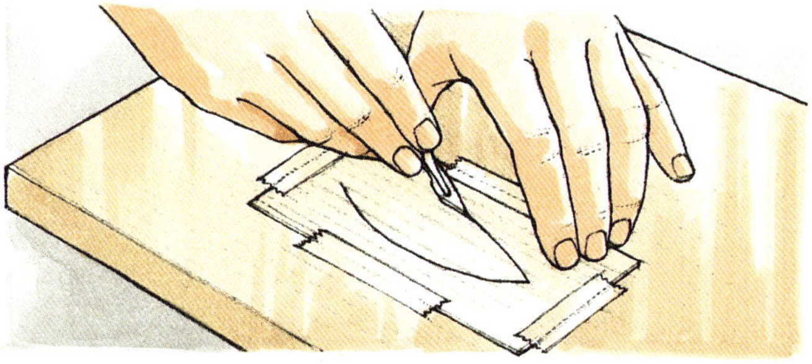

Raccord d'un placage central
Les dégâts effectués au centre d'un placage, comme les brûlures, peuvent être réparés de la même façon qu'un bord endommagé. Fixez une pièce de placage sur la partie abîmée, en alignant les fibres. Coupez une pièce en forme de « bateau » dans les deux épaisseurs. Évidez l'emplacement et collez la pièce. Si le support est aussi abîmé, découpez et ajustez une nouvelle pièce de bois (voir page 97).

Incrustation et marqueterie

L'incrustation est une technique décorative consistant à insérer plusieurs bois de diverses couleurs dans des emplacements creusés dans un panneau de bois massif – sous forme de filets, de bordures ou de motifs.

Les filets sont de simples bandes de bois massif, coupées en carrés ou en lamelles. Ils soulignent les panneaux décoratifs ou les bordures, et sont souvent faits en « noir » et « blanc » pour contraster avec le bois principal.

Les bordures décoratives sont des bandes de placage coupées en plusieurs largeurs et divers motifs dans des bois exotiques et colorés. Les motifs les plus élaborés sont réalisés à partir de placages naturels et colorés, découpés et assemblés pour créer le motif.

La marqueterie consiste à appliquer des motifs de placage sur le fond, sans l'évider. Sur les articles anciens, des incrustations peuvent être décollées ou manquantes, en raison du mouvement du bois de fond. Les pièces détachées peuvent être recollées, mais les pièces manquantes devront être refaites. Des bordures décoratives et des pièces de marqueterie toutes prêtes s'achètent chez les fournisseurs spécialisés.

Ajustage d'un filet

Nettoyez le sillon laissé par le filet manquant, à l'aide d'un ciseau étroit, d'un couteau ou d'un poinçon. Ajustez le nouveau filet dans le sillon et marquez la longueur requise. Si le sillon suit une courbe, humidifiez le filet pour l'assouplir. Coupez le filet à la longueur requise, appliquez de la colle animale dans la rainure et mettez le filet en place en le pressant avec un marteau à panne.

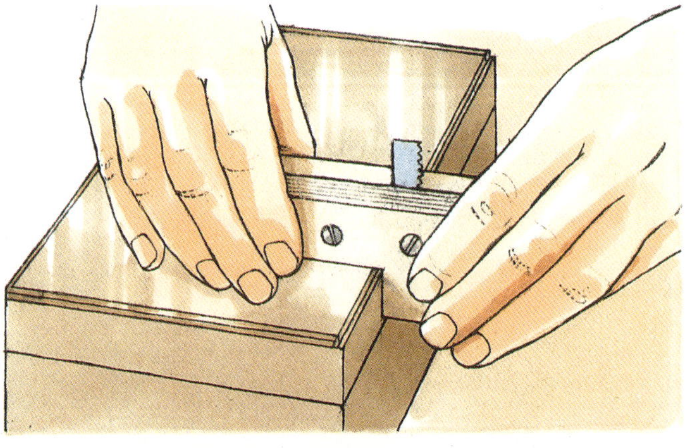

Réparation d'un filet de bordure

Nettoyez la feuillure laissée par le filet manquant à l'aide d'un ciseau affûté tenu verticalement, ou d'un bouvet. Appliquez la colle et pressez le filet en place. Maintenez le filet à l'aide de petits morceaux de ruban à masquer fixés sur le bord, pendant que la colle sèche.

Réparer une bordure décorative

Certaines parties des éléments décoratifs formant la bordure peuvent manquer. Si le dégât est minime, essayez de remplir le creux avec une cire à reboucher colorée ou un bâton de gomme-laque. S'il manque beaucoup d'éléments, il faudra remplacer la bande abîmée, à condition d'en trouver une assortie. Sinon, il ne vous reste plus qu'à la remplacer par une bande similaire.

Remplacement de la bordure

Grattez le sillon au ciseau pour éliminer la saleté, l'encaustique et la colle. Égalisez le bord cassé de la bordure originale, puis ôtez les résidus. Faites concorder le motif et coupez la nouvelle bordure à la longueur requise. Collez-la en place et pressez-la avec un marteau à panne de travers.

PRÉPARER DE LA COLLE ANIMALE

La colle animale traditionnelle en perles s'achète chez les fournisseurs spécialisés. Elle se prépare dans un pot à colle doublé ou, à défaut, dans une boîte métallique placée dans une petite casserole. Remplissez le pot au quart de perles de colle, couvrez d'eau chaude et laissez tremper. Placez le pot de colle dans la casserole et remplissez-la à moitié d'eau. Chauffez l'eau pour ramollir la colle, sans la laisser bouillir. Remuez régulièrement et ajoutez de l'eau chaude si nécessaire, jusqu'à ce que la colle ait une consistance lisse et fluide.

Réparer la marqueterie

La restauration de panneaux de marqueterie aux motifs très complexes devra être confiée à un professionnel. Toutefois, les motifs simples auxquels il manque un ou deux éléments peuvent être réparés à la maison.

1 Remplacement d'une pièce manquante

Nettoyez l'emplacement laissé par la pièce manquante. Fixez un morceau de papier fin sur le motif et faites un gabarit de la partie manquante au crayon gras. Avec une gomme soluble à l'eau, collez le motif de papier sur le placage, en veillant à ce que les fibres soient dans le bon sens. Laissez sécher sous un poids.

2 Ajustage du placage

Coupez la pièce à l'aide d'un scalpel, en suivant le gabarit : utilisez une règle métallique pour les traits droits, et tracez les courbes à la main. Vérifiez l'emboîtement et ajustez la pièce en ponçant les bords. Collez-la en place, et pressez-la avec un marteau ou un serre-joint (sous une cale). Poncez légèrement le raccord.

Ombrer les placages

Certains motifs décoratifs traditionnels sont partiellement ombrés pour donner un effet de « relief ». Si nécessaire, vous pouvez reproduire une telle pièce à l'aide de sable chauffé.

Utilisation de sable chaud

Remplissez un petit récipient métallique de sable blanc fin. Chauffez le sable sur une plaque de cuisinière, réglée à feu doux. Coupez un placage légèrement surdimensionné et insérez le bord à ombrer dans le sable chaud. Au bout de quelques secondes, soulevez le placage avec une pince à épiler pour vérifier la couleur. Recommencez si nécessaire. Pour tester la couleur finale, telle qu'elle apparaîtra de façon définitive, poncez légèrement la surface et humidifiez-la. Si cela vous satisfait, coupez et ajustez la pièce comme ci-dessus, en orientant correctement la partie ombrée.

LA FRAGILITÉ DES TEXTILES ANCIENS

Les textiles composés de fibres organiques commencent à se détériorer dès la sortie du métier à tisser. Une conservation professionnelle peut retarder le processus, mais rien ne peut l'arrêter. Pour cette raison et pour d'autres, les textiles anciens sont les antiquités les plus vulnérables.

L'exposition à la lumière forte occasionne des dégâts irréversibles : les couleurs passent et les fibres cassent. L'humidité est également très néfaste, entraînant l'apparition de moisissures et, dans les cas extrêmes, déteignant les couleurs. La chaleur sèche peut aussi être nuisible, car elle détériore les fibres. Les textiles doivent être protégés de la poussière et de la pollution atmosphérique, qui tachent et rongent les tissus, et ternissent les fils métalliques. La poussière attire également des insectes parasites, dont les larves se nourrissent de tissu.

Il s'avère difficile, voire impossible, de restaurer les textiles une fois qu'ils ont été soumis à des conditions défavorables. Il est donc essentiel de les ranger et de les exposer soigneusement, afin de les protéger des risques les plus évidents. Les textiles souffrent également d'une mauvaise manipulation ; quand vous les nettoyez et les réparez, ôtez vos bagues et autres bijoux susceptibles de s'accrocher dans le tissu, et, pour ne pas les tacher ni les brûler, évitez de manger et de fumer. Même l'huile acide que nous avons tous sur les doigts peut abîmer des textiles anciens : lavez-vous bien les mains avant de les manipuler.

TEXTILES

Même si vous ne collectionnez pas particulièrement les textiles anciens, vous avez probablement une vieille nappe ou peut-être un tapis de cheminée ou un coussin brodé qui vous ont été transmis par vos grands-parents ou une grand-tante. Les textiles se gardent d'une génération à l'autre, en dépit des changements de mode et d'habitudes. D'ailleurs, les costumes et les accessoires comme les chapeaux, les sacs et les chaussures sont très recherchés par les collectionneurs, tout comme le sont les ouvrages de broderie, les tentures et les textiles peints, parfois considérés comme de véritables œuvres d'art.

La majorité des textiles sont tissés (c'est-à-dire formés de fils de chaîne dans la longueur, entrecroisés avec des fils de trame dans la largeur), mais certains sont tricotés, faits au crochet, noués et tressés. Tous possèdent des qualités particulières, prisées par les collectionneurs.

On a tendance à penser que les textiles anciens sont uniquement faits de matériaux naturels (coton, lin, laine et soie), or l'apparition des fibres synthétiques remonte au début du XXe siècle.

NETTOYER LES TEXTILES

Le nettoyage non seulement ravive l'aspect des tissus anciens, mais élimine également la saleté à l'origine des plus importantes détériorations. Ainsi, même les articles très vieux et fragiles devront être nettoyés, mais uniquement par des professionnels.

Les textiles étant souvent formés de plusieurs sortes de tissus, il est important de les examiner soigneusement avant de décider de la meilleure méthode de nettoyage. Ce n'est pas toujours aussi évident que cela paraît, et il vous faudra peut-être consulter un restaurateur averti.

OBTENIR L'AVIS D'UN EXPERT

Il existe d'excellents restaurateurs de textiles qui travaillent pour les antiquaires, mais ils n'ont pas toujours les connaissances techniques approfondies d'un restaurateur chevronné. Si vous possédez un article à nettoyer, mais que vous ne savez pas comment procéder, consultez de préférence un restaurateur de textiles.
Pour savoir où les trouver, vous pouvez téléphoner à un musée local. Même s'il n'y a pas de département de conservation sur place, le personnel du musée emploie certainement les services de conseillers et de restaurateurs, et devrait pouvoir vous en recommander. Sinon, un musée pourra vous mettre en contact avec une organisation détenant un registre des restaurateurs de votre région. On vous enverra probablement le nom et l'adresse de trois ou quatre experts disposés à vous renseigner ou même à se charger eux-mêmes du travail. N'ayez aucun scrupule à leur montrer des articles de peu de valeur. Ils vous donneront toujours leur avis, selon vos capacités et vos moyens. Même si cet avis est de ranger le textile jusqu'à ce que vous soyez en mesure d'assurer pleinement la restauration, vous aurez au moins un avis lucide sur lequel baser votre décision.

Tester la résistance des couleurs

Il est probable que votre décision la plus importante sera de déterminer si vous pouvez laver sans risque un article à l'eau. Le nettoyage à l'eau est un processus irréversible, et doit être entrepris avec précaution. Assurez-vous que la pièce n'est pas susceptible de rétrécir et vérifiez bien la résistance des couleurs afin qu'elles ne déteignent pas dans l'eau. Il est toujours plus prudent de faire un test, c'est-à-dire de vérifier chaque couleur séparément, notamment en ce qui concerne les teintures utilisées pour les doublures, les parements, les broderies, et même les pièces et les fils rajoutés antérieurement. S'il y a le moindre signe indiquant que le textile n'est pas « grand teint », ne lavez pas la pièce à l'eau. Le nettoyage à sec est une option, mais il devra être entrepris uniquement par un professionnel.

Pratiquer des échantillons individuels
La méthode la plus sûre est de tester un échantillon de fil sur chaque partie de la pièce que vous voulez nettoyer. Avec une pince à épiler et une paire de petits ciseaux, coupez un fil de 3 mm dans un ourlet, à l'intérieur d'une poche, sur un fil à broder ou sur n'importe quel endroit non visible et non susceptible de s'abîmer.

Placez les fils entre deux plaques de verre transparent, que vous trouverez chez les fournisseurs pour restaurateurs ou que vous ferez faire par un vitrier dans un verre de 3 mm d'épaisseur, de 10 x 4 cm, avec les coins poncés.

1 Disposition des échantillons
Posez un morceau de papier buvard sur l'une des plaques et déposez vos fils dessus. Si vous avez des échantillons de même couleur, marquez-les pour les identifier.

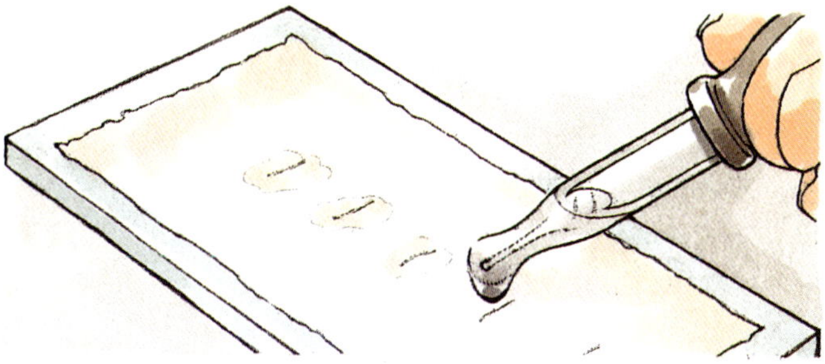

2 Humidification des échantillons
Préparez une solution en utilisant les mêmes proportions d'eau et de savon que pour un lavage normal. Avec un compte-gouttes ou un pinceau fin, déposez une goutte de solution sur chaque fil.

3 Application de la deuxième plaque
Posez la deuxième plaque sur les échantillons et surveillez-les pendant quelques heures pour voir si la couleur est absorbée par le buvard.

Tester avec un Coton-Tige

Bien qu'il soit préférable de tester les échantillons un par un, il se peut qu'on ne puisse pas retirer de fil sans endommager le textile. Dans ce cas, imbibez un Coton-Tige d'une solution savonneuse (voir page 114) et frottez-en légèrement la surface du tissu. Ne faites ce test qu'à l'intérieur d'un ourlet ou sur une couture cachée, et abstenez-vous sur tout tissu de valeur. Si vous remarquez de la couleur sur le Coton-Tige ou sur du papier buvard pressé contre le tissu, ne lavez pas l'article à l'eau.

Sachez que certaines couleurs mettent du temps avant de déteindre ; c'est pourquoi le test des échantillons individuels, réalisés sur plusieurs heures, est le plus efficace.

Laver les textiles

Même si vous êtes sûr que le tissu est grand teint, il vous faudra l'identifier afin de savoir comment il réagira au contact de l'eau. En cas de doute, regardez l'étiquette du fabricant ou consultez un spécialiste.

Le coton et le lin se lavent généralement sans risque. La laine est plus fragile et réagit mal à l'eau chaude ; tout produit abrasif la rendrait « feutrée ». Ne lavez pas la rayonne ou les premières viscoses, ni les textiles à fibres mixtes, qui réagiraient différemment.

Faites nettoyer par un spécialiste les articles ornés de perles, les tentures ou les vêtements lourds et volumineux ; ne lavez jamais vous-même les textiles très fragiles ou précieux.

Retrait des boutons et des fermetures
Avant de mettre vos textiles dans l'eau, veillez à retirer boutons et fermetures à composants métalliques ; vérifiez également qu'il n'y a pas de fils métalliques tissés dans la pièce et susceptibles de rouiller. De même, retirez tous les boutons de valeur qui pourraient être endommagés par l'eau. Il convient de remarquer que les restaurateurs professionnels conservent le fil utilisé pour fixer les boutons et les fermetures comme preuve d'authenticité.

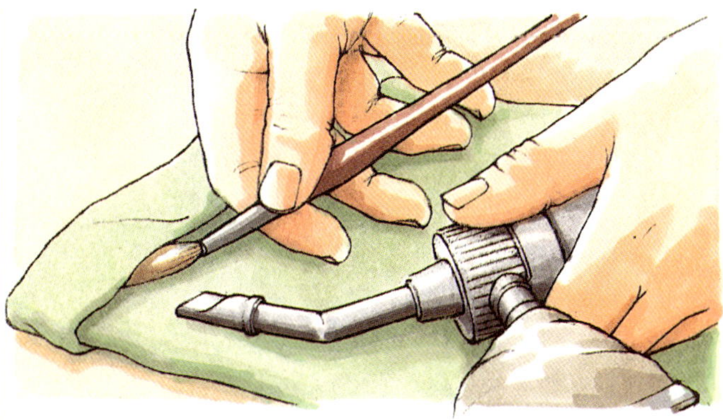

Élimination de la poussière et de la saleté superficielle
Avant de laver quoi que ce soit, éliminez la saleté et les particules coincées dans le tissage à l'aide d'un aspirateur. Sinon, les impuretés pourraient se loger plus profondément dans les fibres. La poussière tend à s'accumuler dans les poignets, les revers et les poches. Éliminez-la avec un pinceau doux et un aspirateur (voir page 116). Vérifiez d'abord que les poches sont bien vides.

Laver les vêtements

À condition qu'ils soient en assez bon état, les chemises et les chemisiers de coton, les robes de baptême et les sous-vêtements en coton blanc comptent parmi les vêtements que l'on peut laver sans risque à la main. On pourra protéger les trous et les parties usagées à l'aide d'un filet de Nylon blanc, afin d'éviter qu'ils ne s'effrangent pendant le lavage et le séchage, mais il est déconseillé d'immerger tout vêtement montrant des signes de détérioration générale. Ne lavez jamais les textiles anciens à la machine.

Nettoyez le vêtement à l'aspirateur avant de le laver. Assurez-vous en outre que vous avez tout à portée de main avant de plonger l'article dans l'eau.

Préparer une solution savonneuse

Certains textiles pourront être lavés simplement à l'eau claire, mais, s'ils sont sales, c'est probablement dû à des particules graisseuses, qui doivent être éliminées avec un détergent. Malheureusement, la majorité des détergents modernes contiennent tellement d'additifs (blanchisseurs, éclaircisseurs, enzymes) qu'ils pourraient endommager les textiles anciens. Il est donc plus sûr de n'utiliser que du savon pur en poudre, recommandé pour le lavage des lainages. N'employez jamais de savons parfumés ou colorés, ni de liquide à vaisselle.

Tout le savon utilisé devant être rincé, il est plus prudent d'en employer aussi peu que possible. La concentration idéale est de 20 g de savon en poudre pour 1 l d'eau. La méthode la plus facile est de mesurer la quantité d'eau nécessaire dans une cuvette ou une baignoire, puis de calculer la quantité de savon nécessaire pour obtenir la concentration idéale. Ne vous attendez pas à voir de la mousse : à moins que l'eau ne soit très douce, la mousse indique toujours un excès de savon.

L'eau chaude pouvant être très nocive, utilisez toujours de l'eau tiède (20 à 25 °C). L'idéal est d'utiliser de l'eau douce pour laver et rincer, puis de l'eau désionisée pour le dernier rinçage. Un système de filtration destiné à éliminer les métaux (magnésium, calcium et aluminium) est un avantage. Vous pouvez laver les petits articles dans de l'eau distillée ou bien faire bouillir de l'eau du robinet et la laisser refroidir.

En dernier recours, faites couler l'eau dans la baignoire et laissez-la reposer 20 minutes pour que le chlore s'évapore. Faites de même pour chaque rinçage.

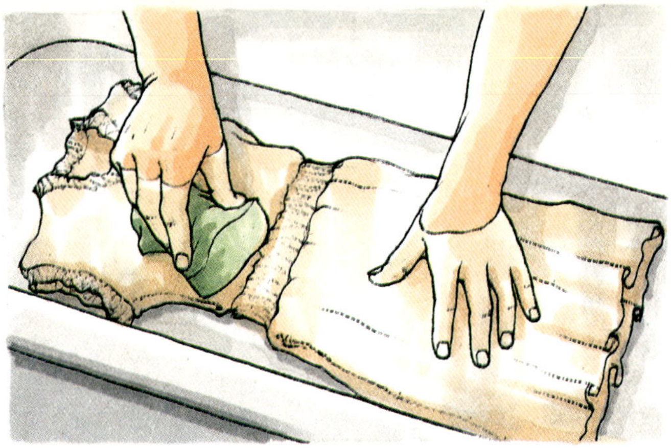

1 Lavage à l'éponge
Plongez le vêtement dans l'eau et maintenez-le aussi plat que possible. Laissez tremper 10 minutes environ, puis tamponnez-le avec une éponge pour déloger la saleté. Évitez de presser ou de frotter le tissu trop vigoureusement. Retournez-le délicatement et épongez l'autre côté.

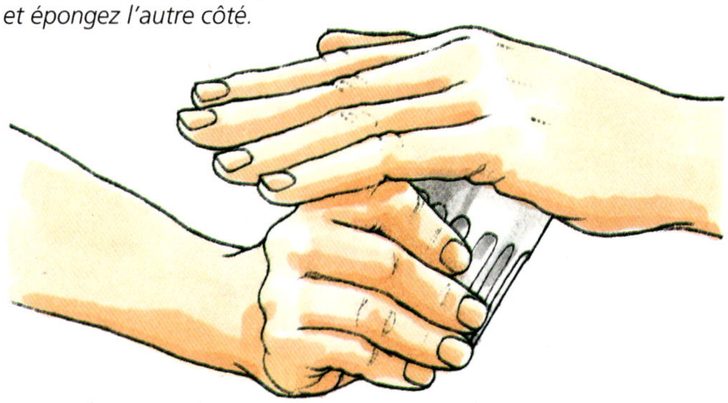

2 Rinçage à l'eau claire
Prenez le vêtement à deux mains et sortez-le doucement de l'eau sale. Remplissez la baignoire d'eau claire et remettez le vêtement, en l'épongeant doucement. Faites deux ou trois rinçages. S'il se forme des bulles ou si le tissu a une brillance nacrée, rincez de nouveau. En guise de test final, prenez un échantillon de l'eau du dernier rinçage dans un verre, posez la main dessus et secouez vigoureusement. S'il se forme des bulles, rincez de nouveau l'article, puis testez l'eau.

3 Séchage à plat
Tamponnez le vêtement entre deux serviettes blanches sèches. La chaleur accélérant la détérioration des textiles anciens, les restaurateurs ne les repassent jamais. À la place, étendez le vêtement rincé à plat sur une épaisse serviette blanche et laissez-le sécher naturellement dans une pièce bien aérée, ou alors utilisez un ventilateur ou un sèche-cheveux réglé au minimum et défroissez le vêtement à la main.

Conserver la forme

En prenant l'eau, les tissus se déforment et doivent souvent être remis en forme pendant qu'ils sèchent. Cette particularité est surtout valable pour les pièces encadrées. Hélas, il est bien difficile de se souvenir de la forme exacte d'un objet, à moins d'avoir un gabarit en guise de repère.

1 Traçage du contour
Posez deux feuilles d'acétate ou de polyester transparent sur l'article à laver et dessinez le contour au feutre. La double épaisseur n'est qu'une mesure de précaution pour éviter que le feutre ne marque le textile.

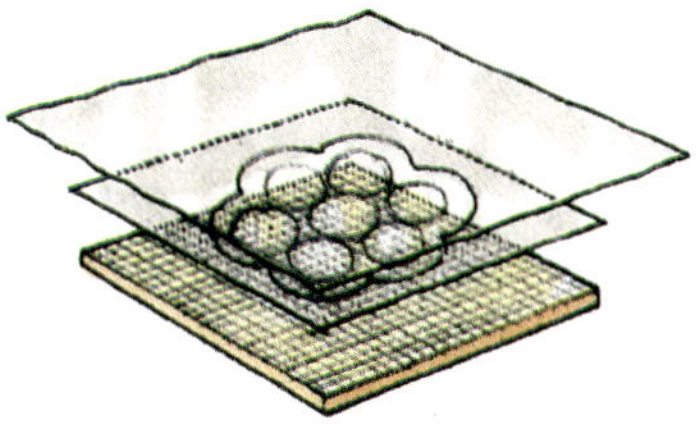

2 Confection d'une planche de séchage
Collez sur un morceau de carton épais, plus grand que le textile, du papier quadrillé pour vous aider à aligner le fil (chaîne et trame) du tissu. Placez le contour dessus, puis enveloppez le tout de polyéthylène transparent.

3 Séchage du textile
Lavez et rincez le textile, puis posez-le à plat sur le carton couvert de plastique. La forme du textile mouillé sera sans doute différente de celle du contour. Pendant que vous séchez le tissu au sèche-cheveux froid, remettez-le progressivement en forme, à l'aide du papier quadrillé et du contour. Évitez d'étirer le tissu.

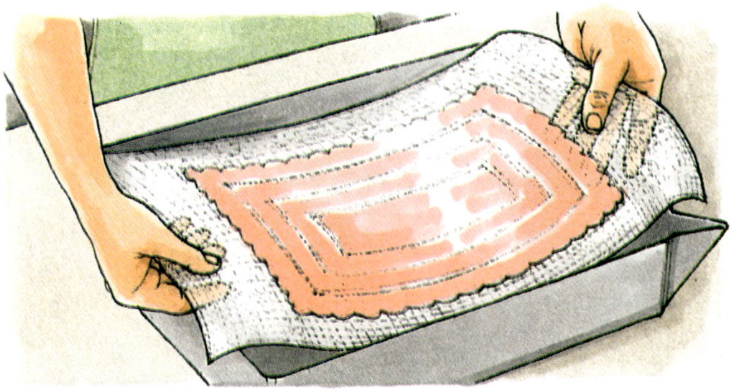

Soutien des textiles délicats
Les textiles sont particulièrement vulnérables une fois mouillés, car ils peuvent se déchirer sous leur propre poids. Il faudra soutenir les textiles délicats sur un morceau de filet de Nylon fin, au moment de les laver. Coupez le filet dans un gabarit plus grand que le textile, de façon à pouvoir le tenir à deux mains en plongeant la pièce dans l'eau. Il est plus commode de laver les petits articles dans une cuvette de plastique pour photographe.

Laver et sécher les textiles délicats

Lavez et rincez le textile comme il est indiqué page ci-contre, en le soutenant sur un filet (voir en bas à gauche) à chaque changement d'eau. Laissez-le sécher à plat sur son support, en le posant sur une serviette propre ou une planche couverte de polyéthylène. Ou bien laissez la pièce sécher naturellement sur un séchoir fait d'un filet de coton doux tendu sur un châssis.

Soutenir les parties fragiles du tissu

Avant de laver un textile ancien, tâchez de déceler les parties fragiles qui auront besoin d'être soutenues pendant l'immersion. Il est conseillé de coudre une pièce de filet de Nylon blanc sur les trous ou les bords effilochés. N'hésitez pas à demander conseil à un expert si le textile paraît en très mauvais état.

DÉTACHER LES TISSUS

La saleté incrustée étant souvent très acide, elle ne peut qu'accentuer la détérioration des textiles. Mais il n'est pas toujours salutaire d'éliminer les taches profondes. Le principal problème est d'identifier la nature d'une tache, afin de choisir un solvant approprié. L'emploi d'un solvant inadéquat peut rendre plus difficile encore le détachage ; en outre, de nombreuses vieilles taches s'avèrent permanentes. Une identification précise est délicate, même pour les restaurateurs professionnels ; n'hésitez donc pas à demander conseil à un spécialiste en rénovation des textiles.
Une pièce peut également être dépréciée si l'on enlève une tache qui fait partie de son histoire. Par exemple, le nettoyage d'un uniforme sale qui a été porté au champ de bataille pourrait effacer les indices de sa provenance, et réduire considérablement sa valeur aux yeux des collectionneurs et des historiens. Certaines formes de nettoyage seront nécessaires si les taches menacent l'état de l'uniforme, mais, une fois encore, il est sage de demander l'avis d'un professionnel.
En bref, l'élimination des vieilles taches peut faire plus de mal que de bien, et il est toujours recommandé de consulter un expert avant toute action.

Traiter les moisissures
Les textiles rangés dans un endroit humide présenteront sûrement des traces de moisissure. Le nettoyage à sec ne servira qu'à incruster plus profondément la saleté ; la meilleure solution est de laisser le tissu sécher naturellement, puis d'essayer d'éliminer les moisissures avec un pinceau en poil de martre et un aspirateur (voir page 116). En cas d'échec, confiez la pièce à un professionnel.

Taches de rouille
Les fermetures rouillées peuvent tacher le tissu. Cela nécessite un traitement, car la rouille finira par affaiblir le tissu. Toutefois, ne tentez pas de blanchir le tissu ; demandez conseil à un rénovateur de textiles.

Voir également Mesures d'urgence (page 120).

NETTOYAGE À SEC

Les produits chimiques utilisés par les teinturiers du commerce ne conviennent pas aux textiles anciens. Toutefois, il existe des spécialistes capables de nettoyer à sec les pièces anciennes qui ne peuvent être lavées à l'eau. Les experts en rénovation de textiles sont également compétents.

À condition que la pièce ne soit pas fortement encrassée, vous pouvez la nettoyer partiellement vous-même avec un aspirateur.

Nettoyage à l'aspirateur
L'aspirateur est le meilleur moyen d'éliminer la poussière des textiles anciens, à condition que la pièce ne soit pas fragile. Toutefois, la plupart des aspirateurs ménagers sont trop puissants, sauf s'ils sont munis d'un bouton réglant le degré d'aspiration. Les fournisseurs pour restaurateurs vendent des adaptateurs qui réduisent la puissance des aspirateurs ordinaires, ainsi que de petits aspirateurs à pile spéciaux. Même si vous utilisez un aspirateur à aspiration réduite, tenez l'embout juste au-dessus de la surface du textile, jamais au contact de celui-ci.

Nettoyage de la broderie
Pour extraire la poussière d'une broderie, de smocks ou de tout textile en relief, brossez-le doucement avec un pinceau en martre tout en tenant l'embout de l'aspirateur près des poils du pinceau.

Un filtre improvisé
Pour empêcher que des fils lâches, des petites fixations ou des perles ne soient aspirés par l'aspirateur, tendez un morceau de filet de Nylon blanc sur l'embout et maintenez-le avec un élastique. Examinez toujours les textiles brodés de perles avant de les aspirer, pour vérifier que les perles sont solidement fixées. Éliminez les dépôts gras de la surface des perles à l'aide d'un Coton-Tige à peine humecté d'eau distillée.

Nettoyage des fils métalliques
Les fils métalliques utilisés pour faire les épaulettes, les soutaches et autres insignes militaires peuvent se ternir terriblement. Nettoyez-les à l'aspirateur, puis tamponnez la surface des fils avec un Coton-Tige à peine humecté d'eau distillée. Le résultat ne sera peut-être pas spectaculaire, mais, si vous regardez le Coton-Tige, vous verrez combien les fils étaient sales. N'employez jamais de produit à polir le métal.

Réparations mineures

Toute réparation sur un textile précieux ou historique devra être confiée à un professionnel, mais de nombreux vêtements vendus dans les marchés aux puces ou les boutiques d'occasion ne nécessiteront que quelques réparations mineures pour retrouver une nouvelle jeunesse.

N'essayez pas de remplacer les broderies usées ou les perles manquantes par des matériaux modernes. Mieux vaut posséder des textiles anciens imparfaits que de risquer de les déprécier par une restauration inadéquate.

Faites également attention à l'usure « historique ». Les manchettes et les boutonnières usées sont tout à fait à leur place sur un vêtement ancien et ne les déparent guère. Vous remarquerez peut-être même qu'un col a été retourné à un certain moment pour prolonger la vie d'un vêtement usé. Cet indice de son passé incite à laisser tel quel ce vêtement, à moins que l'ancienne réparation n'endommage le costume.

En revanche, recoudre un ourlet défait ou rapiécer une manche déchirée ne peut guère faire de mal, car vous pourriez déchirer accidentellement le vêtement si ce genre de réparation n'était pas effectué dès que possible.

Une approche de la réparation des textiles
Avant de décider de ce que vous allez faire avec un textile abîmé, essayez de déterminer quel sera son rôle futur.

S'il doit être monté pour être exposé, vous aurez seulement besoin d'arrêter la détérioration actuelle. Si, en revanche, vous avez l'intention de l'utiliser ou de le porter, il vous faudra vraisemblablement entreprendre des réparations plus importantes, afin de le consolider et de le protéger de tout dommage éventuel. Par exemple, il convient de remplacer les fixations cassées ou manquantes avant de porter un vêtement d'époque, et il est sage de rapiécer un petit trou dans une nappe avant que celui-ci ne prenne de l'ampleur.

Tout textile en mauvais état devra être examiné par un expert avant de faire la moindre réparation. Les textiles usés devront être consolidés avant d'être exposés, et cette tâche incombe à un professionnel, qui sera à même de répartir le poids du textile sur un support, et non le contraire.

Il y a peu de règles absolues à suivre, si ce n'est que les réparations doivent toujours être réversibles (n'utilisez jamais de colle pour réparer les textiles anciens). Si vous tenez beaucoup à un article abîmé, confiez-le à un professionnel, à moins d'être totalement sûr de vos capacités.

Choisir des matériaux appropriés
N'importe quel expert vous dira qu'il faut toujours utiliser des matériaux compatibles avec l'article à restaurer, mais ce conseil peut s'interpréter de diverses manières.

Une théorie veut que l'on choisisse des matériaux absolument identiques, de sorte que l'ancien et le nouveau réagissent harmonieusement et vieillissent en même temps. Toutefois, le bon sens vous dira qu'il n'y aucun intérêt à réparer un textile en soie avec un vieux fil de soie, alors qu'un coton à broder peut parfaitement servir à faire une réparation solide et durable.

Afin d'effectuer des réparations homogènes, essayez de trouver des matériaux de même couleur, de même poids et de même densité que l'original.

Aiguilles
Pour toute réparation cousue, il est important de choisir une aiguille appropriée au tissu que vous restaurez. Le principal facteur est peut-être la taille. Si, par exemple, vous recousez une soie fine ou un linon de coton, choisissez une aiguille très fine, qui ne laissera pas de trous dans le tissu. Les aiguilles à broder sont idéales car elles sont très pointues. Certains restaurateurs utilisent des aiguilles à perles extrafines pour réparer les textiles délicats. Éliminez les aiguilles émoussées, qui endommageraient le tissage.

Des aiguilles courbes sont souvent nécessaires pour monter les textiles sur des planches tendues de tissu. Si vous n'en trouvez pas de la bonne taille, improvisez, en tordant une aiguille droite.

Fils à coudre fins
Pour rapiécer des tissus très fins, il peut être difficile de trouver des fils à la fois très fins et très solides. Vous pouvez essayer d'utiliser du fil à dentelle, en vente dans la plupart des merceries. Vous pouvez également employer de la laine à tapisserie, du fil de polyester, de soie ou de coton mercerisé. Certains restaurateurs vont même jusqu'à retirer un fil d'une pièce de tissu de polyester à tissage fin : le fil tiré est fin comme un cheveu et pratiquement invisible dans une réparation.

RAPIÉCER LES TEXTILES

Ne recousez jamais les bords d'un textile déchiré, et ne reprisez pas les trous. La couture exercerait une tension sur le tissu environnant et ferait sûrement empirer les choses. Rapiécez toujours les déchirures et les trous, afin de soutenir le tissu affaibli, en particulier si l'article est destiné à être porté ou suspendu. Toutefois, la tension doit être calculée juste afin de ne pas entraîner d'autres dégâts ; une pièce mal posée crée plus de problèmes qu'elle n'en résout.

Réparer le tissu déchiré
Bien que les pièces soient toujours appliquées au dos du textile, on travaille depuis le devant, en faisant des points visibles sur l'endroit. C'est pour cela que le fil doit être aussi fin que possible et assorti à la couleur du tissu. Le fait de travailler sur l'endroit vous permet de voir ce que vous faites et d'évaluer le progrès de votre réparation.

Les textiles constituants des volumes, comme les manches ballon et les bonnets, très difficiles à rapiécer, doivent être confiés à un expert.

1 Découpe de la pièce
Choisissez un tissu approprié pour la pièce et découpez-la aux ciseaux à cranter. Faites-la suffisamment grande, pour que les bords puissent être cousus dans la partie la plus solide du tissu, et non juste à côté de la déchirure.

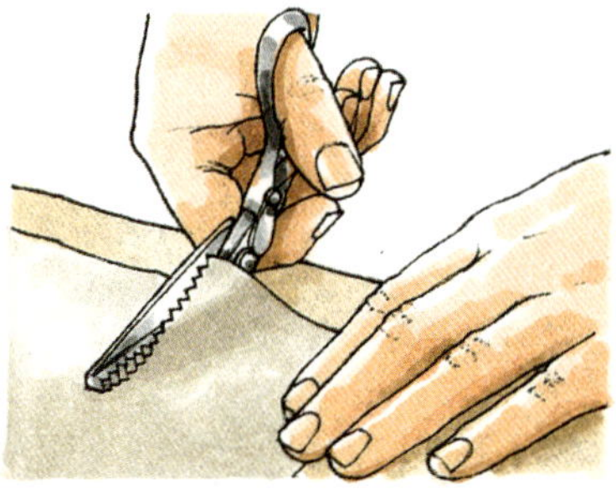

2 Préparation des bords déchirés
Avant d'appliquer la pièce, arrangez le tissu déchiré de façon que les fils de chaîne et de trame soient correctement alignés et aussi droits que possible. Les bords déchirés doivent se toucher sans se chevaucher. Lissez les bords effilochés, afin que le tissu repose bien à plat.

3 Épinglage de la pièce
Épinglez la pièce sur l'envers du tissu à l'aide de fines épingles droites. Vérifiez que les bords déchirés se touchent toujours de façon nette.

4 Pose du fil couché
Le tissu déchiré se répare à l'aide de fils couchés, cousus à angle droit par rapport à la déchirure et allant d'une partie solide du tissu à l'autre. Pour effectuer le premier fil couché, piquez l'aiguille sur un côté, puis passez le fil en une ligne droite par-dessus la déchirure, avant de repiquer l'aiguille dans le tissu.

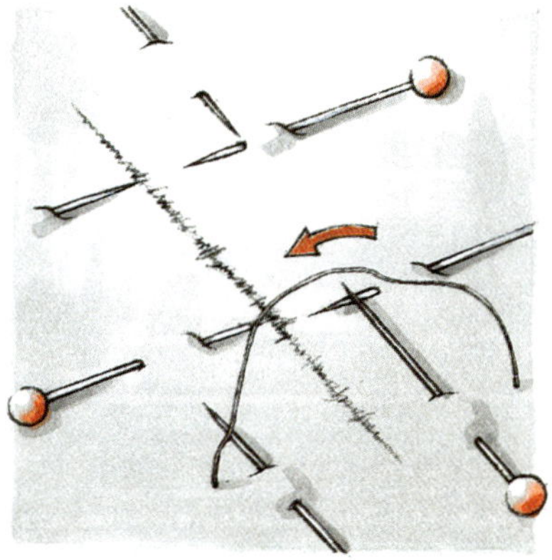

5 Maintien du fil couché
Faites ressortir l'aiguille près du fil couché, à 3 mm environ de la dernière piqûre. Passez l'aiguille par-dessus le fil, puis repiquez-la dans le tissu pour former un petit point maintenant le fil couché en place.

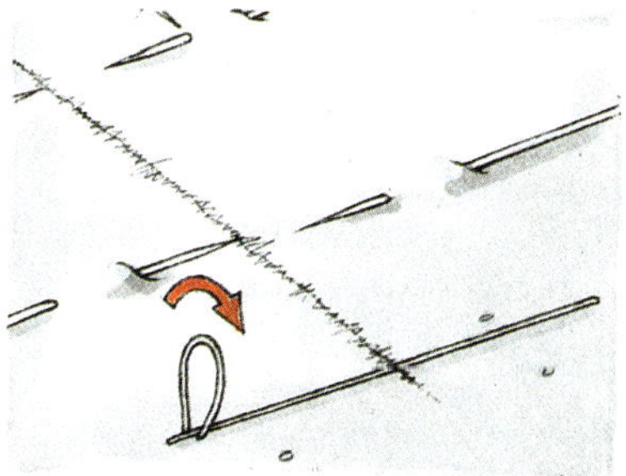

6 Réalisation d'un rang complet
Continuez à faire ces petits points à 3 mm d'intervalle le long du fil couché.

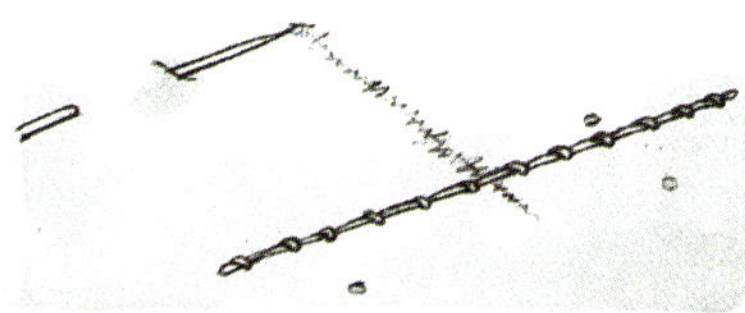

7 Finition de la reprise
Insérez un deuxième fil couché parallèle au premier et à 3 mm d'écart, et maintenez-le en place avec de petits points. Continuez ainsi sur toute la longueur de la déchirure.

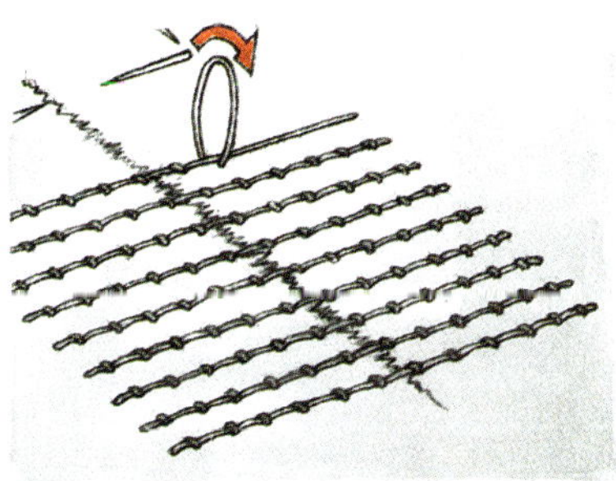

8 Couture des bords de la pièce
Si la pièce fait plus de 65 mm de côté, cousez les bords sur le tissu au point de chausson. Il n'est pas nécessaire de coudre les pièces plus petites.

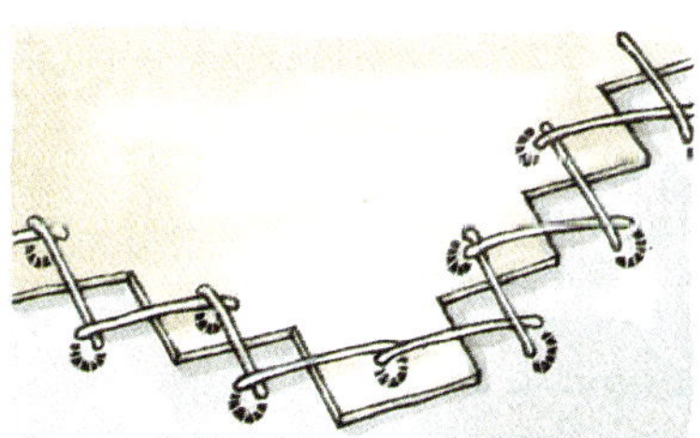

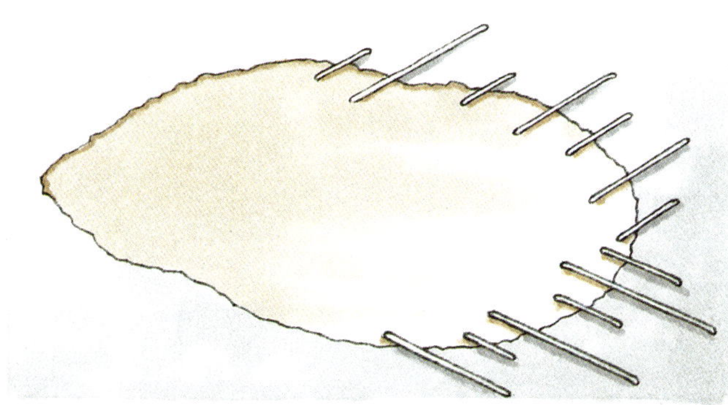

Rapiéçage d'un trou
Rapiécez les trous selon la méthode utilisée pour les déchirures, mais employez une alternance de points longs et de points courts pour coudre les bords du trou à la pièce.

REMPLACER BOUTONS ET FERMETURES

S'il est difficile de trouver l'exacte réplique d'un bouton ou d'une fixation manquante, il est relativement facile de dénicher un lot de boutons anciens à coudre, par exemple sur une robe du XIXe siècle ou un pardessus des années trente. Les boutons anciens se collectionnant, vérifiez leur valeur et leur rareté avant de les porter. Ne séparez pas les boutons de leur carton de support, car ceux-ci sont également recherchés.

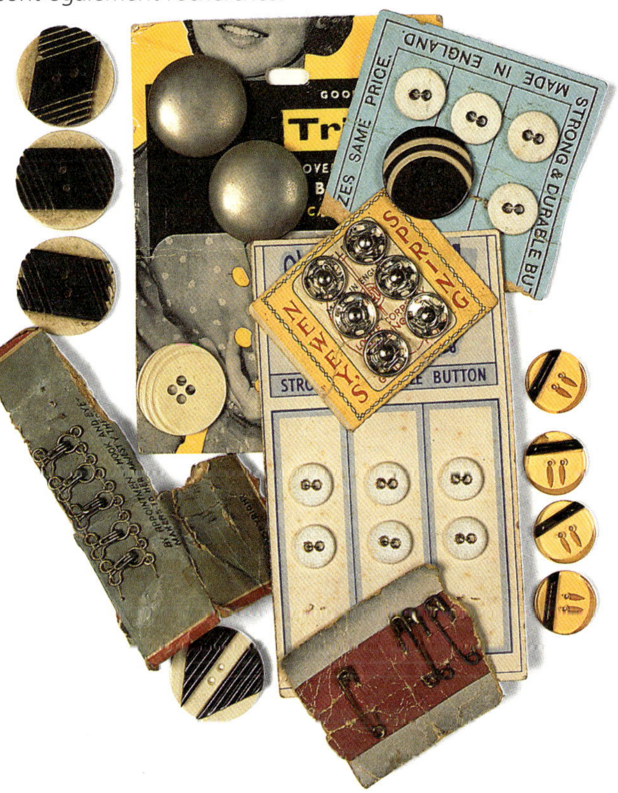

Fixer des perles détachées

Examinez attentivement tout travail ancien comprenant des perles afin de déceler les fils cassés.

Coudre des perles individuelles

Si possible, déterminez le type de point utilisé à l'origine et reproduisez-le en recousant les perles. En cas de doute, piquez le fil aussi près que possible de la perle, fixez celle-ci avec deux points et faites sortir l'aiguille en laissant une longue queue.

Fixer un rang de perles

Souvent, les perles étaient enfilées sur un seul fil, qui était à son tour cousu sur le tissu. Ainsi, quand une perle se détache, on risque de perdre tout le rang. Pour éviter cela, fixez le rang de perles à l'aide de points sur fil couché et surpiquez le bout du fil pour le maintenir au tissu.

UTILISER ET RANGER LES TEXTILES

Nombre de textiles anciens de collection ne sont jamais exposés, pour la simple raison qu'ils ne se prêtent pas à une présentation convenable. Il existe toutefois des exceptions, tels les tentures murales, les ouvrages de broderie et autres travaux d'aiguille, qui s'apparentent plus à des tableaux ou à des œuvres d'art en deux dimensions. Les pelotes à épingles, les chaussures en tissu ou les sacs à main brodés de perles peuvent être exposés en vitrine, à condition de disposer d'assez de place pour exposer des vêtements d'époque. La plupart des collectionneurs se contentent de les préserver de toute détérioration. En outre, quand les vêtements, les nappes et autres articles anciens sont utilisés au quotidien, leur rangement tend à être plus important que leur présentation.

Porter des vêtements anciens
La mode remet souvent au goût du jour des vêtements anciens que l'on avait oubliés ; d'autres, comme les robes de mariée ou de baptême, sont souvent transmis de génération en génération. Le port d'un vêtement ancien comporte toujours le risque d'une détérioration accidentelle : inspectez soigneusement la pièce et, plus important encore, faites-la nettoyer avant de la ranger à nouveau. Les vêtements simples en coton ou en lin peuvent être lavés à la main (voir page 114), mais tout article plus complexe devra être nettoyé à sec par un spécialiste. Cela coûte plus cher qu'un teinturier de quartier, mais cela vaut la peine.

Mesures d'urgence

Quel que soit le soin apporté, il y a toujours l'éventualité de renverser quelque chose qui tachera le vêtement ou le linge de maison. Si la plupart des articles tachés doivent être confiés à un spécialiste, il n'est pas inutile de prendre des mesures d'urgence pour minimiser les dégâts.

Rien ne garantit l'efficacité de ces mesures, mais, le mal étant fait, vous n'avez pas grand-chose à perdre.

- **Vin rouge**
Pour neutraliser l'effet du vin rouge, versez immédiatement du vin blanc sur la tache. Ou bien, si vous avez lavé l'article sans problème dans le passé, laissez-le tremper dans de l'eau froide.
Pour les textiles qui ne peuvent être lavés à l'eau, versez une poignée de sel sur la tache et laissez-le absorber le vin. Le lendemain, éliminez le sel à l'aspirateur.
- **Confiture de fraises ou de framboises**
Si vous pouvez laver la nappe sans risque, faites-la tremper dans de l'eau très chaude.
- **Cire de bougie**
Si de la cire tombe sur une nappe ou des serviettes, ôtez les morceaux durcis, puis couvrez la tache de papier kraft, côté brillant vers vous. Passez un fer à repasser dessus afin de faire fondre la cire et de l'extraire du tissu. Recommencez avec du papier propre jusqu'à disparition.
- **Taches de transpiration**
Ce type de tache est pratiquement impossible à éliminer, surtout sur la soie et les fibres synthétiques. Un nettoyage à sec à base de solvant peut être efficace, mais les chances sont minces.
- **Encre**
Absorbez autant d'encre que possible et confiez sans tarder l'article taché à un restaurateur de textiles.
- **Boue**
Laissez sécher la boue, puis brossez-la tout en passant l'aspirateur (voir page 116). N'essayez jamais de retirer la boue tant qu'elle n'est pas sèche.
- **Inondation**
Un tuyau qui éclate ou une inondation peuvent avoir un effet désastreux sur les textiles anciens. Si vous les laisser sécher, les taches d'eau deviendront permanentes.
Enveloppez les textiles trempés dans du polyéthylène et mettez-les au congélateur, puis portez-les à un restaurateur dès que possible.

Ranger les textiles

Les textiles anciens doivent être rangés à l'abri de la lumière afin de ne pas subir les effets des ultraviolets. Une atmosphère sèche et fraîche est également essentielle.

Envelopper de papier de soie

Les textiles devraient toujours être enveloppés de papier de soie non acide et rangés à plat dans des boîtes de carton neutre. Si vous devez les plier, garnissez chaque pli d'un rouleau de papier de soie, afin de ne pas marquer les pliures.

Enrouler les textiles plats

Enroulez les grandes pièces, envers vers vous, sur des tubes de carton neutre ou des tuyaux en PVC recouverts de papier de soie. Veillez à ce que le fil soit droit et, si possible, roulez le textile dans le sens de la trame.

Étalez d'autres feuilles de papier sur le textile pendant que vous commencez à le rouler autour du tube. Fixez le rouleau avec du ruban de coton blanc, ou, mieux encore, enveloppez-le d'une pièce de calicot lavé.

Ranger les vêtements

Vous pouvez ranger les vieux vêtements dans des boîtes de carton neutre, comme ci-dessus, en veillant toutefois à rembourrer les manches, les corsages et les plis de papier de soie.

Pour empêcher les boutons métalliques de tacher le tissu, entaillez des petits carrés de papier de soie non acide et passez-les entre le tissu et les boutons.

Rien ne peut empêcher les boutons d'argent de ternir s'ils sont cousus sur un lainage. Les fils métalliques présents sur les uniformes militaires terniront également, même après un nettoyage.

Avant de ranger des vêtements, retirez toute épingle ou broche qui y serait fixée.

Ranger les accessoires

Rembourrez les chapeaux et les chaussures de papier de soie non acide afin qu'ils conservent leur forme. Entreposez-les dans des boîtes de rangement en carton, renforcées aux coins. Protégez les sacs à main de soirée de la même façon, en veillant à ne pas les empiler les uns sur les autres.

Suspendre les vêtements

Pendez les grands vêtements sur des cintres rembourrés et couvrez-les de sacs de calicot, retenus en bas par un ruban. N'utilisez pas de housses en plastique, qui attirent la poussière et favorisent la moisissure.

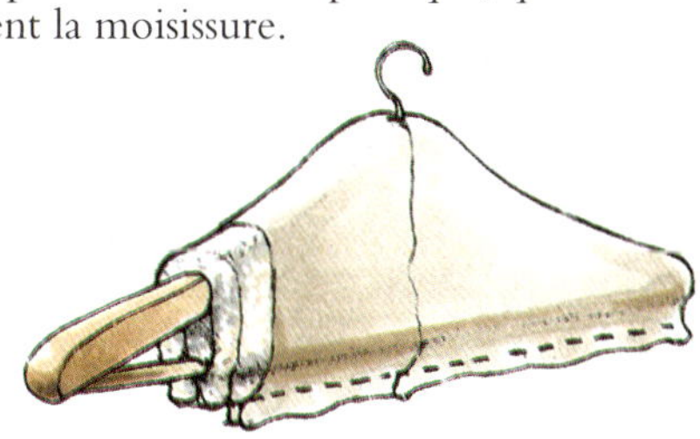

Confection d'un cintre rembourré

Choisissez un cintre solide, de préférence muni d'une tringle à pantalons et d'une largeur appropriée au vêtement en question. Enveloppez le cintre de molleton polyester, disponible dans tous les grands magasins. Cousez-le avec un fil de coton blanc, puis couvrez-le de calicot lavé.

Si nécessaire, vous pouvez faire descendre le molleton sous le cintre et le mettre en forme aux ciseaux pour rembourrer le haut d'une robe.

Pose de rubans à la ceinture

Pour suspendre une jupe à un cintre, cousez de larges boucles en ruban de coton sur la ceinture, une devant, une derrière et une de chaque côté.

Suspendez une lourde robe ornée de perles, ou toute robe très fragile, à l'aide de rubans similaires, qui élimineront la tension du corsage. Passez les boucles de la ceinture sur le cintre pour soutenir le poids de la jupe.

PROTÉGER LES TEXTILES CONTRE LES MITES

Les mites pondent parfois leurs œufs sur la soie, mais elles sont particulièrement attirées par le soufre présent dans la laine. Quand les larves éclosent, elles se nourrissent des fibres du tissu et laissent des trous caractéristiques. Pour protéger votre garde-robe de ces parasites, assurez-vous que les textiles sont propres avant de les ranger et dépoussiérez l'intérieur des placards, des tiroirs et des armoires.

Frottez d'huile de cèdre l'intérieur de vos meubles de rangement (on en trouve dans tous les magasins pratiquant l'aromathérapie). L'huile de cèdre éloigne non seulement les mites, mais dégage une très agréable odeur. Aucun restaurateur de textiles ne vous recommandera l'utilisation de naphtaline, le naphtalène pouvant être toxique en certaines circonstances.

Éradiquer les mites

Si vous découvrez des mites vivantes dans votre garde-robe, ou si vous décelez des signes d'infestation, enveloppez tous les textiles dans des sacs en plastique et portez-les dehors pour les brosser et les aspirer afin d'éliminer les œufs. Assurez-vous de bien passer l'aspirateur sur les coutures, les poches et les revers. Par mesure de précaution, nettoyez tous les vêtements de votre garde-robe et faites-les traiter par fumigation par un expert.

La congélation permet d'éradiquer les invasions, mais il faut envelopper les textiles dans du polyéthylène et les laisser une semaine dans un congélateur réglé à -20 °C. À moins que vous n'ayez accès à un congélateur industriel, demandez à votre musée local de vous recommander quelqu'un disposant d'un appareil adéquat. Passez les vêtements à l'aspirateur une fois qu'ils sont décongelés.

Exposer les textiles

Les textiles anciens constituent de jolies décorations murales, mais doivent être montés et exposés avec soin pour ne pas risquer de s'abîmer. Les musées présentent les textiles sous faible éclairage, mesure peu envisageable chez soi, mais l'on peut toujours prévenir les dégâts des ultraviolets en évitant de suspendre les textiles à la lumière du soleil ou de les éclairer avec des spots. Les voilages ou les stores à demi tirés permettent de réduire l'éclairage d'une pièce, et l'on tiendra fermés les rideaux d'une pièce inutilisée dans la journée.

Les textiles souffrent de la chaleur, notamment s'ils se trouvent au-dessus d'un radiateur ou d'une cheminée. L'air chaud rend les fibres cassantes et dépose de la poussière sur les textiles non protégés.

Ne suspendez pas les textiles sur des murs sujets à l'humidité ou à la condensation.

Comme les œuvres graphiques, les textiles anciens devraient être montés sous verre, mais, si votre tenture est trop grande pour être encadrée, suspendez-la à une latte de bois afin de bien répartir son poids et réduire la tension sur les parties faibles du tissu.

Encadrer les textiles
Les petits travaux de broderie et les pièces de dentelle fine peuvent être encadrés à la manière d'une œuvre sur papier, mais demandez toujours l'avis d'un expert au cas où votre article présenterait un problème particulier.

Les amateurs pourront monter sans risque des textiles de la taille d'un mouchoir. Toute pièce plus grande, surtout si elle est fragile, devra être encadrée par un professionnel.

Choisir un cadre
N'employez pas de cadres tout prêts pour exposer les textiles anciens. La pièce devant être montée sous verre, il est impératif d'utiliser des matériaux neutres, qui n'endommageront pas le textile à la longue. Les encadreurs et les restaurateurs proscrivent généralement les cadres en pin, en chêne ou en acajou. Il faudra également protéger la face interne du carton de dos afin d'empêcher les acides de pénétrer dans les fibres du tissu. Les professionnels utilisent généralement une feuille métallique thermocollante, disponible chez les fournisseurs spécialisés.

La surface du textile ne doit pas toucher le verre ; veillez à ce que la feuillure du cadre soit suffisamment profonde pour y loger une fine baguette, ou bien utilisez un passe-partout épais réalisé dans un carton non acide (voir pages 24-25).

Monter les textiles

Avant d'être encadrés, les textiles anciens doivent être montés sur un support rembourré. Confectionnez le support dans un carton neutre et de la finette de coton, le tout recouvert d'un tissu (en lin ou en coton, de préférence) assorti au textile. Lavez le tissu à l'eau chaude, sans détergent, pour vous assurer qu'il ne rétrécira pas et pour ôter l'apprêt du fabricant. Séchez et repassez le tissu. De même, lavez la finette à l'eau chaude.

1 Confection du support
Pour faire un support qui restera plat, collez deux morceaux de carton neutre, le droit-fil de l'un perpendiculaire à celui de l'autre. Utilisez de la colle blanche à base d'eau. Coupez le support collé de sorte qu'il dépasse le textile d'au moins 18 mm tout autour, afin de pouvoir le manipuler.

2 Rembourrage du support
Coupez un morceau de finette d'environ 75 mm plus grand que le support sur ses quatre côtés. Placez le support au centre de la domette de sorte qu'il soit aligné avec la trame et la chaîne. En maintenant fermement le support d'une main, rabattez les bords du tissu et fixez-les à l'aide d'épingles à tête de verre, piquées dans les bords du carton.

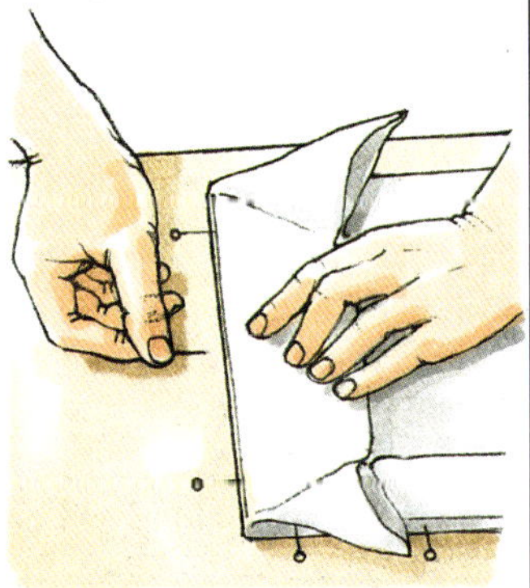

3 Ajustage de la tension
Pour vérifier si la tension convient, posez le support rembourré à l'endroit sur un plan de travail et glissez fermement votre doigt à partir du centre. Si le tissu plisse, tirez-le et remettez les épingles en place afin de le tendre davantage. Si le carton se voile, relâchez la tension de la finette.

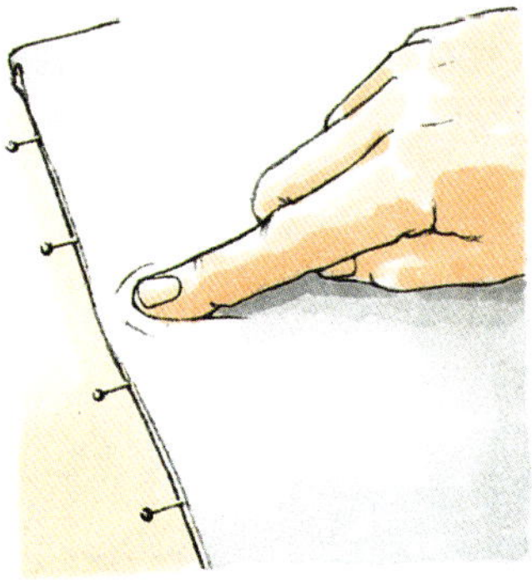

4 Collage de la finette
Posez le support à l'envers et enduisez le périmètre du carton d'une bande de colle blanche. Rabattez les bords de la finette et frottez-les sur la colle, en coupant les coins en onglet. Laissez prendre la colle et retirez les épingles.

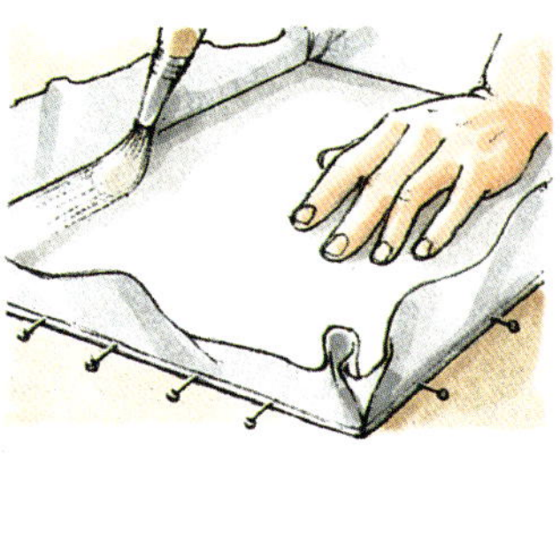

5 Pose du tissu extérieur
Coupez un morceau de tissu de 25 à 50 cm plus grand que la domette. Tendez-le sur le support rembourré (voir ci-contre), puis vérifiez la tension. Collez le tissu sur le dos du support. Assurez-vous que la chaîne et la trame sont parallèles avec les bords du carton, puis coupez les coins en onglet. Laissez prendre la colle.

6 Alignement du textile
Installez des repères provisoires pour monter le textile sur le support, surtout s'il s'agit d'une pièce asymétrique. Piquez des épingles droites sur les bords du carton, à égale distance de chaque coin. Tendez légèrement du fil de coton d'une épingle à l'autre, de part et d'autre du support.

7 Épinglage du textile
Après avoir effectué les réparations adéquates pour conserver le textile, posez-le au centre du support et épinglez-le en place avec des épingles à tête de verre piquées à chaque coin. Ajoutez d'autres épingles si nécessaire afin de bien tendre le textile, sans excès toutefois. Le droit-fil du textile doit suivre celui du tissu extérieur.

8 Assemblage du textile sur le tissu
Avec une fine aiguille courbe, cousez le textile sur le tissu du support, au point de chausson. Commencez par le bord supérieur, puis les côtés et le bord inférieur, en retirant les épingles au fur et à mesure que vous avancez. Terminez par deux petits points, repassez l'aiguille sous le rang de points de chausson, sur 25 mm environ, et coupez le fil. Enfin, montez le textile dans son cadre et entourez le dos de ruban adhésif pour empêcher la poussière de rentrer (voir pages 24-25).

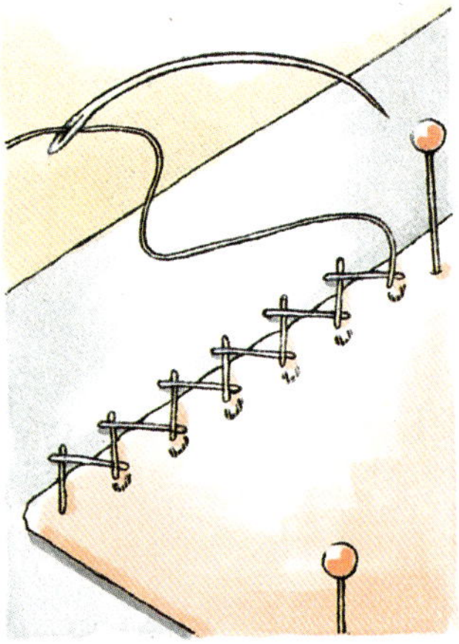

Suspendre les textiles de grande taille

Pour exposer les textiles trop grands pour être mis sous verre, cousez-les à une doublure de lin ou de coton non pelucheux, et suspendez la doublure à une latte de bois fixée au mur. Lavez d'abord la doublure pour éliminer l'apprêt du fabricant. Séchez-la puis repassez-la à plat sans dévier le droit-fil.

Recourez à un professionnel pour les pièces dépassant le mètre carré.

Fixer la doublure

Sur ses quatre côtés, la doublure terminée devra faire 6 mm de moins que le textile. En mesurant le tissu pour la doublure, comptez 1 cm de plus pour chaque 30 cm de large et de long. Ce métrage supplémentaire est en prévision d'une éventuelle contraction du textile. En outre, comptez 3 cm de réserve sur les quatre côtés de la doublure.

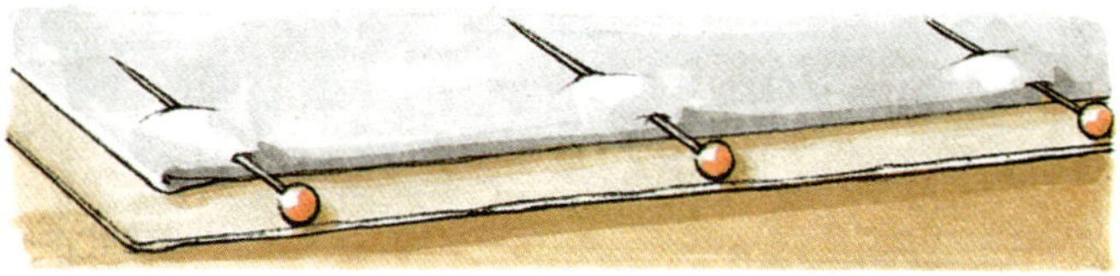

Épinglage de la doublure au textile

Posez le textile à l'envers, aligné avec le bord avant du plan de travail. Rentrez les bords de la doublure et épinglez celle-ci sur le textile ; chaque bord plié doit être à 6 mm du bord du textile. Utilisez des épingles à tête de verre, espacées de 4 cm. Au fur et à mesure que vous épinglez, incorporez le tissu supplémentaire.

Coudre au point de doublure

Le point de doublure maintient celle-ci contre le textile, empêchant la pénétration des insectes et de la poussière.

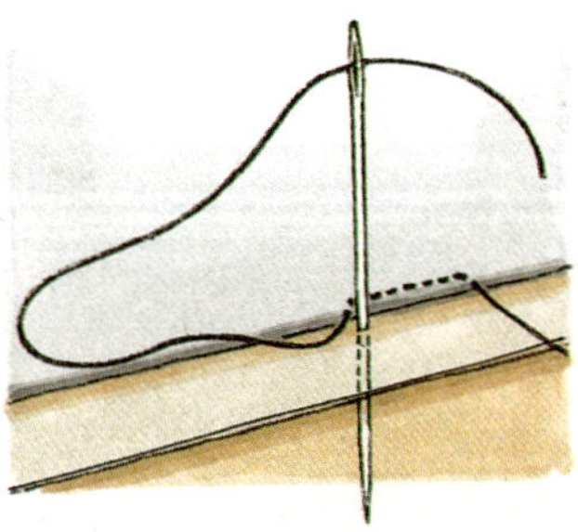

1 Insertion de l'aiguille dans le bord replié

Pour chaque point, insérez l'aiguille dans le bord plié de la doublure et faites-la ressortir 1 cm plus loin. Piquez l'aiguille dans le textile, tout près de l'endroit d'où émerge votre fil.

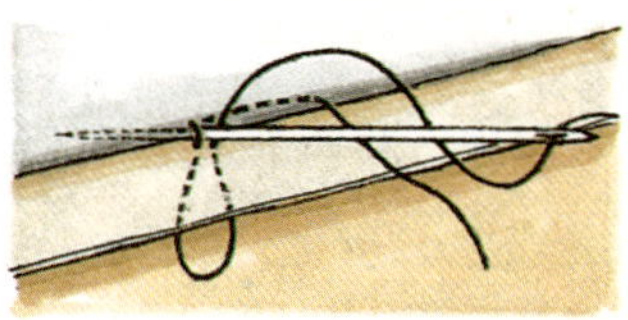

2 Couture arrière

Refaites sortir l'aiguille dans le textile à 1 mm à droite, puis insérez la pointe de l'aiguille dans le même trou de doublure.

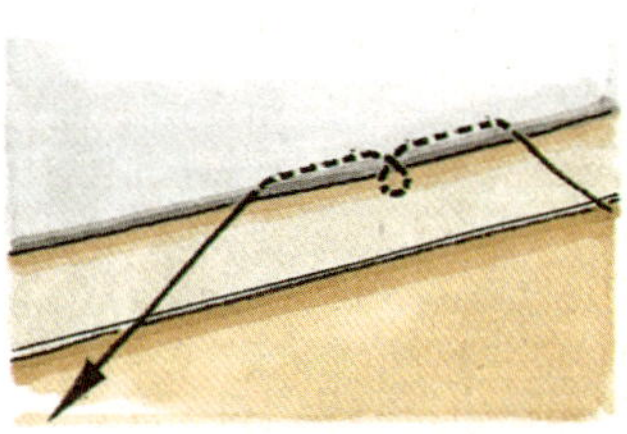

3 Tension du point

Faites sortir la pointe de l'aiguille 1 cm plus loin, sur le bord plié, puis tirez le fil pour rapprocher la doublure du textile. Recommencez le point de doublure à cet endroit.

Utiliser du ruban Velcro

Après avoir assemblé la doublure et le textile sur les quatre côtés, suspendez la pièce à une latte fixée au mur, à l'aide de ruban Velcro.

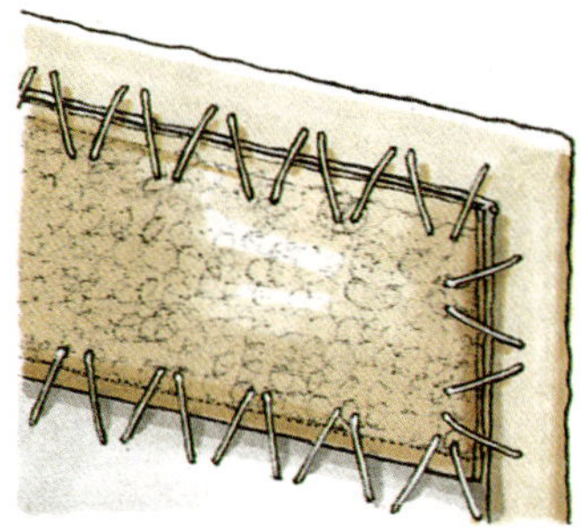

1 Couture du Velcro sur la tenture

Avec un fil en polyester assez épais, cousez la partie douce du ruban Velcro le long du bord supérieur de la doublure. Employez un point en « V », d'environ 6 mm de long, passant par la doublure et le textile. N'utilisez jamais de machine à coudre pour cette opération.

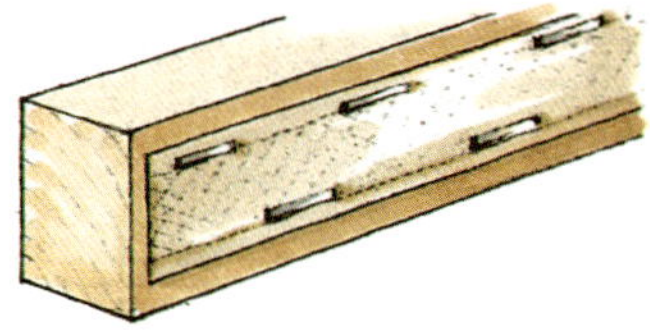

2 Agrafage du Velcro sur la latte

Vissez la latte au mur et fixez-y l'autre partie du ruban Velcro à l'aide d'agrafes de tapissier solides.

3 Pose de la tenture

Demandez l'aide de quelqu'un pour poser la tenture sur la latte. Vous pouvez rouler la tenture et commencer à la fixer à une extrémité de la latte. Pressez les deux parties du ruban Velcro, pendant que votre assistant soutient le poids de la tenture et la déroule progressivement. Ou placez le milieu de la tenture bien au milieu de la latte et travaillez vers l'extérieur à partir du centre. Pour cette méthode, deux assistants s'avéreront peut-être nécessaires. Une fois la tenture fixée à la latte, vous pourrez effectuer des ajustements de détail.

Tapis

Beaucoup de tapis faits à la machine sont aussi beaux que durables, mais les collectionneurs n'ont généralement d'yeux que pour les tapis tissés ou noués à la main. Bien qu'ils constituent une forme de textile assez spécifique, les tapis suivent une base chaîne-trame. Du point de vue de la confection, les kilims et les soumaks, tissés à plat, se distinguent difficilement des autres tissés, mais les tapis à points noués, eux, sont réalisés de manière très différente.

Confectionner un tapis noué

On noue un fil de laine ou de soie autour d'une paire de fils de chaîne parallèles, orientés de haut en bas du métier. Après avoir fait un rang de nœuds, le tisserand introduit des fils de trame transversaux qu'il tasse avec un peigne pour bien fixer les nœuds. Après chaque nœud, le fil est sectionné au couteau ; quand le rang est terminé, les extrémités des nœuds sont rasées aux ciseaux afin de former un « velours » dense.

Au fur et à mesure du travail, le tisserand insère les fils de couleurs pour créer le motif du tapis. Réalisé à la main, généralement par des peuples nomades qui doivent souvent monter et démonter leurs métiers, le motif des tapis orientaux est rarement régulier ou symétrique et la couleur des fils peut varier considérablement. Mais, loin de les déprécier, ces irrégularités donnent tout leur charme à ces tapis.

Une étroite bande tissée à chaque extrémité du tapis protège le velours et, avec la frange, forme une bordure décorative. Les franges ne sont autres que les fils de chaîne coupés, et parfois noués pour former de longs glands.

LES TYPES DE NŒUDS

Les types de nœuds utilisés pour confectionner les tapis varient d'une région à l'autre. Les plus communs d'entre eux sont le nœud turc (ou ghiordès) et le nœud asymétrique persan (ou senneh). Le nœud turc jufti ressemble au nœud ghiordès, mais se fait autour de quatre fils de chaîne au lieu de deux.
En raison du mouvement des divers tribus et peuples anciens, il est impossible de savoir de façon catégorique où étaient utilisés ces nœuds, mais l'on estime que le nœud ghiordès vient de Turquie et de certaines parties de l'ouest de l'Iran et du Caucase. Le nœud senneh se retrouve sur des tapis faits en Iran, en Inde et en Chine.

Nœud turc, ou ghiordès

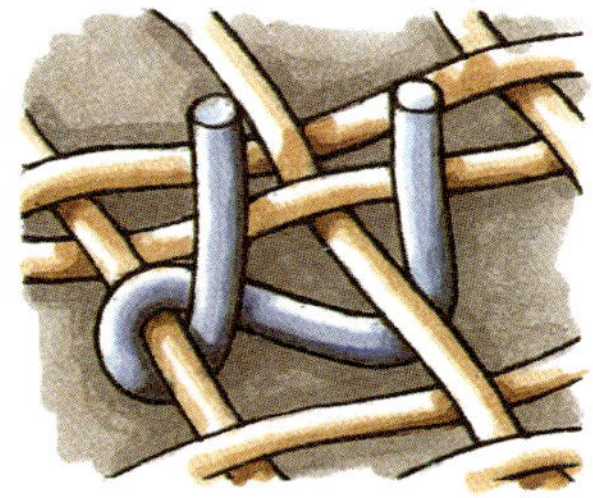
Nœud persan, ou senneh

Nœud jufti

Nettoyer les tapis

Les tapis doivent être nettoyés régulièrement pour éviter toute infestation de mites et autres parasites, et pour déloger les minuscules particules de saleté qui abîment les fibres. Si les aspirateurs sont généralement utilisés pour nettoyer les revêtements de sol modernes, ils ne conviennent toutefois pas pour les tapis anciens, en particulier si ceux-ci sont dans un état précaire : une aspiration trop forte risquerait de les réduire en lambeaux. À moins que vous ne soyez prêt à investir dans un aspirateur spécial pour pièces de musée, il est plus sage de dépoussiérer les tapis noués ou tissés avec une brosse à poils doux. Cette méthode s'applique également au nettoyage des tapis de soie.

Essayez de brosser votre tapis chaque semaine, et consultez un spécialiste en tapis orientaux afin de savoir si vous pouvez le faire nettoyer tous les deux ans. Une fois par mois, soulevez le tapis pour balayer la poussière déposée en dessous et brossez l'envers du tapis.

Brossage d'un tapis
Nettoyez les tapis anciens à l'aide d'une brosse à poils doux. Brossez-les doucement à la main, uniquement dans le sens du velours (de haut en bas).

Éliminer les taches
Dans la plupart des cas, quelques taches mineures restent acceptables tant qu'elles ne défigurent pas le tapis. De toute façon, il est rare qu'elles se voient sur un tapis coloré. Toutefois, il n'est pas inutile de faire identifier une tache ancienne par un expert, au cas où elle abîmerait irrémédiablement les fibres du tapis. L'expert vous dira s'il faut l'éliminer et vous proposera un devis en conséquence. Voir aussi pages 128-129.

DÉTECTER LE SENS DU VELOURS

Si vous passez la main sur un tapis, vous sentirez qu'il est plus doux dans un sens et plus rêche dans l'autre. Brossez le tapis dans le sens le plus doux, ce qui évite de soulever le velours.

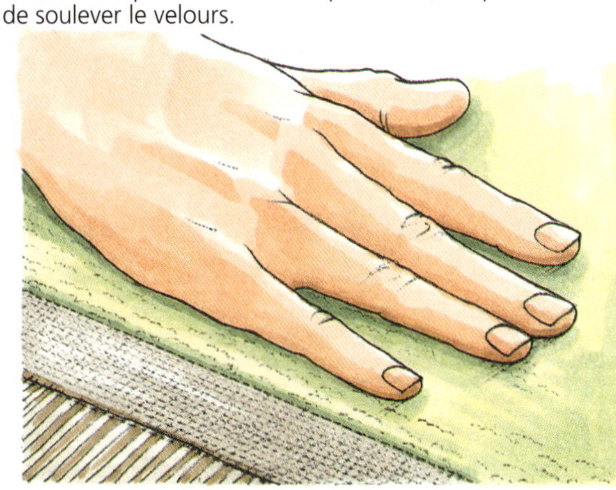

Réparer les tapis

Un tapis soumis à des piétinements quotidiens pendant plusieurs années ne peut rester en parfait état, mais il n'aura besoin d'être restauré que s'il présente un risque de détérioration sévère.

Les professionnels accomplissent de petits miracles, notamment dans le reprisage des trous et des parties usées. Toutefois, les réparations de ce style exigent un certain talent, ainsi qu'un œil exercé pour assortir les couleurs et recréer le motif abîmé. Un restaurateur pourra également remplacer les franges manquantes et refaire les lisières abîmées, un travail difficile réservé aux experts. Vous pouvez vous-même freiner la détérioration d'un tapis en l'empêchant de s'effilocher et en effectuant les petites réparations avant que les dégâts ne s'étendent.

Empêcher un tapis de s'effilocher

Les kilims présentent une étroite bande de fils tissés serrés à chaque bout, servant à retenir le velours en place et à empêcher le tapis de se défaire. Lorsque cette extrémité commence à s'effilocher, un traitement rapide doit être entrepris pour protéger la partie décorative du tapis.

Achetez une bande de toile à sangle en coton écru, dans une largeur adaptée à l'extrémité du tapis (elles existent jusqu'à 50 mm de large). Vous trouverez ce type de ruban de toile dans les grands magasins ou les bonnes merceries.

Si vous devez assortir la couleur de l'extrémité du tapis, vous pouvez teindre la toile avec une teinte à l'eau.

Fixation de la toile
Cousez la toile à la main sur l'extrémité du tapis, en suivant la forme du bord usé. Faites des points en « V » sur les deux bords de la toile avec un fil de polyester relativement épais. Si la toile est un peu trop large, faites en sorte qu'elle ne dépasse pas du tapis.

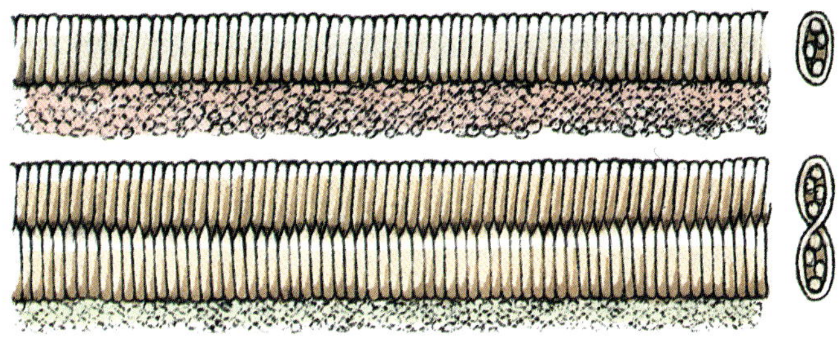

Réparer les lisières

Au cours du tissage, les fils de trame sont passés autour des derniers fils de chaîne, de part et d'autre du tapis. Quand celui-ci est terminé, les bords sont consolidés avec un fil de renfort afin de former de solides lisières. Certains tapis ont des lisières doubles, obtenues en passant les fils en « huit ».

Plus épaisses que le reste du tapis, les lisères s'abîment relativement vite. On a tout intérêt à remplacer les fils abîmés avant que les fils de trame et de chaîne ne commencent à s'user.

1 Insertion d'un fil de renfort neuf
Piquez l'aiguille sous le fil existant, à l'endroit où les dégâts commencent. Faites ressortir la pointe 12 mm plus loin, le long de la lisière.

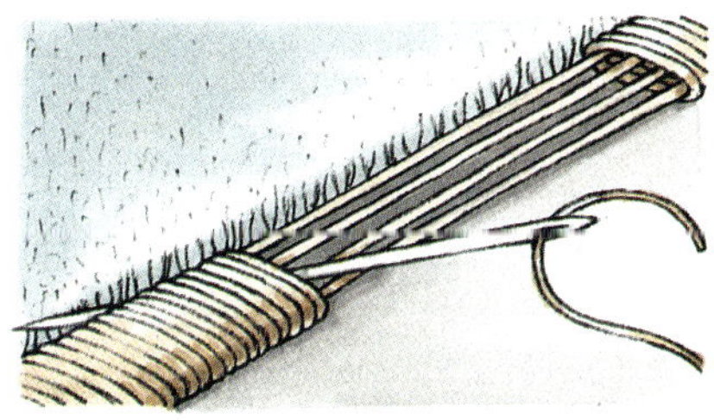

2 Consolidation du bord
En travaillant en arrière par rapport à ce point, surpiquez la lisière abîmée à l'aide de points nets et bien serrés, sans toutefois trop tirer le fil, ce qui déformerait la lisière.

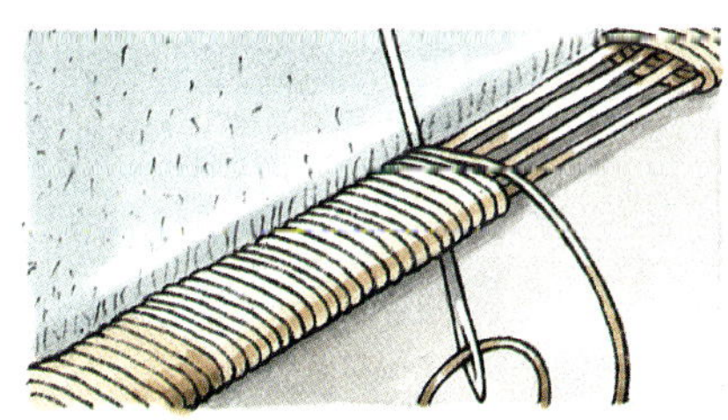

3 Arrêt
Continuez à coudre jusqu'à 12 mm au-delà de la partie usée, puis repassez l'aiguille dans le nouveau fil de renfort, sur 25 mm. Coupez le fil là où il émerge.

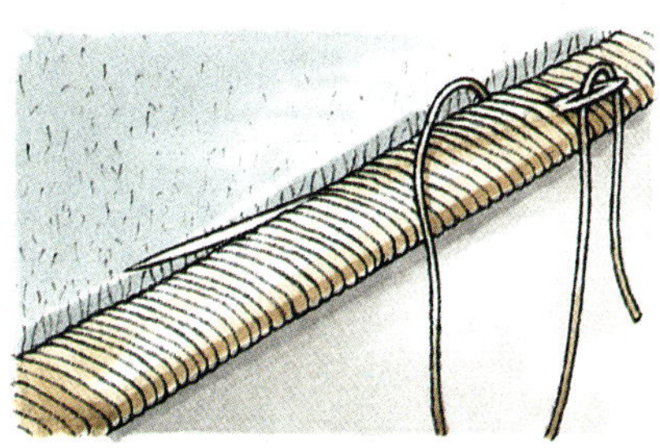

Utiliser et exposer les tapis

Peut-être plus que les autres objets anciens, les tapis remplissent leur fonction d'origine, ce qui les rend très vulnérables. Ils se détériorent rapidement si l'on ne fait pas l'effort de les ménager et d'empêcher les accidents.

Protéger les tapis des dégâts

Évitez d'utiliser les vieux tapis dans les entrées, escaliers ou paliers, et tout autre emplacement où le passage est fréquent. La salle à manger est l'un des pires lieux pour mettre un tapis. Non seulement il doit soutenir le poids de la table, mais il subit toujours au même endroit le piétinement des pieds et des chaises. En outre, il reçoit les aliments et les boissons renversées. Même si vous mettez vos tapis anciens dans une chambre, où les chaussures lourdes sont moins à craindre, vous avez intérêt à les tourner régulièrement pour qu'ils ne s'usent pas toujours à la même place.

Ne mettez pas de meubles lourds sur un tapis ancien, mais disposez des soucoupes sous-meuble en plastique afin de protéger le tapis des pieds de chaises et des roulettes.

N'étendez pas un tapis directement sur un sol en pierre, en carrelage ou en béton, ni sur un parquet doté d'interstices. Une thibaude de bonne qualité freinera l'usure et empêchera la poussière de sortir des interstices. Sur une moquette, un tapis nécessite une thibaude double face pour ne pas gondoler.

Les fuites de plomberie peuvent être très nuisibles, surtout celles provenant des systèmes de chauffage central, qui contiennent des détartrants chimiques et des produits anticorrosion. Vérifiez régulièrement vos radiateurs, et utilisez un garde-feu efficace pour protéger des étincelles et des cendres les tapis devant la cheminée.

EXPOSER UN TAPIS AU MUR

Les tapis de valeur, ou ceux trop usés pour être étendus au sol, feront de jolies tentures murales. Toutefois, ils doivent être suspendus de façon que leur poids soit réparti équitablement, afin d'éviter de mettre de la pression sur les parties usées. Ne suspendez pas les tapis à la lumière directe du soleil ou sur un mur humide, ni au-dessus d'une cheminée ou d'un radiateur.

Suspendre un tapis à une tringle

Confectionnez un manchon de suspension en cousant un ruban d'extrafort de 50 mm de large au dos du tapis, à 18 mm environ sous la frange. Avec un fil de polyester solide, cousez les bords inférieur et supérieur du ruban, en laissant suffisamment de mou pour glisser la tringle dans cet espace.

Posez les extrémités de la tringle sur des supports fixés au mur, ou suspendez la tringle à des chaînes.

Suspendre un tapis avec du Velcro

Suspendez les tapis très lourds avec du ruban Velcro. Cousez une partie du ruban au dos du tapis et agrafez l'autre partie sur une latte fixée au mur (voir page 124).

Mesures d'urgence

Si un tapis ancien est posé par terre, il sera inévitablement taché un jour ou l'autre. C'est un risque à prendre, mais on peut toutefois éviter que les taches ne restent en réagissant vite. Si ces mesures d'urgence échouent, confiez le tapis à un spécialiste.

Éponger les liquides renversés

Il est impératif d'éponger immédiatement les liquides renversés, afin de les empêcher de pénétrer profondément dans les fibres.

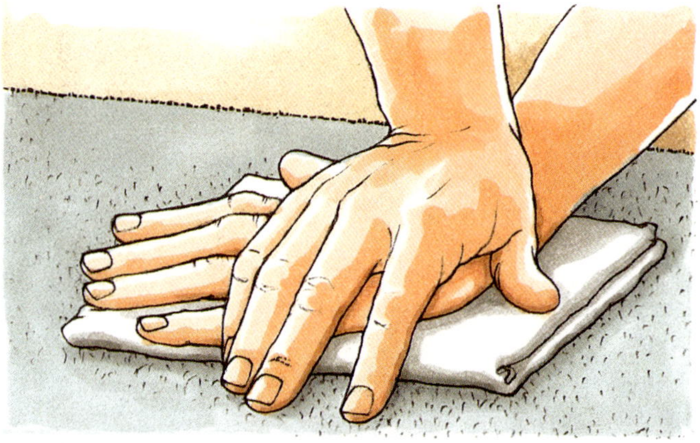

1 Utilisation d'un torchon

Pliez un torchon blanc pour former un tampon épais, posez-le sur le liquide et appuyez fermement dessus. Dès que le torchon est complètement mouillé, recommencez avec un torchon sec. Continuez jusqu'à ce que tout le liquide soit absorbé.

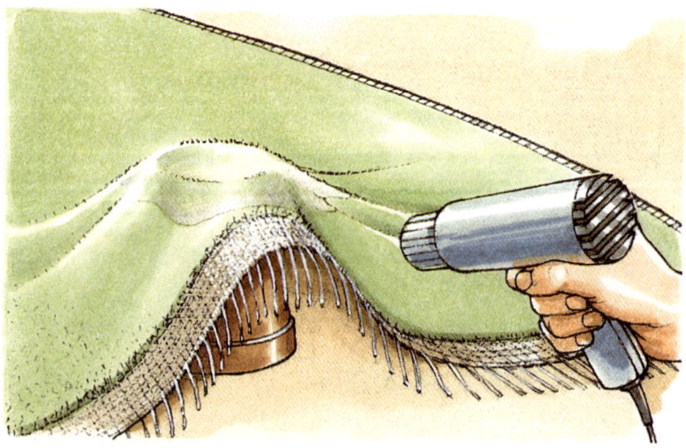

2 Séchage

Si c'est de l'eau claire qui a été renversée, une fois que vous avez épongé le tapis, séchez-le avec un sèche-cheveux froid ou un ventilateur. Essayez de soulever la partie mouillée du tapis afin de favoriser la circulation de l'air. Quand le tapis est sec, regonflez le velours du bout des doigts.

Éponger le vin rouge
Retirez autant de vin que possible à l'aide de torchons absorbants, puis saupoudrez la tache de sel. Retirez le sel le lendemain.

Urine d'animaux
L'urine contient un acide très néfaste aux textiles. S'il est tentant de nettoyer la tache d'urine avec de l'eau, cela ne fait qu'empirer les choses.

Soulevez immédiatement le tapis souillé et portez-le à la cuisine ou mettez une feuille de plastique dessous afin de protéger le sol ou le revêtement.

Épongez tout le liquide possible avec des chiffons de coton, puis confiez le tapis à un professionnel.

En guise de précaution, n'étendez pas de tapis anciens dans une pièce fréquentée par un animal.

Retirer la boue
Si des traces de boue sont faites sur un tapis, laissez-les sécher, puis ôtez les petits morceaux à la main et brossez le reste.

Retirer le chewing-gum
Pour ôter un chewing-gum collé sur votre tapis, mettez un glaçon dans un sac en plastique et tenez-le contre le chewing-gum. Quand celui-ci a durci, retirez-le soigneusement avec un couteau émoussé. Cependant, si le tapis est précieux ou particulièrement fragile, portez-le chez un professionnel.

RANGER LES TAPIS

Un tapis plié longtemps présentera des plis qui peuvent devenir permanents. Si vous devez ranger un tapis, roulez-le sur un tuyau de plastique large et qui doit dépasser de part et d'autre du tapis. Pour éviter d'écraser le velours, roulez toujours un tapis à points noués à partir du haut ; passez la paume de la main sur le tapis : si le velours est rêche, c'est que vous allez vers le haut du tapis.

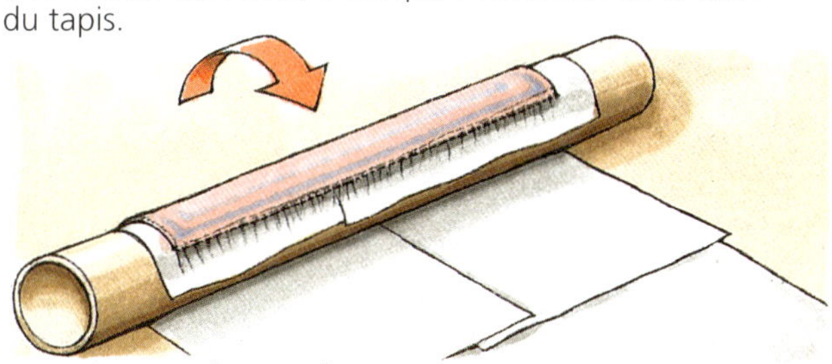

Enroulement d'un tapis
Étendez le tapis à l'envers et couvrez-le de papier de soie non acide. Placez le tuyau en haut du tapis et faites-le rouler, en lissant le tapis au fur et à mesure. Enveloppez le tapis roulé dans un vieux drap de coton ou une pièce de calicot propres, et fixez-le avec un ruban de coton. Si possible, surélevez les bouts du tuyau afin que le tapis repose à l'horizontale et au-dessus du sol. Ne rangez pas un tapis à la verticale.

Utilisation des tapis au sol
Étendez vos tapis anciens sur des thibaudes de qualité, et protégez le velours en posant des soucoupes sous-meuble sous les pieds de la table basse.

LES MATIÈRES PREMIÈRES

Les matières plastiques sont celles qui, à un certain stade de leur fabrication, deviennent malléables et donc aptes au moulage. Bien que le terme de « plastique » inclue les matières inorganiques comme le ciment ou le plâtre, il s'utilise généralement pour décrire les matières naturelles ou synthétiques dotées d'une structure polymère. Les polymères contiennent une substance macromoléculaire constituée de nombreuses parties (du grec *poly*).

L'écaille et la corne sont des matières plastiques naturelles qui peuvent être moulées sous la chaleur et la pression. Les premiers plastiques synthétiques ont été créés par le traitement de substances naturelles, tels le caoutchouc, la cellulose, les résines d'arbre, la gomme-laque et le lait. Aujourd'hui, toutefois, la plupart des plastiques sont à base de polymères synthétiques, généralement dérivés des produits pétrochimiques. Ils constituent une vaste gamme de matériaux, dont les propriétés distinctes varient selon la composition et le traitement.

Les plastiques se divisent, grosso modo, en deux catégories : les thermoplastiques et les thermodurcissables. Les thermoplastiques peuvent retrouver leur état liquide sous l'application de la chaleur, tandis que les plastiques thermodurcissables, transformés par une réaction chimique, sont irréversibles; la majorité d'entre eux est également dure et cassante, contrairement aux thermoplastiques.

PLASTIQUE

Nous vivons à l'âge du plastique et nous en manipulons quotidiennement de toute sorte. Probablement plus que tout autre matériau, le plastique a favorisé le développement du gaspillage, étant devenu si commun et bon marché qu'on n'a aucun scrupule à le jeter.

Les matières plastiques à base de substances organiques furent développées au milieu du XIXe siècle. Ce travail de pionnier entraîna la naissance d'une nouvelle industrie, qui se développa rapidement, à partir des années trente, grâce à l'introduction de nouveaux matériaux synthétiques. Les plastiques servirent d'abord à remplacer les matériaux naturels comme l'ivoire, l'écaille et l'ambre, mais leur polyvalence était telle qu'ils furent bientôt utilisés comme substitut du bois, du métal, du verre, de la céramique et même du cuir et du tissu.

De nos jours, on commence à se passionner pour les vieux produits en plastique. Toutefois, malgré l'idée préconçue qu'ils sont indestructibles, tous les plastiques se dégradent. En effet, leur nature chimique les rend sensibles aux changements atmosphériques, et seule l'épreuve du temps nous dira quels sont les plus durables. Ce chapitre décrit brièvement la plupart des plastiques courants utilisés pour fabriquer des objets jusque dans les années cinquante et donne des conseils de base relatifs à leur entretien.

LES TYPES DE PLASTIQUE

Le collectionneur d'objets en plastique peut choisir de se concentrer sur un type particulier de matériau ou élaborer une collection fondée sur des objets unis par un thème, un aspect ou une fonction. Quel que soit l'objectif de la collection, il est utile de connaître les différents types de plastique utilisés, afin d'appliquer la meilleure méthode de conservation.

Les services d'un laboratoire de chimie permettent de déterminer la formulation précise d'un plastique particulier à partir des divers polymères et additifs qui le composent, mais la simple observation à l'œil nu – fondée sur la texture superficielle, la couleur, l'opacité, la dureté ou la malléabilité et l'odeur – suffit à identifier en gros le type de plastique en question. Le style artistique et la fonction de l'objet, ainsi que sa méthode de fabrication sont autant d'indices supplémentaires. En cas de doute, consultez un spécialiste ou un musée.

MÉTHODES DE FABRICATION

La plupart des matières plastiques sont liquéfiées et formées dans un moule par l'application de la chaleur et de la pression ; d'autres sont moulées à froid.
Les thermoplastiques sous forme de feuille ou de baguette peuvent subir une nouvelle mise en forme une fois réchauffés. Ce procédé, le postformage, s'utilisait beaucoup pour les premiers produits en feuille de nitrocellulose, ainsi que pour les produits d'après-guerre faits à partir de feuille acrylique.
Les premières techniques de soufflage bi-orienté se servaient de l'air pour former des moulages en creux, par gonflage de deux feuilles de thermoplastique amollies par la chaleur et fixées entre des moules creux. Aujourd'hui, la méthode emploie un tube extrudé, fixé et soufflé dans un moule.
Les moulages en creux peuvent aussi se faire en enduisant un moule chauffé de pâte polymère. Cette méthode est utilisée pour fabriquer les poupées souples et les jouets élastiques bon marché.
L'extrusion des thermoplastiques consiste à pousser la matière chauffée dans une filière, puis à la refroidir. Cette technique est employée pour produire des longueurs continues d'un profilé particulier.
Le moulage par compression a recours à des matières thermodurcissables en poudre, destinées à remplir le moule. Celui-ci est alors chauffé jusqu'à ce que le plastique coule, puis il est entièrement comprimé. Une fois refroidi, le moule est ouvert et le moulage de plastique retiré.
La technique de l'injection utilise généralement des granulés de matière thermoplastique que l'on déverse par trémie dans une chambre chauffée. Une fois fondu, le plastique est injecté sous pression dans un moule scellé.
Les lignes qui apparaissent à la surface du plastique permettent de distinguer les objets moulés de ceux qui ont été fabriqués mécaniquement ; elles marquent, en effet, l'endroit où le moule a été ouvert pour retirer l'objet fini. Dans le cas du moulage par injection, on trouve aussi une marque circulaire à l'endroit où le plastique a été introduit dans le moule.

Gomme-laque

Plus connue sous forme de produit de finition pour meubles anciens, la gomme-laque fut aussi utilisée, en association avec des charges organiques, comme la farine de bois, ou des minéraux pulvérisés, comme la poudre d'ardoise, pour faire un thermoplastique moulé par compression. Ce matériau pouvait être moulé avec des détails très fins en vue d'obtenir des boîtes et des cadres pour photos. Mais, l'exemple le plus connu est peut-être le disque 78 tours.

Cette forme de plastique est assez cassante et se déforme sous une chaleur excessive. La gomme-laque fondue a une odeur de cire à cacheter. Quand les disques en gomme-laque furent supplantés par les disques en vinyle, certains furent transformés en pots décoratifs après avoir été ramollis à l'eau chaude.

Pour nettoyer les plastiques à base de gomme-laque, dépoussiérez-les à la brosse douce et essuyez-les avec un chiffon doux imbibé d'une solution savonneuse tiède.

Caoutchouc durci

La vulcanite, ou ébonite, est un matériau en caoutchouc durci, né aux alentours de 1839. Elle fut exploitée commercialement au milieu du XIXe siècle. À l'origine, l'ébonite s'obtenait par la vulcanisation du caoutchouc naturel, puis, dès les années quarante, du caoutchouc synthétique.

Moulée en toutes sortes d'objets – boutons, peignes, bijoux, stylographes, etc. –, l'ébonite était généralement noire, mais parfois rose (pour les dentiers), marron ou à rayures noires et rouges.

L'ébonite est sensible à la lumière et à la chaleur, qui oxydent la surface et lui donnent une coloration brun-vert mate. Si, après avoir manipulé le matériau, vos doigts sentent le soufre, cela indique que l'objet est fait de caoutchouc dur. Quand l'ébonite se dégrade, un acide sulfurique se libère et, si le plastique est humidifié, des taches spécifiques apparaissent. Portez toujours des gants de coton en manipulant les vieilles pièces, afin d'empêcher vos mains de transférer de l'acide sulfurique d'une pièce à l'autre, et de laisser des traces sur les objets ; manipulez-les le moins possible.

Entretenir l'ébonite

Gardez les articles en ébonite dans un endroit peu éclairé, frais et sec. Nettoyez la surface avec un chiffon doux imprégné d'une huile minérale légère, ou appliquez une fine couche de cire microcristalline. Lustrez avec un chiffon propre.

Nitrocellulose

Le nitrate de cellulose fut inventé au milieu du XIXe siècle sous forme de collodion pour enduire les plaques photographiques, ainsi que pour traiter les blessures. Alexander Parkes en créa une matière plastique, appelée Parkésine et présentée à l'Exposition internationale de 1862. Elle fut développée sous forme de Celluloïd, aux États-Unis, et de Xylonite, en Grande-Bretagne. C'est un matériau important, le premier plastique synthétique fabriqué à partir de polymères naturels. Il servit à réaliser divers articles ménagers, des jouets et les premières pellicules de cinéma. Nombre de ces produits étaient postformés ou moulés par soufflage à partir de feuilles prédécoupées disponibles dans toutes sortes de couleurs. À l'origine, le Celluloïd servait surtout à imiter l'ivoire et l'écaille. Une fois réchauffé, un plastique à base de nitrocellulose se distingue par son odeur de camphre, utilisé comme plastifiant en cours de fabrication.

Entretenir le Celluloïd

Hautement inflammable, éloignez le Celluloïd des flammes. L'humidité accélère sa détérioration. Conservez les pièces dans un endroit sec et relativement frais, sur des étagères ou dans une vitrine aérée, à l'abri de la lumière directe du soleil. Ne rangez pas les objets dans des sacs en plastique.

Si la surface montre des signes de détérioration (comme de fines craquelures), faites appel à un restaurateur spécialisé dans les plastiques ; il pourra peut-être stopper les dégâts. Le Celluloïd en dégradation pouvant contaminer les objets voisins, retirez les articles détériorés de votre collection et rangez-les ailleurs ; il est parfois même préférable de les jeter.

Nettoyez les pièces en bon état avec une solution chaude de savon liquide doux, appliqué avec un coton ou un chiffon doux. Commencez par retirer la vieille cire ou les éventuels dépôts gras à l'huile de paraffine. Séchez avec du papier absorbant. Ne peignez ni ne vernissez le plastique nettoyé.

Caséine

La caséine est produite à partir de la protéine du lait de vache. À la fin du XIXe siècle, on découvrit que la caséine traitée avec du formaldéhyde (ou formol) formait un plastique thermodurcissable modérément étanche et translucide. On le produisit dans une infinité de couleurs, notamment pour imiter les matériaux naturels comme l'écaille et la corne.

La plupart des articles en caséine (stylographes, boucles de ceinture, brosses et miroirs de poche, boutons décoratifs...) sont fabriqués à partir de sections massives, et ne sont généralement pas moulés.

Entretenir la caséine
La caséine libère et absorbe l'humidité, ce qui entraîne de fines craquelures superficielles. Conservez les objets dans un environnement stable et modéré, à l'abri du soleil. Nettoyez-les avec des tampons imbibés d'une solution de savon liquide très doux, puis séchez avec du papier absorbant. Avant tout, testez la surface pour voir si les couleurs déteignent ou non. Si c'est le cas, travaillez sur une petite partie à la fois. Fixez la couleur avec une fine couche de cire microcristalline.

Acétate de cellulose

L'acétate de cellulose procède du même polymère naturel que le nitrate de cellulose, mais utilise de l'acide acétique pour produire un thermoplastique ininflammable. Ses applications initiales étaient les mêmes que celles du Celluloïd, mais, avec l'apparition de plastifiants appropriés au début du XXe siècle, il commença à être employé dans le nouveau système de moulage par injection.

Plus solide que la Bakélite ou le polystyrène, ce plastique s'utilise beaucoup dans la fabrication des jouets.

Quand l'acétate de cellulose se dégrade, il présente des traces blanches ou des déformations et dégage une odeur de vinaigre. Les produits faits de ce matériau se traitent comme le Celluloïd. Toutefois, certains contiennent des plastifiants volatiles qui ont tendance à s'évaporer, et doivent être conservés dans une vitrine parfaitement fermée.

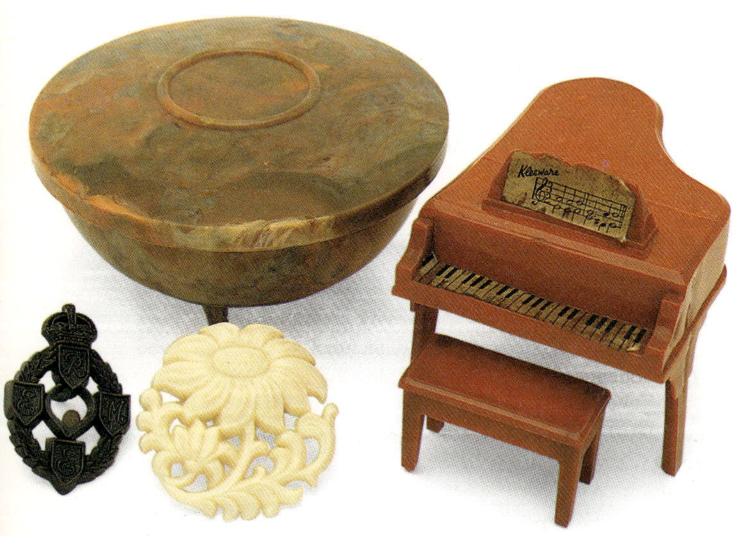

Plastiques thermodurcissables

Il s'agit de poudres que l'on moule en objets rigides par l'application de la chaleur et de la pression. La Bakélite est peut-être le plus connu de ces types de plastiques et incarne la nouvelle ère de la production en masse du plastique. Créée en 1909 aux États-Unis par L. H. Baekeland, elle formait le premier plastique entièrement fait à base de résine synthétique. Formée à partir de phénol et de formol, et associée à des charges, elle donnait un plastique dur, résistant et stable, aux excellentes propriétés électriques et thermiques.

La Bakélite s'utilisait dans toutes sortes de produits électroménagers, notamment dans les postes de radio et de télévision. La plupart étaient de couleur sombre, certains tachetés. On produisait également un type moulé de résine formol-phénol, sous forme translucide ou colorée.

Entretenir la Bakélite
Hormis la lumière du soleil, qui peut ternir la surface et décolorer le matériau, la Bakélite ne s'abîme pas dans des conditions normales. Nettoyez-la avec une solution de savon liquide neutre appliquée au chiffon doux, sans tremper les objets dans l'eau. Séchez au chiffon doux. Si vous souhaitez raviver la couleur, utilisez un nettoyant légèrement abrasif pour carrosserie de voiture, appliqué au chiffon, puis lavez de nouveau. Protégez éventuellement la surface avec une fine couche de cire microcristalline.

Aminoplastes

Ce terme technique désigne une variété de résines thermodurcissables à base d'urée et de ses dérivés, mélangées à du formol. Produits et utilisés de la même manière que les résines phénoliques (voir plus haut), les aminoplastes étaient fabriqués dans de nombreuses de couleurs claires et foncées.

Le premier – dont le nom de marque était Beatl – apparut au milieu des années vingt. Des résines formol-urée et formol-mélamine suivirent, cette dernière au milieu des années trente. Il s'agissait, dans les deux cas, de plastique dur, mais la mélamine avait l'avantage d'être plus résistante aux rayures et à la chaleur. La mélamine s'utilise couramment dans la vaisselle de couleur, ainsi que sous forme de stratifié pour les travaux de surface. Entretenez les aminoplastes de la même façon que la Bakélite (voir ci-dessus).

Polychlorure de vinyle (PVC)

Le PVC est un thermoplastique synthétique produit par la polymérisation du chlorure de vinyle. C'est un plastique relativement rigide, qui peut être modifié par l'ajout de plastifiants (qui le rendent élastique) et autres produits.

Les premiers PVC des années trente étaient assez instables ; on les produisait sous forme de film, en feuilles flexibles. Plus tard, le PVC fut combiné à du tissu pour faire du Skaï, et moulé pour produire des jouets souples, tels que les poupées à tête molle et les animaux à presser. Son faible coût et sa capacité à être moulé avec des détails en firent le matériau favori de la fabrication des disques.

Le PVC non plastifié moderne, rigide, apparu dans les années cinquante, est aujourd'hui couramment employé dans le bâtiment, notamment pour faire les bordures de fenêtre et les revêtements, autrefois réalisés en bois.

Entretenir le PVC

Les vieux objets en PVC ont tendance à perdre de la souplesse. Ne tordez pas trop les articles en plastique durci. Gardez-les à l'abri de la lumière du soleil, dans un endroit frais. Le plastifiant du PVC peut affecter les autres plastiques ; il dissout le polystyrène et doit donc être rangé à part. Nettoyez les parties sales avec une solution de savon liquide doux, puis séchez au chiffon doux. N'utilisez pas de solvant sur le PVC.

Résine acrylique

Polyacrylique

Le polyméthacrylate de méthyle, appelé plus communément Perspex ou Plexiglas, est un thermoplastique transparent. Généralement produit sous forme de plaques ou de baguettes, il existe dans toutes les couleurs, opaques ou translucides.

On produit également une résine liquide moulée à froid, essentiellement utilisée dans les pièces décoratives représentant des objets enchâssés. Toutefois, elle est de plus en plus remplacée par la résine polyester.

Créé dans les années trente, l'acrylique en feuille fut beaucoup employé en substitut du verre et aussi façonné en divers articles ménagers. Il se soude au solvant, se polit à la main et se travaille à l'aide d'outils ordinaires et de traitements mécaniques. On fabriqua en outre des acryliques à mouler, notamment pour faire des boutons et des appareils téléphoniques, autrefois faits en Bakélite.

Aminoplastes

Entretenir le polyacrylique

Le Plexiglas est un plastique stable qui vieillit bien. Nettoyez-le au savon liquide doux, puis essuyez-le avec un chiffon. Ne frottez pas la surface, qui se chargerait en électricité statique et attirerait la poussière. Néanmoins, des nettoyants antistatiques (disponibles chez les fournisseurs spécialisés) déposent une couche protectrice qui dure un mois ou plus. Évitez d'utiliser des nettoyants à base de solvant, car ils pourraient craqueler la surface polie.

La surface brillante se rayant facilement, dépoussiérez régulièrement les objets à la brosse douce. Les fines éraflures s'éliminent de façon assez simple (voir page 136).

Polyéthylène

Le polyéthylène, ou Polythène, est un thermoplastique apparu en 1933. Dérivé de l'éthylène, c'est un plastique dur, élastique, étanche, hautement isolant, résistant à l'acide et non toxique. Il est fabriqué selon deux procédés : à basse densité (toucher mou et cireux) et à haute densité (plus rigide). Il présente une coloration translucide bleu-gris, mais existe aussi dans diverses couleurs opaques ou translucides. On en fait principalement des récipients alimentaires, des jouets et certains articles ménagers.

Polystyrène

Le polystyrène est un thermoplastique dur, rigide, légèrement cassant et transparent, disponible en un grand nombre de couleurs. Produit en grande quantité à la fin des années trente, il possède d'excellentes propriétés mécaniques et isolantes. Le polystyrène-choc, plus résistant aux chocs, fut introduit à la fin des années quarante, mais il est remplacé aujourd'hui par les plastiques modernes ABS, le plus souvent de couleur opaque.

Le polystyrène peut être moulé par injection, thermoformé et extrudé. On peut aussi le coller avec un adhésif à base de solvant. Il a été très utilisé dans la fabrication d'appareils électroménagers, de jouets et, plus récemment, d'isolants en mousse et d'emballages. On l'identifie généralement au son métallique qu'il produit quand on tape dessus.

Entretenir le polyéthylène et le polystyrène

Protégez les articles anciens de la pleine lumière, qui pourrait les dégrader et faire passer leurs couleurs. Nettoyez-les avec une solution chaude de savon liquide. N'utilisez jamais de solvants sur le polystyrène.

RÉPARER LES PLASTIQUES

Les plastiques sont généralement difficiles à travailler, notamment à réparer. La plupart des objets en plastique sont moulés en une seule pièce, mais certains ont des composants assemblés avec des fixations mécaniques, comme les vis autotaraudeuses, et d'autres sont collés.

Presque tous les plastiques se recollent mal, mais les thermoplastiques et les thermodurcissables peuvent parfois être réparés à la colle époxy. La colle cyanoacrylate s'utilisera également pour de petites réparations, bien que les restaurateurs préfèrent ne pas l'utiliser, ne connaissant pas encore ses effets à long terme. Le polystyrène et l'acrylique peuvent se recoller avec des colles à base de solvant. La colle polystyrène s'achète dans les magasins de maquettes, et la colle acrylique chez les fournisseurs de plastique acrylique. Les raccords seront solides à condition que la colle soit appliquée avec soin pour ne pas endommager le plastique environnant.

Fendillement dû à la contrainte

Un plastique soumis à la contrainte se reconnaît par de légères traces blanchâtres ou, dans le cas de l'acrylique et du polystyrène, par un fendillement qui s'aggrave en présence de solvants et de colles. Dans les cas extrêmes, le plastique peut se casser. La contrainte peut être due au processus de moulage, à la pression ou à la chaleur générée en cours de fabrication. Les fabricants de plastique acrylique essaient de surmonter le problème par un chauffage et un refroidissement contrôlés.

Il n'y a pas grand-chose à faire une fois que l'objet est fendillé, mais, en règle générale, évitez de le nettoyer avec un solvant. On peut toutefois employer de la paraffine ou de l'essence à briquet pour retirer les dépôts poisseux de tous les plastiques – sauf du polystyrène rigide, du polyacrylique et du PVC souple.

Réparer un objet en Bakélite

Assez fragile, la Bakélite ne résiste guère aux chocs. Les moulages sont généralement dotés de parois épaisses, ce qui permet de recoller les bords cassés comme pour la céramique. Si nécessaire, utilisez de l'essence à briquet pour retirer les dépôts gras d'une ancienne cassure, puis lavez le plastique avec une solution chaude de savon liquide.

1 Application de la colle

Vérifier l'emboîtement des parties cassées et chauffez-les doucement au sèche-cheveux jusqu'à ce que le plastique soit chaud au toucher. Cela permettra à la colle de mieux couler dans le raccord. Appliquez une fine couche de colle époxy sur le bord cassé de la partie principale. Ajustez et pressez le morceau détaché. Appliquez du ruban adhésif sous tension en travers du raccord pour le maintenir en place pendant que la colle sèche.

2 Nettoyage du raccord

Avant que la colle ne soit complètement durcie, retirez l'adhésif et, avec la pointe d'un scalpel, ôtez délicatement l'excédent de colle. Ne grattez pas le plastique avec la lame.

3 Colmatage des éclats

Si nécessaire, rebouchez les ébréchures d'un bord avec un enduit coloré fait à partir d'un petit bout de Bakélite moulu mélangé à de la colle époxy. Nettoyez la surface rebouchée avec un scalpel, comme ci-dessus.

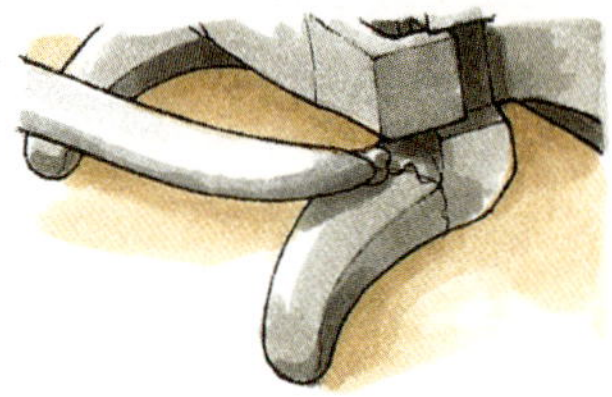

Éliminer les éraflures

Les plastiques acryliques (Plexiglas) ont une surface brillante se rayant facilement. On peut éliminer les éraflures profondes à la main, à l'aide de papier abrasif fin à l'eau, puis d'un polissage à la main. Toutefois, il est plus facile d'utiliser un disque à polir, muni d'un polissoir en calicot imprégné d'un savon abrasif à polir. Travaillez à faible vitesse, pour éviter de surchauffer le plastique. Traitez une surface plus grande que l'éraflure même, afin que le polissage soit moins visible en surface.

Polissage à la main

Une surface ternie par de fines rayures peut se polir à la main, à l'aide d'un produit acrylique disponible chez les fournisseurs de plastique. Ou bien utilisez une crème à polir le chrome. Appliquez le produit avec un chiffon doux, en procédant par petits mouvements circulaires. Enfin, lustrez la surface avec un chiffon propre.

IDENTIFICATION DES MATIERES PLASTIQUES

MATÉRIAU *Nom usuel*	COULEUR	CLARTÉ	CARACTÉRISTIQUES	MISE EN ŒUVRE	EXEMPLES TYPES
CAOUTCHOUC DUR ***Vulcanite*** ***Ébonite***	*Généralement noir, mais aussi rouge et marbré.*	*Opaque.*	*Dur. Dégage une odeur de soufre au frottement. Devient marron à la lumière.*	*Fabriqué ou moulé à la machine.*	*Peignes, stylos et bijoux. La vulcanite rose servait à faire des dentiers.*
GOMME-LAQUE ***Shellac***	*Marron foncé, noir ou ocre rouge.*	*Opaque.*	*Dur et cassant. Fondu, il dégage une odeur de cire à cacheter.*	*Généralement moulé.*	*Cadres décoratifs, disques 78 tours, boîtes.*
NITROCELLULOSE ***Celluloïd*** ***Xylonite***	*Toute couleur, dont moucheté, nacré et effets spéciaux.*	*Transparent, translucide ou opaque.*	*Souple et résistant. Odeur de camphre au frottement ou sous l'eau chaude.*	*Souvent en très fine feuille. Les moulages en creux peuvent être chargés de plâtre pour plus de poids.*	*Revêtement au dos des miroirs et autres articles de toilette. Stylos.*
CASÉINE ***Erinoïd*** ***Galalithe***	*Toute couleur, dont moucheté, nacré et effets spéciaux.*	*Souvent opaque, mais une certaine translucidité pour l'imitation de l'écaille et de la corne.*	*Dur. Sent parfois le formol quand il est plongé dans l'eau.*	*Souvent façonné à la machine, parfois tamponné à chaud en formes creuses. Non moulé.*	*Aiguilles à tricoter colorées, boutons et portemines.*
POUDRE À MOULER PHÉNOLIQUE ***Bakélite***	*Généralement moucheté marron, rouge ou vert, ou noir ou marron uni.*	*Opaque.*	*Dur et cassant. La surface est souvent marron décoloré, et déteint sur le papier. Sent parfois le phénol quand il est réchauffé.*	*Toujours moulé en forme.*	*Boîtiers de radio, cendriers et prises électriques.*
RÉSINE PHÉNOLIQUE ***Catalin***	*Toutes les couleurs sont possibles, mais rarement le blanc et le bleu.*	*Souvent translucide et marbré, rarement transparent et parfois opaque.*	*Dur et cassant comme la Bakélite, mais pas de décoloration avec l'âge.*	*Généralement en sections coupées de baguette, tube, etc. Souvent gravé.*	*Ronds de serviette et bracelets sculptés. Articles de bureau et boîtiers de radio américains.*
AMINOPLASTES ***Beatl*** ***Mélamine***	*Toute couleur unie, mais aussi marbrée ou moucheté.*	*Jamais transparent, mais parfois translucide ou marbré comme de l'albâtre. La mélamine est opaque.*	*Résistant et légèrement mou, peut être élastique en fines sections. Sent souvent le vinaigre, surtout quand il est chauffé.*	*Toujours moulé en forme.*	*Mélamine : vaisselle solide et colorée.*
ACÉTATE DE CELLULOSE ***Acétate*** ***Bexoïd***	*Toute couleur, généralement unie, mais parfois marbrée.*	*Transparent, translucide ou opaque.*	*Dur, non cassant. Surface lisse proche du verre, se rayant facilement.*	*Généralement moulé.*	*Pellicules, montures de lunettes, poupées et certains jouets.*
RÉSINE ACRYLIQUE ***Perspex*** ***Plexiglas***	*Toute couleur, surtout pastel.*	*Transparent, translucide ou opaque.*	*Mou et très élastique (mais les PVC modernes sont parfois rigides et résistants). Toucher « collant ».*	*Généralement fabriqué par thermoformage à partir d'une feuille, mais peut être moulé.*	*Plats creux, lampes, pendules et broches transparentes gravées au dos.*
POLYCHLORURE DE VINYLE (PVC) ***Vinyle***	*Toute couleur.*	*Transparent, translucide ou opaque.*	*Dur et cassant, mais parfois endurci. Son métallique.*	*Revêtement Skaï.*	*Jouets élastiques, ballons creux, ceintures et disques de gramophone.*
POLYSTYRENE ***Styrène***	*Toute couleur. Le nacré fut à la mode pendant un temps, ainsi que les effets « traînées ».*	*Transparent, translucide ou opaque.*	*Mou et élastique. Toucher cireux, se rayant facilement sous l'ongle.*	*Généralement moulé.*	*Jouets, maquettes et cadeaux publicitaires.*
POLYÉTHYLENE ***Polythène*** ***Alkathène***	*Toute couleur.*	*Généralement translucide, parfois opaque.*		*Généralement moulé.*	*Récipients alimentaires hermétiques, jouets et colliers.*

Glossaire

Acétate de cellulose
Sel de l'acide acétique, employé dans la fabrication des matières plastiques

Acétone
Liquide incolore inflammable utilisé comme solvant et nettoyant.

Acide acétique
Constituant de base du vinaigre. Coupé d'eau à 10 %, il est utilisé comme détachant.

Acide oxalique
Acide cristallin toxique, utilisé comme détachant.

Acier inoxydable
Alliage moderne d'acier et de chrome, de couleur argentée, résistant à la rouille. Connu également sous le terme d'Inox.

Aérographe
Appareil à air comprimé, destiné à pulvériser de la peinture et autres médiums (émail ou vernis) de façon extrêmement précise.

Alcool à brûler
Alcool dénaturé par l'ajout de méthanol et d'éthanol. Souvent coloré par une teinture violette, il s'utilise comme solvant, diluant et agent nettoyant. On dit aussi alcool dénaturé.

Alliage
Mélange d'au moins deux métaux.

Anneau à ressort
Fermoir en forme d'anneau, incorporant un ressort rétractable, utilisé pour fermer les bracelets et les colliers.

Anneau de liaison
Anneau métallique fixé à chaque bout d'une chaîne, que l'on peut ouvrir pour y attacher un fermoir.

Argentan
Voir Maillechort.

Argenture
Voir Galvanoplastie.

Bakélite
Matière plastique qui imite l'ambre.

Blanc de Meudon
Calcaire en poudre extrêmement pur. Excellent absorbant des graisses quand il est utilisé en poudre fine. Synonyme de blanc d'Espagne.

Bleuissage
Application d'une pellicule protectrice d'oxyde, empêchant l'acier de rouiller. Le bleuissage s'utilise notamment sur les canons de fusil et les aiguilles des montres et des horloges.

Bois noirci
Bois teint en noir pour imiter l'ébène.

Bordure
Bande de placage unie ou à motifs, destinée à former des bords décoratifs. *Voir aussi* Frise transversale.

Bouche-pores
Pâte fine utilisée pour boucher les pores ouverts d'un bois, avant application d'une finition brillante, telle que le vernis au tampon.

Boulle (style)
Procédé d'incrustation décorative associant le cuivre et l'écaille.

Bouterolle et contre-bouterolle
Outils avec lesquels on repousse le métal.

Bouvet
Rabot de menuisier servant à faire des rainures ou des gorges.

Cabochon
Pierre précieuse non taillée enchâssée dans un bijou.

Cahier
Partie d'un livre relié, composée d'une seule feuille de papier pliée, rognée et cousue, formant un certain nombre de pages individuelles.

Carat
Unité de mesure de la pureté des métaux précieux et du poids des pierres précieuses.

Celluloïd
Produit de synthèse flexible, à base de cellulose nitrique et de camphre.

Chaîne
Ensemble des fils disposés suivant la longueur du tissu.

Charnière
Jointure entre le livre et la couverture, formée par une bande de mousseline renforcée de ruban adhésif, et couverte des gardes.

Chasse-rivet
Outil servant à ôter les rivets.

Chiffon à argenterie
Chiffon à polir, imprégné d'un produit d'entretien non abrasif pour le métal et destiné à nettoyer l'argenterie.

Chrysocale
Alliage de cuivre et de zinc imitant l'or, développé par Christopher Pinchbeck, un horloger du XVIIIe siècle. Autrefois utilisé dans la bijouterie de fantaisie, il est passé de mode au milieu du XIXe siècle.

Cire microcristalline
Type de cire à base de fossiles végétaux, employée pure ou en mélange, pour ses propriétés de brillance et sa consistante (cire « dure »). Elle est utilisée pour la protection de nombreux matériaux.

Cloque
Petite boursouflure de placage, due à une insuffisance de colle. On dit aussi cloche.

Colle animale
Colle à bois traditionnelle faite de peau et d'os d'animaux. On l'achète sous forme de perles ou de gel, à mélanger à de l'eau chaude.

Colle cyanoacrylate
Colle polyvalente transparente, à base d'acrylate. Connue sous le nom commercial de « super-glue ».

Colle époxy
Colle à deux composants séparés, comprenant une résine époxy et un durcisseur. Quand les deux composants sont mélangés, la réaction chimique produit un raccord solide et insoluble.

Colle PVA
Colle à bois à base d'eau, prête à l'emploi. Sous forme neutre, elle est utilisée par les relieurs pour réparer les livres. Synonyme de colle blanche ou colle à bois.

Coller hors-texte
Coller une page, généralement une illustration, une carte ou un plan, dans un livre.

Craquelures
Réseau de fines fêlures apparaissant sur l'émail ou le vernis de la faïence et de la porcelaine.

Décaper
Éliminer par un procédé chimique ou manuel un film de surface (peinture, vernis…).

Dégrader
Action de créer un contour invisible sur une couche de peinture ou de vernis, en l'incorporant à la couleur de fond.

Dépôt calcaire
Dépôt blanc des sels minéraux contenus dans l'eau calcaire.

Diluant
Substance employée pour réduire la consistance de la peinture, du vernis ou de la cire.

Dioxyde de titane
Pigment blanc ajouté à la colle pour atténuer sa tendance à jaunir.

Dorure
Application de feuille d'or ou de peinture dorée.

Dos
Tranche reliée d'un livre.

Droit-fil
Dans les textiles tissés, sens des fils de chaîne et de trame.

Eau distillée
Eau chimiquement pure, débarrassée de toute impureté.

Eau oxygénée
Agent de blanchiment disponible en divers volumes.

Ébonite
Matière noire, obtenue par vulcanisation du caoutchouc, utilisée avant les matières plastiques.

Ébréchure
Petit éclat semi-circulaire parti du bord d'un objet en céramique, notamment d'une tasse, d'un plat, etc.

Émail
Matière vitreuse transparente dont on recouvre les céramiques, afin de les rendre étanches et aptes à la décoration.

Émaux champlevés
Émaux dans lesquels la base elle-même est gravée pour recevoir la matière vitrifiée.

Émaux cloisonnés
Émaux dans lesquels les zones de couleur sont séparées par de minces arêtes de métal, soudées à la base.

Encaustique
Mélange de cire d'abeille pure et d'essence de térébenthine, utilisé pour entretenir et lustrer les meubles.

Enduit cellulosique
Enduit de rebouchage à base d'eau utilisé par les décorateurs pour reboucher les trous ou les fissures du plâtre. S'utilise également pour restaurer les céramiques endommagées.

EPBM
Electroplated Britannia metal.
Voir aussi métal anglais.

EPNS
Electroplated nickel silver.
Voir aussi maillechort.

Étamage
Recouvrement d'un métal (ou d'une glace) par une couche d'étain.

Faïence
Terre cuite vernissée.

Fer à polir
Outil thermostatique doté d'un bout chauffé électriquement. S'utilise par les conservateurs de papier et les relieurs pour appliquer du papier thermocollant (papier de soie enduit d'un adhésif sec).

Fer-blanc
Fine feuille laminée plaquée d'étain sur ses deux faces.

Feuille d'or
Feuille extrêmement fine d'or pur appliquée sur une surface pour la décorer. La feuille métallique, faite de cuivre, est un substitut économique.

Fil
Sens général des fibres du bois.

Filet
Fine bande de bois utilisée pour diviser différentes parties de placage.

Film adhésif neutre
Ruban autocollant non acide fait avec de la colle acrylique réversible.

Fondant
Substance utilisée pour nettoyer les surfaces d'un métal avant de le souder. Synonyme de flux.

Fonte de Zannac
Alliage de zinc et de plomb utilisé dans la vaisselle ornementale ainsi qu'en substitut du bronze dans la fabrication de statues moulées.

Frise transversale
Bande de placage décorative posée perpendiculairement au droit-fil de l'axe principal.

Frontispice
Planche d'un livre, placée juste avant la page de titre.

Galvanoplastie
Procédé électrolytique par lequel on applique une fine couche de métal, comme l'argent ou le chrome, sur un métal de base.

Garde
Feuille de papier collée à l'intérieur de la couverture d'un livre relié, au début et à la fin. Une moitié de garde forme la garde volante.

Garde volante
Partie non collée d'une garde. Les première et dernière pages d'un livre forment les gardes volantes.

Gélatine
Poudre fine préparée en faisant bouillir de la peau et des os d'animaux. Mélangée à de l'eau, elle forme un excellent apprêt à papier.

Gesso
Pâte constituée de colle de peau de lapin et de craie. Appliquée sur le bois, elle peut être poncée puis dorée à la feuille d'or.

Glaçure métallisée
Finition métallique pour céramiques, produite par l'ajout de sels appropriés au vernis.

Gomme en poudre
Poudre abrasive contenue dans un sachet à tissage lâche, destinée à nettoyer le papier sali par le moyen d'une légère abrasion superficielle.

Gomme-laque
Dérivée d'une résine sécrétée par un insecte, *Laccifer lacca*, la gomme-laque est dissoute dans de l'alcool industriel pour produire le vernis au tampon. Elle s'utilise également dans la fabrication de ponce de soie et de cire protectrice.

Grès
Céramique dure à la texture grossière et granuleuse. S'obtient en ajoutant de la silice ou de la pierre pulvérisée à la terre glaise. Dans le four, l'augmentation de température fait fondre le corps et la glaçure, la rendant non poreuse et plus dure que les poteries cuites à basse température. Le grès est généralement blanc, marron clair ou beige.

Huile de paraffine
Huile de pétrole distillée fine, utilisée comme solvant et nettoyant.

Hygroscopique
Qui a tendance à absorber l'humidité de l'air.

Impression
Peinture mate très liquide permettant une bonne adhérence de la future couche de finition.

Incrustation
Technique décorative consistant à insérer des morceaux de bois, de métal ou de matériau semi-précieux dans des cavités préparées, de sorte que les matériaux rapportés soient au même niveau que le matériau de support.

Intaille
Gravure incisée à la surface d'une pierre fine ou d'un cachet.

Jaquette
Chemise amovible en papier imprimé recouvrant un livre relié.

Kilim
Tapis tissé sans velours, essentiellement originaire du Moyen-Orient.

Laine d'acier
Tampon fait de fines fibres d'acier, destiné à poncer les surfaces ou à appliquer certains produits de finition.

Laiton
Alliage de cuivre et de zinc.

Lot
Article unique ou groupe d'articles mis en vente dans une vente aux enchères.

Lustrer
Action de rendre un matériau brillant par le frottement et l'action de produits spécifiques.

Maillechort
Alliage de cuivre, de zinc et de nickel, appelé également argentan. S'utilise comme base de l'argent plaqué marqué EPNS.

Marqueterie
Procédé consistant à poser de petits morceaux de placage sur un support en bois, afin de créer des motifs décoratifs.

Marteau à panne ronde
Marteau dont la partie opposée à la tête est arrondie.

Marteau à placage
Outil terminé par une bande de cuivre, utilisé pour exercer de la pression sur un placage collé à la main.

Medium
Tout liquide servant à détremper les couleurs (huile, essence, etc.).

Mélanine
Pigment brun foncé.

Métal anglais
Forme d'étain d'art, comprenant de l'étain, de l'antimoine et du cuivre. Il est plus solide et plus pâle que l'étain « ancien », et s'utilise souvent pour plaquer les métaux.

Mousseline
Tissu léger à tissage lâche collé à l'intérieur du dos d'un livre, afin de le maintenir. La mousseline est un composant majeur des charnières entre les cahiers et la couverture.

Nacre
Substance dure et irisée formant la couche intérieure de certaines coquilles de mollusque.

Nielle
Technique décorative du métal, consistant en une incrustation d'émail noir sur une plaque de métal.

Non acide
Terme utilisé pour décrire un matériau (généralement du papier ou du carton fabriqué à partir de fibres de chiffon ou de pâte à papier purifiée), dont le pH est neutre ou légèrement alcalin.

Or moulu
Laiton ou bronze doré, utilisé sous forme d'ornements et montures décoratives, appliqué au mobilier, aux horloges et parfois à la céramique. On dit aussi laiton ou bronze doré.

Panneau de particules
Panneau stable fabriqué à partir de particules de bois ou de placage, assemblées sous pression.

Parian
Porcelaine blanche non vernissée, souvent utilisée pour créer des figurines du fait de sa ressemblance avec le marbre.

Parkésine
Matière plastique développée à partir de la nitrocellulose au XIXe siècle par A. Parkes.

Passe-partout
Pièce de carton découpée en son centre, destinée à encadrer des œuvres sur papier que l'on veut conserver sous verre.

Pâte époxy
Enduit de rebouchage en deux parties, ou pâte à modeler qui durcit quand les deux composants sont pétris ensemble.

Pâte noire graphitée
Mélange de graphite et de cires douces produisant un poli métallique gris foncé sur le fer forgé. Fabriquée, à l'origine, pour les grilles de foyer.

Patine
Coloration ou dépôt superficiel produit par le vieillissement conjugué à l'usure naturelle.

Peau de chamois
Chiffon doux et souple pour polir, autrefois fait en peau de chamois, et de nos jours en chèvre ou en mouton. Également connu sous le nom de « chamoisine ».

Pendeloque
Petit morceau de verre ou de cristal taillé en forme de goutte d'eau et suspendu aux lustres pour réfléchir la lumière.

Perspex
Voir Polyacrylique.

Pigment
Composé solide qui apporte la couleur et le pouvoir opacifiant à tout produit teintant.

Piqûres
Petites taches brunes provoquées par des spores se développant sur le papier humide.

Placage
Fine feuille de bois utilisé pour couvrir la surface d'un matériau de moindre qualité, comme le pin ou les panneaux de particules.

Planche
Image imprimée individuelle, utilisée comme illustration de livre. Généralement collée en hors-texte.

Plaqué « Sheffield »
Matériau laminé fin consistant en argent fondu sur une base en cuivre, sur un ou deux côtés.

Plexiglas
Voir Polyacrylique.

Plioir
Étroite spatule en os utilisée par les relieurs pour lisser les pliures d'un papier corné. Sert également à faire adhérer les rubans adhésifs et les papiers collés.

Plombure
Ensemble des baguettes de plomb maintenant les verres d'un vitrail. Synonyme de « résille ».

Poinçon
Petit outil servant à percer des trous. Sa pointe semblable à celle d'un tournevis permet de trancher les fibres du bois sans le fendre.

Polyacrylique
Thermoplastique transparent, produit en plaques ou baguettes, dans toutes les couleurs, opaques ou translucides.

Polychlorure de vinyle (ou PVC)
Thermoplastique synthétique, dont les caractéristiques de rigidité et d'élasticité peuvent être modifiées par des adjuvants.

Polyéthylène (ou Polythène)
Matière plastique obtenue par la polymérisation de l'éthylène. S'utilise dans la fabrication de films protecteurs et d'emballages.

Polymère
Molécule formée de l'association de plusieurs autres molécules.

Polystyrène
Thermoplastique dur et rigide, qui peut être moulé par injection, thermoformé ou extrudé, et teinté, il possède d'appréciables propriétés mécaniques et isolantes.

Ponce de soie
Poudre ultrafine de pierre ponce.

Porcelaine
Le corps blanc fin et vitrifié de la porcelaine s'obtient par une cuisson à haute température. Extrêmement dure, elle est translucide. *Voir aussi* porcelaine à pâte dure et porcelaine à pâte tendre.

Porcelaine à pâte dure
Mélange de kaolin et de pétunsé, la porcelaine à pâte dure est née en Chine aux alentours de 900 de notre ère.

Porcelaine à pâte tendre
Dotée d'une texture légèrement granuleuse, la porcelaine à pâte tendre fut la première tentative européenne de copier la porcelaine chinoise. Composée d'argile blanche et de fritte ou de stéatite, elle s'est développée en Italie à la fin du XVIe siècle.

PVC
Voir Polychlorure de vinyle.

Réenfilage
Action de remplacer le fil usé ou cassé d'un collier ou d'un bracelet.

Résille
Voir Plombure

Résine UV
Résine spéciale pour verre, qui sèche aux ultraviolets.

Réversible
Décrit un procédé qui peut être aisément défait, sans effet durable sur la pièce travaillée. Le procédé contraire est dit irréversible.

Ruban à masquer
Ruban adhésif peu collant essentiellement utilisé pour masquer et protéger les parties entourant les surfaces destinées à être peintes.

Serti à griffes
Monture métallique qui retient une pierre précieuse à l'aide de griffes latérales. Le dessous est ouvert pour laisser passer la lumière.

Serti clos
Monture métallique dotée d'une cavité pour recevoir une pierre précieuse ou semi-précieuse.

Sgraffite
En peinture, procédé de décoration par grattage d'un enduit clair sur un fond sombre.

Souder
Assembler deux pièces de métal ou de plastique par l'application de chaleur ou de pression. Pour souder un métal, il convient d'appliquer en outre un métal en fusion sur le raccord. Dans le cas du plastique, un solvant est appliqué sur les parties à assembler.

Soudure forte
Raccord solide entre deux surfaces métalliques à l'aide d'une couche de cuivre ou de soudure à haut point de fusion. Ce procédé s'appelle également « brasure ».

Soudure tendre
Raccord entre deux surfaces métalliques, fait à l'aide d'un métal d'apport à faible point de fusion, appliqué au fer à souder chaud.

Soumak
Variété de tapis tissé à plat, originaire du Caucase et du nord-ouest de la Perse.

« Super-glue »
Voir Colle cyanoacrylate

Surtout
Pièce décorative que l'on place au centre d'une table, généralement conçue pour contenir des fleurs ou des fruits.

Tampon à vernir
Mèche de coton recouverte d'un chiffon de coton ou de lin. S'utilise pour appliquer le vernis au tampon.

Térébenthine
Diminutif d'essence de térébenthine. Liquide huileux incolore, à l'odeur très forte, utilisé comme solvant à peinture et à vernis.

Terni
Se dit d'un métal légèrement corrodé.

Terre cuite
Poterie de terre poreuse opaque, cuite à basse température, nécessitant un émaillage ou un vernissage pour être étanche. La terre cuite présente un corps à texture grossière relativement épais, et existe en diverses couleurs, du brun-rouge au blanc cassé, en passant par le noir.

Trame
Ensemble des fils disposés suivant la largeur du tissu. Les fils de trame passent par-dessus et par-dessous les fils de chaîne.

Tranchefile
Étroite bande de tissu fixée à la tête, et parfois à la queue, du dos d'un livre. Synonyme de « comète ».

Tripoli
Silice réduite en poudre, utilisée comme agent mat.

Veine
Dessin coloré et sinueux sur la surface d'une pièce de bois massif ou de placage.

Velours
Texture produite par l'extrémité des fils noués des tapis orientaux.

Vermeil
Argent recouvert d'une fine couche d'or.

Vermoulure
Piqûre produite par les larves d'un insecte xylophage creusant dans le bois un réseau complexe de tunnels.

Vernis à craqueler
Vernis craquelé délibérément en cours d'application afin de créer une finition décorative sur certaines céramiques.

Vernis acrylique
Vernis à l'eau transparent, utilisé essentiellement comme finition du bois ou protection des peintures. Sert également à simuler l'émail des céramiques à restaurer.

Vernis à cuire
Vernis transparent durcissant à relativement basse température, dans un four ordinaire. Il est particulièrement formulé pour recouvrir la céramique restaurée.

Vernis au tampon
Finition pour bois, faite en dissolvant de la gomme-laque dans de l'alcool, et que l'on applique avec un tampon de mèche de coton enveloppée d'un tissu de coton ou de lin.

Verre taillé
Verrerie décorée de facettes, de sillons et d'indentations réalisés à la meule abrasive.

Vert-de-gris
Dépôt verdâtre qui se forme à l'air humide sur le laiton, le cuivre ou le bronze.

Vitrail
Panneau vitré fait de morceaux de verre transparents, colorés ou texturés, assemblés dans une matrice de fines arêtes de plomb, appelée plombure ou résille.

Vulcanite
Voir Ébonite.

White-spirit
Solvant incolore obtenu à partir du pétrole, utilisé comme diluant de peinture et de vernis. Remplace parfois l'essence de térébenthine.

Xylonite
Matière plastique développée à partir de la nitrocellulose au XIXe siècle en Grande-Bretagne.

Zamak
Alliage de magnésium et de zinc utilisé dans la fabrication de jouets.

INDEX